现代企业经济发展与管理研究

曹　娜◎著

图书在版编目（CIP）数据

现代企业经济发展与管理研究 / 曹娜著. -- 长春：时代文艺出版社, 2023.12
ISBN 978-7-5387-7325-5

Ⅰ. ①现… Ⅱ. ①曹… Ⅲ. ①企业管理－研究 Ⅳ. ①F272

中国国家版本馆CIP数据核字(2023)第222560号

现代企业经济发展与管理研究
XIANDAI QIYE JINGJI FAZHAN YU GUANLI YANJIU
曹　娜　著

出 品 人：吴　刚
责任编辑：余嘉莹
装帧设计：文　树
排版制作：隋淑凤

出版发行：时代文艺出版社
地　　址：长春市福祉大路5788号　龙腾国际大厦A座15层（130118）
电　　话：0431-81629751（总编办）　0431-81629758（发行部）
官方微博：weibo.com/tlapress
开　　本：710mm × 1000mm　1/16
字　　数：272千字
印　　张：19
印　　刷：廊坊市广阳区九洲印刷厂
版　　次：2023年12月第1版
印　　次：2023年12月第1次印刷
定　　价：76.00元

前　言

现代企业经济发展与管理研究是一个广泛的领域，涵盖了诸多关键议题，对于我们理解、探索和应对当今复杂多变的商业环境至关重要。企业作为现代社会的经济引擎，它们的发展与管理不仅直接影响着全球经济格局，还深刻地塑造着社会和文化。因此，本研究旨在探索现代企业经济发展与管理领域的各种关键问题，深入挖掘其内在机制，以期为决策者、企业领袖、学者和学生提供有价值的参考。

在今天全球化背景下，企业面临着前所未有的机遇和挑战。全球供应链、数字化革命、可持续发展和不断变化的消费者需求，都对企业经济发展和管理提出了新的要求。同时，面对全球性的竞争，企业必须不断创新、提高效率、降低管理风险，以确保其发展和繁荣。本书将深入研究这些领域，并提供实用的工具和方法，以帮助企业领袖制定明智的战略和决策。

企业管理也涉及组织文化、领导力、人力资源管理、营销策略、财务规划等多个维度。本书将深入探讨这些关键管理领域，以帮助企业领袖和管理者更好地应对内部挑战，建立卓越的组织文化，吸引和保留高素质人才，以及提供优质的产品和服务。

企业不仅仅是经济实体，它们还承担着社会责任，如可持续经营、社会参与和环境保护。本书将探讨企业的社会责任，以及如何在经济增长的同时，实现社会和环境的可持续发展。

企业是社会的重要组成部分，它们的成功和发展对我们所有人都至关重要。我们希望这项研究能够为读者提供启发和实用的信息，以推动企业经济发展与管理领域的不断进步。愿本研究成为这一领域的有益借鉴，以帮助相关从业者更好地理解和应对现代企业的挑战与机遇。

目　录

第一章　现代企业经济发展的理论基础

第一节　现代企业经济发展的概念与内涵

一、现代企业经济发展的概念解析

现代企业经济发展是一个广泛的话题，它涉及企业的成长、创新、可持续性以及对经济和社会的影响。随着全球经济的不断变化，企业不再仅仅是利润的追求者，而是更多地被要求承担社会责任和可持续发展的角色。本节将对现代企业经济发展的概念进行详细解析，包括其内涵、影响因素以及关键挑战。

（一）现代企业经济发展的内涵

1. 创新与技术发展

现代企业经济发展的一个关键方面是创新与技术发展。企业必须不断寻求新的方法来提高生产效率、产品质量和市场竞争力。创新可以涉及产品、服务、生产流程、管理方式等方面。技术发展也是企业经济发展的重要推动力，特别是在信息技术、生物技术和可持续技术领域。

2. 可持续性

现代企业经济发展的另一个重要方面是可持续性。企业需要关注环境保护、社会责任和经济可持续性。这包括减少碳排放、资源有效利用、社会包容性和员工福祉。可持续性是企业在长期内生存和繁荣的关键。

3. 社会责任

现代企业经济发展也要求企业承担社会责任。企业不仅要关注股东的利益，还要考虑社会的整体利益。这包括参与社区项目、支持慈善事业、确保产品和服务的质量，以及创造良好的劳工条件。

4. 全球化

全球化是现代企业经济发展的一个重要方面。企业需要在国际市场上竞争，拓展业务，寻找新的机会。全球化也带来了跨文化管理和国际法律法规遵守等挑战。

5. 市场营销和客户导向

现代企业经济发展要求企业关注市场营销和客户导向。企业必须了解客户需求，提供符合市场需求的产品和服务，以保持竞争力。

6. 人力资源管理

人力资源管理是现代企业经济发展的关键要素。企业需要拥有具备高技能和创新能力的员工，以支持企业的发展和创新。

（二）现代企业经济发展的影响因素

1. 政府政策

政府政策对企业经济发展有着深远的影响。政府通过税收政策、贸易政策、环保法规等手段可以鼓励或限制企业的发展。政府还可以通过激励措施来推动企业创新和可持续性。

2. 技术进步

技术进步是现代企业经济发展的重要推动力。新技术的出现可以改变产业格局，创造新的商机，提高生产效率。

3. 竞争环境

竞争环境对企业的经济发展至关重要。竞争可以刺激企业不断提高自身竞争力，但也可能因价格战导致利润下滑。

4. 社会趋势

社会趋势，如消费者偏好的变化、人口结构的演变等，也会影响企业的经济发展。企业需要灵活适应这些趋势，以满足市场需求。

5. 资本市场

资本市场的情况对企业的经济发展起着关键作用。企业需要获得足够的资本来支持其扩张和创新计划。资本市场的稳定性和投资者的信心对企业的融资活动具有重要影响。

6. 国际因素

国际因素，如国际经济形势、贸易关系、汇率波动等，也会对企业的经济发展产生重大影响。全球化背景下，企业需要密切关注国际动态，制定相应的战略。

（三）现代企业经济发展的关键挑战

1. 环境可持续性挑战

环境可持续性是现代企业经济发展的重要挑战。企业需要采取措施减少碳排放、降低资源消耗、推动循环经济。这不仅是道义责任，也是法规要求，同时也有助于企业提高效率和降低成本。

2. 创新障碍

尽管创新是现代企业经济发展的关键，但创新并不总是容易的。企业可能面临来自竞争对手、法规、技术复杂性以及资金不足等方面的障碍。解决这些障碍需要企业建立创新文化，积极投入研发，与外部创新生态系统合作等。

3. 社会责任压力

现代社会对企业的社会责任要求越来越高。企业需要积极履行社会责任，包括参与社区项目、维护劳工权益、推动社会包容性。这既是一种道义要求，也是维护声誉和客户忠诚度的重要因素。

4. 法规合规风险

不同国家和地区的法规要求各不相同，企业在跨国经营时需要面临复杂的法规合规风险。违反法规可能导致罚款、声誉受损，甚至法律诉讼。企业需要建立健全的合规体系，积极遵守各种法规。

5. 人才管理挑战

现代企业需要吸引和留住高素质的人才，这是一个巨大的挑战。竞争激烈的市场使得招聘和留才愈加困难。此外，企业还需要不断培训员工，以适应快速变化的技术和市场。

6. 全球化风险

全球化为企业带来了机遇，但也伴随着风险。汇率波动、政治不稳定、贸易冲突等全球因素可能对企业经济发展产生影响。企业需要谨慎管理国际风险。

（四）现代企业经济发展的策略

1. 制定可持续发展战略

企业应制定可持续发展战略，包括减少环境足迹、改善社会责任、提高经济效益。这需要合理的资源配置。

2. 投资创新

企业应积极投资研发创新，以确保产品和服务的竞争力。与科研机构、初创企业等建立合作关系，共同推动创新。

3. 强化社会责任

企业应积极履行社会责任，与社区互动，支持慈善事业，确保员工福祉。这有助于建立企业的良好声誉。

4. 风险管理

企业应建立健全的风险管理体系，以应对各种内外部风险，包括法规合规风险、市场风险、全球化风险等。

5. 人才发展

企业应重视人才发展，招聘和留住高素质员工，提供培训和职业发展机会，建立具有竞争力的薪酬和福利体系。

6. 国际化战略

对于国际化企业，制定合理的国际化战略非常关键。需要全面评估国际市场，了解当地文化和法规，确保风险可控。

现代企业经济发展不再仅仅是经济增长，它涵盖了创新、可持续性、社会责任等多个方面。企业必须在全球竞争环境中谋求成功，同时履行社会责任，维护可持续性，应对各种挑战。制定合理的战略、投资创新、管理风险、强化社会责任等都是企业取得经济发展的关键因素。企业需要不断适应变化，寻求新的机会，以在现代经济中蓬勃发展。

二、现代企业经济发展的内涵分析

现代企业经济发展是一个复杂且多维的概念，它涉及企业在当今全球经济环境中的各个方面。这包括了企业的战略规划、管理模式、市场竞争、创新能力、社会责任以及可持续性等多个方面。下面将对现代企业经济发展的内涵进行深入分析，以帮助我们更好地理解现代企业的经济发展所涉及的要点和关键因素。

（一）创新与技术发展

现代企业经济发展的内涵之一是创新与技术发展。在当今竞争激烈的商业环境中，企业需要不断寻求新的方法来提高产品和服务的质量、提高生产效率，以满足市场需求。创新不仅包括产品和服务的创新，还包括生产流程、管理方式、市场营销策略等方面的创新。技术发展也是现代企业经济发展的关键推动力，特别是在信息技术、生物技术和可持续技术领域。企业需要不断投资研发，跟随技术趋势，以确保其在市场上保持竞争力。

创新和技术发展的内涵也包括了开放式创新，即与外部合作伙伴、初创企业和研究机构建立合作关系，以获取外部的知识和资源。这有助于企业更快速地推动创新，降低研发成本，提高市场反应速度。

（二）可持续性

可持续性是现代企业经济发展内涵之一。可持续性包括了经济、社会和环境三个方面。在经济层面，可持续性意味着企业要追求长期稳定的盈利，并确保经济增长不会以牺牲未来资源为代价。在社会层面，可持续性要求企业承担社会责任，包括员工福祉、社会包容性等等。在环境层面，可持续性要求企业减少对自然资源的消耗，降低碳排放，并采取措施以减轻环境影响。

可持续性的内涵还包括了企业的战略规划，以确保企业在未来能够发展和繁荣。这包括了长期战略、风险管理、资源管理和供应链的可持续性。企业需要将可持续性融入其战略决策中，以确保在不断变化的环境中保持竞争力。

（三）社会责任

社会责任是现代企业经济发展内涵之一。社会责任是指企业承担的道义义务，旨在回馈社会，以外部利益为导向，而不仅仅是股东的经济利益。这包括了参与社区项目、支持慈善事业、确保产品和服务的质量和安全，以及创造良好的劳工条件。社会责任还包括了企业的透明度和道义操守。

社会责任的内涵也涉及了企业的声誉管理。企业需要建立良好的声誉，以吸引顾客、投资者和员工，同时避免声誉风险。社会责任可以成为企业的核心竞争力，因为越来越多的消费者选择支持秆道德和对社会负责的企业。

（四）全球化

全球化是现代企业经济发展的内涵之一。随着全球化的加深，企业需要在国际市场上竞争，寻找新的机会。这涉及国际市场的拓展、国际贸易、跨国投资和国际化战略的制定。全球化也意味着企业需要管理跨文化团队、理解国际法律法规，以及适应不同国家和地区的市场需求。

全球化的内涵还包括了国际供应链管理。企业通常会依赖全球供应链来获得原材料和生产组件，这使得供应链风险管理至关重要。全球化还带来了市场风险，如汇率波动和政治不稳定，这需要企业谨慎管理。

（五）市场营销和客户导向

市场营销和客户导向是现代企业经济发展的内涵之一。市场营销是指企业了解客户需求，提供符合市场需求的产品和服务，以获得竞争优势。客户导向是指企业将客户的需求和满意度置于核心位置，以建立长期客户关系。

市场营销和客户导向的内涵还包括了市场研究、市场分割、定价策略、产品创新、广告和销售策略的制定。企业需要不断了解市场动态，分析竞争对手，识别市场机会，以制定有效的市场营销战略。此外，企业需要建立客户关系管理系统，以保持客户忠诚度和提供更好的客户服务。

（六）人力资源管理

人力资源管理是现代企业经济发展的内涵之一。企业需要拥有高素质、高效能的员工团队，以支持企业的发展和创新。这包括了招聘、培训、绩效管理、薪酬和福利管理等方面。

人力资源管理的内涵还包括了员工参与和员工发展。员工参与是指让员工参与决策和问题解决过程，以激发他们的创造力。员工发展是指提供培训和发展机会，以提高员工的技能和职业发展。

人力资源管理还涉及多元化和包容性。企业需要建立多元化的员工团队，以反映社会的多样性。包容性则是确保每个员工都受到平等对待，不论其性别、种族、宗教或其他特征。

（七）财务管理

财务管理是现代企业经济发展的内涵之一。企业需要有效管理财务资源，以支持其战略目标和可持续性。这包括了财务规划、预算管理、资本结构管理、风险管理和投资决策等方面。

财务管理的内涵还包括了财务报告和透明度。企业需要及时、准确地报告其财务状况，以满足投资者、监管机构和其他利益相关者的需求。透明度是指向外部利益相关者提供有关企业财务和业务的信息，以建立信任。

（八）战略规划

战略规划是现代企业经济发展的内涵之一。企业需要制定长期战略，以实现其愿景和目标。战略规划包括了市场分析、竞争分析、资源分配、目标设定和绩效评估等方面。

战略规划的内涵还包括了风险管理和创新。企业需要识别和管理各种风险，包括市场风险、供应链风险、法规风险和财务风险。创新是战略规划的一部分，因为企业需要不断寻求新的机会和方法，以保持竞争力。

（九）风险管理

风险管理是现代企业经济发展的内涵之一。企业需要识别、评估和管理各种风险，以确保其可持续性和稳健性。风险管理包括了市场风险、操作风险、法规合规风险、财务风险和声誉风险等方面。

风险管理的内涵还包括了危机管理和灾害准备。企业需要建立危机管理计划，以应对紧急情况和不可预测的事件。这包括自然灾害、社会危机和网络安全威胁等。

（十）品牌管理

品牌管理是现代企业经济发展的内涵之一。企业的品牌是其在市场上的身份和声誉的象征。品牌管理包括了品牌定位、品牌传播、品牌保护和品牌建设等方面。

品牌管理的内涵还包括了客户忠诚度和声誉管理。企业需要建立忠诚的客户基础，以提高市场份额和盈利能力。声誉管理是指维护企业的良好声誉，以吸引投资者和客户。

现代企业经济发展的内涵是多维度的，包括了创新、技术发展、可持续性、社会责任、全球化、市场营销、人力资源管理、财务管理、战略规划、风险管理和品牌管理等多个方面。这些内涵相互关联，共同促成了现代企业的经济成功。企业需要通过这些方面制定明智的策略，以在不断变化的商业环境中取得竞争优势，实现可持续的经济增长。只有综合考虑这些内涵，企业才能在现代经济中蓬勃发展并取得成功。

三、现代企业经济发展的历史演变

现代企业经济发展的历史演变是一个充满挑战和机遇的复杂过程。从起初的工业革命时期到今天的全球化时代，企业的发展路径经历了许多变化。下文将探讨现代企业经济发展的历史演变，从其起源开始，到工业化、全球化以及可持续性发展的各个阶段。通过历史回顾，我们可以更好地理解现代企业经济发展的关键特点和未来发展趋势。

（一）工业革命时期的起源

现代企业经济发展的历史可以追溯到18世纪末和19世纪初的工业革命。工业革命标志着从手工生产向机械化和工业化生产方式的转变。这一时期的重要特征包括：

1. 工厂制度：工业革命的一个关键特点是工厂制度的兴起。工厂集中了大量的生产设备和劳动力，实现了生产规模的迅速扩大。工厂制度使生产效率大幅提高，但也引发了劳工问题。

2. 技术创新：工业革命伴随着重大的技术创新，如蒸汽机、纺织机械和铁路系统的发展。这些创新加速了生产过程，缩短了生产周期，提高了产品质量。

3. 资本主义的崛起：工业革命推动了资本主义体系的发展。企业家和投资者在工业化进程中扮演了重要角色，积累了大量资本。

4. 雇佣劳动力：工业革命引入了工人雇佣制度，工人离开家庭农场或手工业作坊，成为工厂工人。这一变化导致了城市化和社会结构的调整。

（二）工业化和企业规模扩大

19 世纪末和 20 世纪初，工业化进程在全球范围内继续扩大，企业规模逐渐变得更为庞大。这一时期的关键特点包括：

1. 企业合并与垄断：为了降低成本、提高效率和扩大市场份额，企业开始进行合并和垄断。

2. 科学管理和生产线制造：弗雷德里克·泰勒等管理学家提出了科学管理原理，企业开始采用精益生产、生产线制造等生产方式，以提高效率。这促使了大规模生产和劳动分工的进一步发展。

3. 全球扩张：随着工业化的进程，企业开始寻求国际市场的扩张。这促进了全球化趋势的兴起，尤其是在能源、资源和制造业领域。

4. 劳工运动：工业化时期也伴随着劳工运动的兴起，工人争取更好的工作条件。这些斗争推动了劳工权益的改善。

（三）全球化和跨国公司的崛起

20 世纪后期，全球化成为现代企业经济发展的主要特征之一。这一时期的关键特点包括：

1. 跨国公司：跨国公司崭露头角，它们在全球范围内开展业务，利用国际供应链、国际市场和全球化生产。这些企业通常在多个国家拥有分支机构，跨国公司的经济规模巨大，对全球经济产生巨大影响。

2. 技术和通信的发展：信息技术和通信技术的快速发展使企业更容易在全球范围内合作、管理分布在不同地区的资源，以及与国际客户互动。

3. 国际贸易：国际贸易的自由化和贸易协定的签署推动了跨国公司的扩张。全球供应链的建立使得原材料和成品能够高效地在不同国家之间流通。

4. 环境和社会责任：全球化时代，企业越来越受到社会和环境责任的关注。可持续性和社会责任成为企业经济发展不可或缺的一部分。

（四）可持续性和社会责任的崛起

21 世纪初，可持续性和社会责任成为现代企业经济发展的核心。这一时期的关键特点包括：

1. 可持续性：全球气候变化和资源枯竭等挑战突出了可持续性发展的重要性。企业需要采取措施减少碳排放、降低资源消耗，以确保未来的可持续性。可持续性战略包括了绿色技术的采用、供应链可持续性、再循环经济和社会企业等。

2. 社会责任：企业的社会责任已经超越了追求经济利润的范畴。企业需要履行社会责任，包括员工福祉、社区支持、慈善捐赠、人权和道德经营等等。社会责任有助于建立企业的良好声誉，吸引客户和投资者。

3. 数字化和创新：21 世纪的现代企业发展离不开数字化技术和创新。大数据分析、人工智能、云计算和物联网等技术已经深刻影响了企业的经济发展，使其更具竞争力。

4. 法规和合规：在全球化时代，企业需要遵守不同国家和地区的法规，以确保合规经营。法规合规风险管理成为企业经济发展的一个重要组成部分。

5. 多元化和包容性：企业越来越重视多元化和包容性。多元化员工团队和包容性文化可以提高创造力和客户导向。

（六）新兴挑战和机遇

现代企业经济发展面临着一系列新兴挑战和机遇：

1. 技术颠覆：技术的快速发展和创新可能会颠覆传统产业，企业需要不断适应新技术和数字化趋势。

2. 环境可持续性：气候变化和资源短缺将是企业的挑战，应推动可持续性和绿色经济的发展。

3. 社会责任：消费者和投资者对企业的社会责任要求越来越高，企业需要积极履行社会责任以维护声誉。

4. 全球供应链：全球供应链的复杂性和风险需要企业谨慎对待，以确保不受贸易变化的影响。

5. 数字安全：随着数字化的普及，企业需要加强网络安全和数据保护，以应对潜在的网络威胁。

6. 变革管理：企业需要灵活应对变革，包括管理组织文化的变化、员工的培训和技能发展，以适应不断变化的商业环境。

现代企业经济发展的历史演变是一个充满复杂性和多样性的过程。从工业革命时期到全球化时代，企业的角色和特点发生了巨大变化。如今，可持续性和社会责任已经成为现代企业发展的核心，企业需要综合考虑经济、环境和社会因素，以取得长期成功。在新兴挑战和机遇的背景下，企业需要灵活应对，积极创新，以保持竞争力并取得持续的经济增长。通过深入了解现代企业经济发展的历史演变，我们可以更好地准备迎接未来的商业挑战。

第二节　市场经济与企业发展

一、市场经济的特征

市场经济是一种经济体系，其核心特征是资源的分配和价格的形成，主要依赖于市场机制。市场经济通常以私有财产权和竞争为基础，鼓励个体和企业自由决定生产、消费和投资。下文将探讨市场经济的主要特征，以及这些特征如何塑造了现代世界的经济格局。

（一）私有财产权

市场经济的首要特征之一是私有财产权的存在。私有财产权是指个体和企业可以拥有、控制和处置的财产和资产，包括土地、房产、生产设备、知识产权等。私有财产权确保了资源的产权明晰和保护，鼓励个体和企业有效地利用这些资源。个体和企业拥有财产的权利，使他们能够合法地支配资源，并对其投入时间、精力和资本。

私有财产权的存在在市场经济中具有多重重要意义。首先，它激发了动力，激励个体和企业积极参与经济活动。因为他们有权享受资源的收益，他们会努力工作、投资和创新，以获得更多的经济利益。其次，私有财产权有助于资源的有效配置。市场价格通常反映了资源的相对稀缺性和需求，因此资源流向最有利于社会需求的用途。最后，私有财产权还带来了资源的合理利用。因为个体和企业在资源上承担了所有权责任，他们有动力确保资源的维护和维修，以维持其价值。

（二）自由市场

市场经济的第二个核心特征是自由市场。自由市场是指经济中的交易和交换是自愿的。个体和企业有自由选择购买、销售和投资的权利，并可以根据他们自己的意愿来进行这些交易。

自由市场的运作依赖于供求关系。价格是通过供求决定的，当需求增加时，价格上升，供应增加时，价格下降。这种价格机制有助于资源的有效配置，因为它反映了市场参与者的需求和资源的稀缺性。自由市场还鼓励竞争，这有助于提高产品质量。

然而，自由市场并不是没有限制的。在现实世界中，市场经济通常会受到一定程度的监管和干预，以确保市场不会产生不公平竞争、垄断和其他市场失灵问题。政府的角色在于维护市场的公平和有效运作，同时保护消费者权益。

（三）竞争

竞争是市场经济的另一个重要特征。市场经济鼓励多个个体和企业竞争，以提供更好的产品和服务，降低价格，提高效率。竞争通常被认为是市场经济成功的关键因素之一。

竞争的存在有助于促进资源的有效配置。当多个企业竞争同一市场份额时，它们不断努力提高产品和服务的质量，以吸引更多的消费者。这种竞争驱动了创新和技术进步，有利于整个社会。

此外，竞争还有助于降低价格。当市场上有多个供应商时，价格通常受到竞争的制约，因为企业会努力提供更具吸引力的价格和优惠条件，以吸引消费者。这使得消费者能够以更低的成本购买所需的产品和服务。

然而，竞争并不总是完美的。有时候，市场可能会出现垄断，这可能会导致价格操纵和市场不公平。在这种情况下，政府可能需要采取干预措施，以确保市场的竞争性和公平性。

（四）利润动机

市场经济的一个重要特征是企业和个体的利润动机。个体和企业参与市场经济的主要动机之一是追求经济利益，即获得利润。利润是企业超过成本的收益，它是市场经济中的重要激励机制。

利润动机有助于资源的有效配置。因为个体和企业追求利润，他们会寻找那些能够带来高回报的机会，同时减少那些可能会导致损失的活动。这有助于资源流向那些有潜力创造更多价值的领域。

此外，利润动机还鼓励创新。企业追求利润的动机促使他们寻找新的方法来提高生产效率、降低成本，或开发新的产品和服务，以吸引更多的客户。这种创新对整个经济体系非常重要，因为它可以推动技术和经济的发展。

然而，利润动机也有其局限性。如果不加以监管，企业可能会为了追求短期利润而忽视社会责任和环境可持续性。这可能导致环境破坏和不公平劳工条件。因此，政府和社会组织通常需要采取措施来确保企业的经济活动是社会可持续的，同时追求利润。

（五）消费者主权

市场经济的另一个特征是消费者主权。在市场经济中，消费者有权自由选择他们想购买的产品和服务，根据他们的需求和偏好来做出购买决策。这种自由选择权使市场更具灵活性，能够适应不断变化的需求。

消费者主权还推动了产品和服务的多样性。企业会根据消费者的需求和反馈来创造多样化的产品和服务，以满足不同的市场需求。这种多样性有助于满足不同消费者的需求，促进创新和竞争。

然而，消费者主权也需要信息透明和保护消费者权益。消费者需要准确的信息来做出明智的购买决策，同时需要法律框架来保护他们免受不当的欺诈和欺骗行为。政府通常会制定法律和监管机制来确保市场中的产品和服务的质量和安全，以保护消费者权益。

（六）自由进入和退出市场

市场经济允许个体和企业自由进入和退出市场。这意味着新的企业可以在市场上竞争，而不会受到不合理的障碍或限制。同样，企业如果不能满足市场需求或不再具有竞争力，也可以自由退出市场。

这种自由进入和退出市场的特征有助于维持市场的竞争性。新企业的进入可以带来新的想法、创新和更好的产品和服务，从而改善市场。同时，失败的企业可以退出，不再浪费资源，也不会给市场带来过多的低质量产品和服务。

然而，自由进入和退出市场也可能导致市场波动和不稳定性。过度竞争可能会导致企业倒闭，造成就业问题和资源浪费。因此，政府有时需要采取措施来维护市场的稳定性，如提供贷款和支持，以帮助企业度过困难时期。

（七）货币体系

市场经济通常依赖于货币体系来促进交换和交易。货币是一种普遍接受的媒介，用于购买和出售商品。货币的存在使交易更加便捷和高效，避免了以物物交换为基础的困难和不便。

货币体系还有助于价格的形成和资源的分配。价格通常以货币形式表示，这使得消费者和生产者能够清晰地了解市场上不同商品和服务的相对价值。货币的流通也有助于资源的有效配置，因为它允许资源在不同地点和时间之间自由流动。

然而，货币体系也需要稳定和信誉，以确保它能够履行其职能。政府通常负责管理货币供应和货币政策，以避免通货膨胀并保持经济稳定。

（八）风险与回报

市场经济的运作充满了风险和回报。个体和企业在市场上承担风险，投入资本，追求经济利益。这些风险可能包括市场波动、竞争、不确定性和商业失误。然而，成功的风险通常伴随着回报，即获得利润和经济增长的机会。

风险与回报的平衡是市场经济的重要特征。个体和企业愿意承担风险，是因为他们有机会获得更高的回报。这种动力激励了投资和创业精神，有助于经济的增长和发展。

市场经济具有多个核心特征，包括私有财产权、自由市场、竞争、利润动机、消费者主权、自由进入和退出市场、货币体系，以及风险与回报。这些特征共同塑造了市场经济的本质，推动了经济增长和资源的有效配置。然而，市场经济也需要一定程度的监管和政府干预，以确保市场的公平性、稳定性和可持续性。市场经济在全球范围内具有广泛的适用性，是当今世界上主要的经济体系之一，但也需要在政策和监管方面不断探索和改进，以适应不断变化的经济环境和社会需求。

在市场经济中，企业通常追求盈利和经济增长，这对经济体系的稳健性至关重要。企业的竞争、创新和资源配置是市场经济的引擎，推动着社会繁荣。然而，盈利也带来了一些道德和伦理问题。在这个过程中，企业和个体需要权衡追求经济利益和社会责任之间的关系。企业社会责任（Corporate Social Responsibility，CSR）的概念强调企业应该不仅仅关注经济绩效，还应该积极参与社会和环境问题的解决，以创造更为可持续和有利于社会的商业模式。

另外，市场经济并不是一个完全自给自足的体系。它通常需要政府的监管和干预，以确保市场的公平和有效运作。政府在税收政策、货币政策、反垄断法、劳工法、环境法等方面发挥着关键作用。政府还有责任提供基础设施，如道路、桥梁、通信网络，以促进经济的发展。此外，社会安全网、医疗保健和教育系统等公共服务也通常由政府提供，以确保社会的公平性和公平机会。

市场经济并不是一成不变的。它需要不断适应变化的经济和社会条件。全球化、技术创新和社会变革等因素都对市场经济提出了新的挑战和机遇。政策制定者、企业家和学者都需要密切关注这些变化，以确保市场经济继续发挥其积极作用，同时解决其带来的问题。

总之，市场经济是一种以私有财产权、自由市场、竞争、利润动机、消费者主权、自由进入和退出市场、货币体系，以及风险与回报为核心特征的经济体系。它在现代世界中占据着主导地位，推动了经济增长和繁荣。然而，市场经济也需要政府的监管和政策引导，以确保公平性、可持续性和社会责任。同时，市场经济需要不断适应变化的环境，以继续发挥其作用。这些特征共同体现了市场经济的本质，影响了世界各国的经济体系和政策决策。

二、市场经济对企业的影响

市场经济是以竞争、供求关系和自由市场为基础的经济体系，对企业产生深远影响。下文将探讨市场经济对企业的多方面影响，包括激励创新、提供竞争压力、推动效率提升、促进企业社会责任、以及面临风险管理等方面。

（一）激励创新

市场经济的竞争环境鼓励企业积极追求创新。企业为了在市场上获得竞争优势，不断寻求新的方法、技术和产品，以满足不断变化的消费者需求。以下是市场经济如何激励企业创新的几个方面：

1. 竞争压力：市场经济中的激烈竞争迫使企业不断改进产品和服务，以吸引更多的客户。竞争对手的存在促使企业不断提高效率、降低成本并提高质量。

2. 利润动机：市场经济奖励企业的创新。企业通过引入新产品或提供更好的解决方案，可以吸引更多客户，并因此获得更高的销售额和利润。

3. 消费者需求：市场经济允许企业灵活地根据消费者需求调整产品和服务。这鼓励企业开发能适应不断变化的市场需求的创新解决方案。

4. 知识共享：市场经济通常鼓励企业分享知识和技术，以促进创新。这可以通过专利制度、研发合作和开放创新等途径实现。

这种创新驱动的市场经济有助于社会产生更先进的产品和服务，推动了科技进步和社会福祉的提高。

（二）提供竞争压力

市场经济中的竞争对企业构成了挑战，但也激励了它们提高自身的竞争力。以下是市场经济如何提供竞争压力的几个方面：

1. 选择和多样性：市场经济为消费者提供了多样的选择。企业必须与其他竞争对手竞争，以吸引顾客。这迫使企业提供更高质量、更具吸引力的产品和服务。

2. 客户忠诚度：在市场经济中，客户通常是自由选择的。企业必须不断努力，以维持现有客户的忠诚度，同时吸引新客户。这促使企业提供更好的客户体验和服务。

3. 成本控制：市场经济要求企业降低成本以保持竞争力。这可以通过提高生产效率、减少浪费、采用新技术和优化供应链来实现。

4. 创新：竞争迫使企业不断创新，以保持竞争优势。企业必须寻求新的方法来改进产品和服务，以满足市场需求。

竞争压力有助于减少低效率和不合格产品，提高市场的整体质量。它也促使企业不断努力提高效率和创新，从而带动经济的增长。

（三）推动效率提升

市场经济鼓励企业提高效率，以降低成本并提供更具竞争力的产品和服务。以下是市场经济如何推动企业提高效率的几个方面：

1. 生产效率：市场竞争迫使企业寻求提高生产效率的方法，以降低生产成本。这可能包括自动化、流程改进和采用先进的生产技术。

2. 成本控制：企业需要精心管理成本，以确保他们的产品和服务在市场上有竞争力。这包括控制原材料成本、人力成本和运营成本。

3. 投资和创新：市场竞争推动企业投资于研发和创新，以寻找新的方式来提高效率和降低成本。

4. 消费者反馈：市场经济中，消费者通常是最好的评判者。消费者的反馈和需求可以帮助企业调整产品和服务，以提高效率和满足市场需求。

通过推动效率提升，市场经济有助于企业提供更高性价比的产品和服务，同时提高了整体经济的生产率。

（四）促进企业社会责任

市场经济对企业社会责任也产生了积极影响。企业社会责任是一种伦理理念，强调企业应该不仅仅追求经济利润，还应该积极参与社会和环境问题的解决。市场经济中的一些方面有助于推动企业更广泛地考虑社会和环境因素：

1. 消费者需求：消费者在市场上越来越关注企业的社会责任。对环保、道德和可持续性的关注正在推动企业更加关注这些问题，以满足消费者的期望。

2. 法规和监管：市场经济通常受到政府法规和监管的制约。这些法规可以要求企业遵守环境法律、劳工法律和消费者权益法等，鼓励企业更负责任地经营。

3. 利润动机：市场经济中，企业的利润动机可以与社会责任相结合。

企业可以通过采取可持续性措施和社会项目来实现经济和社会的双重回报。

4. 品牌声誉：企业的社会责任表现可以影响其品牌声誉。企业应意识到，积极履行社会责任有助于建立可信任的品牌，吸引消费者和投资者。

5. 利益相关者压力：企业不仅要面对市场竞争，还要考虑各种利益相关者（如员工、供应商、投资者和社会组织）的期望。这些利益相关者可能要求企业更多地考虑社会和环境因素。

通过促进企业社会责任，市场经济可以有助于减轻企业的负面影响，同时提高社会的可持续性。

（五）面临风险管理

市场经济中，企业也需要面对各种风险，包括市场风险、竞争风险、法律风险等。市场经济如何影响企业的风险管理可以从以下几个方面进行讨论：

1. 不确定性：市场经济通常伴随着不确定性。企业需要适应市场波动、竞争变化和消费者需求的不确定性。这可能需要更加灵活的战略和风险管理。

2. 竞争风险：市场经济中的竞争可能导致市场份额的下降和价格竞争，对企业的盈利能力构成风险。因此，企业需要不断优化战略，以减轻竞争风险。

3. 法律和监管风险：市场经济通常受到法律和监管的制约。企业需要遵守各种法规，以减少法律风险，避免罚款和诉讼。

4. 资金和财务风险：市场经济中，企业需要管理资金和财务风险，以确保可持续经营。这包括管理现金流、债务和投资组合。

企业在市场经济中需要制定有效的风险管理策略，以应对各种不确定性和挑战。这可能包括多元化投资、灵活的战略和遵守法规。

市场经济对企业产生多方面的影响，包括激励创新、提供竞争压力、推动效率提升、促进企业社会责任、以及面临风险管理。市场经济的竞争性和多样性鼓励企业不断改进产品和服务，同时要提高效率和质量，以满足不断变化的市场需求。市场经济也鼓励企业更广泛地考虑社会和环境因素，以提供可持续性的解决方案。然而，市场经济也伴随着各种风险，企业需要制定有效的风险管理策略，以应对不确定性和挑战。这一切共同塑造了企业在市场经济中的经营环境，推动着经济的增长和发展。

三、市场经济下的战略选择

市场经济为企业提供了广泛的机会和竞争环境，但也伴随着风险和挑战。在市场经济中，企业需要制定完善的战略来应对不断变化的市场条件，实现增长、盈利和持续竞争优势。下文将探讨市场经济下的企业战略选择，包括市场定位、竞争战略、创新策略、国际化策略、社会责任和风险管理。

（一）市场定位策略

市场定位是企业在市场经济中的首要战略选择。企业需要确定目标市场、客户和产品定位，以确保其产品和服务满足市场需求。以下是几种常见的市场定位策略：

1. 目标市场选择：企业需要选择目标市场，即希望在哪些地理区域或客户群体中销售产品和服务。这可以根据市场规模、增长潜力、竞争情况等因素来确定。

2. 客户细分：在选择目标市场后，企业通常会细分客户群体，以更好地满足不同客户的需求。这可以根据年龄、性别、兴趣、行为等因素进行客户细分。

3. 产品定位：企业需要确定产品或服务的定位，即产品的特点和优势。产品定位可以基于品质、价格、创新、可持续性等因素来确定。

4. 市场定价策略：定价是市场定位中的重要方面。企业需要确定定价策略，以在市场中获得竞争优势。这可能包括高价、低价、差异化定价等策略。

市场定位策略有助于企业更好地了解其目标市场，满足客户需求，并提供有竞争力的产品和服务。

（二）**竞争战略**

竞争战略是企业在市场经济中的另一个关键战略选择。企业需要决定如何与竞争对手竞争，以实现市场份额和盈利目标。以下是一些常见的竞争战略：

1. 成本领先战略：企业可以追求成本领先，通过提高生产效率、降低成本来在市场上提供更具竞争力的价格。这有助于吸引价格敏感的客户。

2. 差异化战略：企业可以通过产品创新、品牌建设、高质量和独特的客户体验来实施差异化战略。这使企业能够在市场上提供高附加值的产品和服务。

3. 专注战略：企业可以选择专注于特定市场细分或客户群体，以满足其特殊需求。这有助于企业在特定领域建立竞争优势。

4. 扩张战略：企业可以选择扩大市场份额，通过市场扩张、并购、合作伙伴关系等方式来实现增长。

竞争战略的选择取决于企业的资源、能力、市场情况和目标。企业需要评估自身的优势和竞争对手的弱点，以制定适合其情况的竞争战略。

（三）**创新策略**

创新是市场经济中的关键要素，可以帮助企业提供更具竞争力的产品和服务。创新策略包括以下几个方面：

1. 研发和新产品开发：企业可以投资于研发活动，以创造新的产品和服务。这有助于企业保持竞争优势并满足不断变化的市场需求。

2. 开放创新：企业可以与其他企业、研究机构和创新生态系统合作，共同开发新技术和解决方案。这有助于加速创新和减少风险。

3. 创新文化：企业可以建立鼓励员工提出新想法和解决问题的创新文

化。员工参与创新可以带来有价值的见解和创意。

4. 投资于技术：企业可以投资先进的技术，如人工智能、大数据分析、物联网等，以提高效率和创新。

创新策略有助于企业保持竞争优势，不断满足市场需求，同时推动经济增长和发展。

（四）国际化策略

国际化策略是一种面向全球市场的战略选择，它允许企业在不同国家和地区拓展业务。以下是几种国际化策略：

1. 出口：企业可以选择出口产品或服务到国际市场。这是一种相对低风险的国际化策略，可以帮助企业获得新的客户和市场份额。

2. 直接投资：企业可以选择在国际市场上进行直接投资，包括建立子公司、合资企业或并购国际企业。这种策略可以帮助企业更迅速地进入国际市场，但也伴随着更高的风险和成本。

3. 跨国战略联盟：企业可以与国际合作伙伴建立战略联盟，以共同开发国际市场。这有助于分享资源和风险，同时扩大国际业务。

4. 跨国品牌建设：企业可以建立全球性品牌，以在国际市场上建立统一的品牌形象。这有助于提高品牌认知度和在全球市场上的竞争力。

国际化策略需要企业考虑不同国家和地区的文化、法律、市场需求和竞争情况。它提供了更广阔的市场机会，但也需要企业应对不同的挑战和风险。

（五）社会责任策略

在市场经济中，企业越来越受到社会的关注。企业社会责任（CSR）策略包括以下方面：

1. 可持续性：企业需要考虑可持续性，包括环境可持续性和社会可持续性。这可能包括减少环境影响、资源管理和支持社会项目。

2. 社会参与：企业可以积极参与社会项目和慈善活动，以回馈社区和社会。这有助于提高企业的社会声誉。

3. 遵守法规：企业需要遵守法律和法规，包括环境法律、劳工法律和消费者权益法等。

4. 透明度：企业应提供相关活动的报告，增加企业经营透明度。

社会责任策略有助于企业维护声誉、满足消费者期望和积极参与社会问题的解决。

（六）风险管理策略

市场经济中，企业需要有效地管理各种风险，以确保可持续经营。以下是几种风险管理策略：

1. 多元化投资：企业可以分散风险，通过在不同领域和资产类别中进行投资。这有助于减轻市场风险。

2. 保险：企业可以购买不同类型的保险，以应对风险，包括财产保险、责任保险和商业中断保险等。

3. 紧急计划：企业可以制定紧急计划，以应对突发事件，如自然灾害、市场崩溃或供应链中断。

4. 合规和法规遵守：企业需要遵守法律和法规，以降低法律风险。

风险管理策略有助于企业在不确定的市场环境中保护自身，并减轻潜在风险的影响。市场经济下的战略选择对企业的成功至关重要。企业需要在市场定位、竞争、创新、国际化、社会责任和风险管理方面制定相关的战略，以应对不断变化的市场条件。这些战略有助于企业在市场经济中获得竞争优势、实现增长和盈利，并建立可持续的业务。随着市场的发展和变化，企业需要不断调整其战略，以适应新的机会和挑战。

第三节　新经济时代的挑战与机遇

一、新经济的兴起

新经济，是指以信息技术和互联网为核心的经济形态，其兴起对社会、产业和经济体系产生了深远的影响。下文将探讨新经济的兴起，包括定义新经济、其关键特征、对传统产业的冲击、创新和创业的机会、新经济的风险与挑战，以及政府和企业应对新经济的策略。

（一）新经济的定义与关键特征

新经济是以信息技术和互联网为基础的经济形态，它与传统经济有着显著的不同。以下是新经济的几个关键特征：

1. 信息技术和数字化：新经济的核心是信息技术和数字化，它使信息更容易获取、传播和分析。互联网、大数据、人工智能、区块链等技术已成为新经济的驱动力。

2. 创新和创业：新经济鼓励创新和创业。新技术和商业模式的不断涌现为创业者提供了机会，从而推动了新产品、新服务和新市场的兴起。

3. 共享经济：共享经济是新经济的一部分，它通过共享资源和服务，提供了更高效的经济模式。共享经济平台和共享办公空间等已经改变了传统产业。

4. 网络效应：新经济受益于网络效应，即产品或服务的价值随着用户数量的增加而增加。这推动了网络平台和社交媒体的崛起。

5. 自由职业和远程工作：新经济赋予了个体更大的灵活性，允许他们自由职业、远程工作和灵活的工作时间，从而改变了传统的就业模式。

6. 数据驱动决策：新经济强调数据驱动决策，企业和政府利用数据分析来更好地理解市场、客户需求和发展趋势。

7. 可持续性和社会责任：新经济也强调可持续性和社会责任。企业越来越注重环保、社会公益和社会责任，以满足消费者和投资者的期望。

（二）对传统产业的冲击

新经济的兴起对传统产业产生了深远的冲击。以下是新经济如何影响传统产业的几个方面：

1. 零售业：电子商务的兴起对传统零售业构成了挑战，许多消费者更愿意在线购物，而不是前往实体店。

2. 传媒业：数字化媒体和在线内容分发改变了传统媒体的商业模式，导致传统媒体面临广告收入下降和读者流失。

3. 金融业：金融科技 Financial Techonlogy 改变了传统银行和金融机构的运营方式，提供了更便捷的支付和融资解决方案。

4. 交通业：共享出行和自动驾驶技术改变了传统交通业的模式，提供了更高效、便捷和环保的交通选择。

5. 制造业：工业互联网和自动化技术改变了传统制造业的生产方式，提高了生产效率。

6. 教育和医疗：在线教育和远程医疗技术改变了传统的教育和医疗模式，提供了更广泛的学习和医疗机会。

新经济的兴起迫使传统产业进行创新和转型，以适应新的市场环境和消费者需求。

（三）创新和创业的机会

新经济的兴起为创新和创业提供了更多的机会。以下是一些新经济中的创新和创业领域：

1. 技术创新：新经济需要不断的技术创新，创业者可以探索人工智能、大数据、区块链等领域，开发新的应用和解决方案。

2. 电子商务：在线零售、电子支付、物流等领域提供了丰富的创业机会。

3. 金融科技：金融科技领域包括数字支付、借贷、投资平台等，提供了创新的金融解决方案。

4. 共享经济：共享经济平台的兴起鼓励创业者探索共享出行、共享住宿、共享办公等领域。

5. 医疗科技：远程医疗、健康监测、医疗数据分析等领域提供了创新的医疗解决方案。

6. 可持续能源：可再生能源、能源储存、能源效率等领域为可持续发展提供了创新机会。

7. 教育科技：在线学习平台、教育内容开发和教育技术工具为创业者提供了教育领域的创新机会。

8. 网络安全：随着数字化的发展，网络安全变得至关重要，提供了网络安全技术和服务的创新机会。

9. 社交媒体和内容创作：社交媒体平台和数字内容创作为个人和企业提供了机会，有助于建立品牌和影响力。

这些创新和创业机会可以帮助企业家和创业者在新经济中取得成功，同时推动新经济的不断发展。

（四）新经济的风险与挑战

尽管新经济充满机会，但也伴随着一些风险和挑战：

1. 技术风险：新技术的快速发展和变革意味着企业需要不断跟进和升级技术，以保持竞争力。

2. 隐私和安全风险：数字化的兴起带来了隐私和数据安全的挑战，企业需要加强安全措施并遵守相关法规。

3. 不平等问题：新经济的兴起可能导致不平等加剧，一些人可能因技能不足或数字鸿沟而受到排斥。

4. 法律和法规风险：新经济涉及多样化的业务模式，需要应对不同国家和地区的法律和法规，可能涉及法律诉讼和监管问题。

5. 市场竞争：新经济领域通常有激烈的竞争，企业需要不断创新和提供高附加值的产品和服务，以保持竞争优势。

6. 网络安全威胁：随着数字化的发展，网络安全威胁变得更为严重，企业需要投入更多资源来保护数据和网络。

7. 品牌声誉：社交媒体和在线评论平台可能对企业的品牌声誉产生深远的影响，负面信息传播速度较快。

（五）政府和企业应对策略

政府和企业可以采取一系列策略来应对新经济的挑战和机会：

1. 投资于教育和技能培训：政府和企业可以投资于培训和教育，提高人们的数字技能，以应对新经济的需求。

2. 制定适当的法规：政府可以制定相关法规，以确保数据隐私和网络安全，同时促进创新和竞争。

3. 支持创新和创业：政府可以提供资金、资源和政策支持，以鼓励创新和创业活动。

4. 促进数字化包容性：政府和企业应努力减少数字鸿沟，确保更多人可以争取新经济的机会。

5. 合作和开放创新：政府和企业可以通过合作和开放创新来加快技术进步和经济增长。

6. 社会责任和可持续性：企业应积极履行社会责任，关注可持续性问题，以满足消费者和投资者的期望。

7. 风险管理：政府和企业需要制定有效的风险管理策略，以应对不确定性和挑战。

新经济的兴起对社会和经济产生了深远的影响，改变了我们的生活方式、工作方式和商业模式。通过创新、合作和投资，政府和企业可以更好地应对新经济的机遇和挑战，推动社会的可持续发展。

新经济的兴起是一场深刻的经济和社会变革，它以信息技术和互联网为核心，推动了创新、创业和全球化。新经济的关键特征包括数字化、共享经济、创新、自由职业和数据驱动决策。虽然新经济充满了机遇，但也伴随着风险和挑战，包括技术风险、隐私和安全风险、不平等问题和市场竞争等。

政府和企业应采取积极的策略，以应对新经济的挑战。这包括投资教育和技能培训、支持创新和创业、促进数字化包容性、合作和开放创新、关注社会责任和可持续性，以及有效的风险管理。

新经济的兴起将继续影响未来的经济格局，推动科技进步和社会进步。企业和个体需要不断适应和创新，以充分利用新经济的机遇，同时应对其中的挑战。随着时间的推移，新经济将继续发展，为我们带来新的机遇和挑战。

二、新经济时代的挑战与应对策略

新经济时代，以信息技术和互联网为核心的经济形态已经深刻地改变了我们的社会、产业和生活方式。然而，新经济也带来了一系列的挑战，包括技术快速更迭、隐私和数据安全问题、不平等现象加剧、市场竞争激烈等。下文将探讨新经济时代的挑战，并提供应对这些挑战的策略。

（一）新经济时代的挑战

1. 技术快速演进：新经济时代的技术不断演进，尤其是人工智能、大数据、物联网等领域。这意味着企业和个人需要不断学习和适应新技术，否则可能会被淘汰。

2. 隐私和数据安全问题：随着数字化的兴起，个人数据的收集和共享变得更加普遍。这引发了隐私和数据安全的担忧，尤其是在面临数据泄露和滥用的风险时。

3. 不平等现象加剧：新经济可能加剧社会和经济不平等。一些人可能因技能不足或数字鸿沟而受到排斥，而一些企业可能抢占了大部分新经济中的市场份额。

4. 市场竞争激烈：新经济领域通常存在激烈的竞争，企业需要不断创新和提供高附加值的产品和服务，以保持竞争优势。

5. 法律和法规的滞后：由于新技术的快速发展，法律和法规可能滞后于市场创新。这可能因为法律不完备，无法有效监管新经济中的问题。

6. 网络安全威胁：随着数字化的增加，网络安全威胁变得更为严重，企业需要投入更多资源来保护数据和网络。

7. 品牌声誉：社交媒体和在线评论平台可能对企业的品牌声誉产生深远的影响，负面信息传播速度极快。

8. 非正规就业和劳工权益：新经济时代，自由职业和零工经济兴起，使非正规就业形式增多，劳工权益问题凸显。

（二）应对新经济时代的挑战的策略

1. 投资教育和技能培训

为了应对新经济时代的技术快速演进，企业和个人应加大对教育和技能培训的投资。这包括提供更多的在线学习资源、专业培训计划和技术知识的普及。培养人们的数字技能将有助于更多人参与新经济，减少数字鸿沟。

2. 支持创新和创业

政府和企业可以提供资金、资源和政策支持，以鼓励创新和创业活动。这可以通过创业孵化器、创业竞赛、创新基金等方式来支持新企业的成立和发展。创新和创业将推动新经济的发展，创造就业机会，促进经济增长。

3. 促进数字化包容性

政府和企业可以采取措施，以减少数字鸿沟，确保更多人能够抓住新经济的机会。这可能包括提供互联网接入、数字技能培训和数字服务的普及。数字化包容性政策可以确保社会中的各个群体都能够从新经济中受益。

4. 合作和开放创新

在新经济时代，合作和开放创新变得尤为重要。政府、企业和研究机构之间的合作可以加速技术进步和经济增长。同时，开放创新允许不同领域和行业之间的知识共享，创造更多的创新机会。

5. 社会责任和可持续性

企业应积极履行社会责任，关注可持续性问题，以满足消费者和投资者的期望。社会责任包括环保、社会公益、员工权益和道德经营等。可持续性不仅有助于企业维护声誉，还有助于推动社会的可持续发展。

6. 风险管理

政府和企业需要制定有效的风险管理策略，以应对不确定性和挑战。这包括制定紧急计划、购买保险、投资于网络安全和数据备份等措施。风险管理可以帮助企业更好地保护自身，并减轻潜在风险的影响。

7. 聚焦创新和价值创造

企业在新经济时代需要不断关注创新和价值创造。这包括持续研发和改进产品和服务，了解市场需求，满足客户期望。企业需要弘扬创新文化，鼓励员工提出新想法和解决问题。

8. 透明度和沟通

企业应提供有关其社会责任活动和数据使用的透明度，以建立信任和声誉。透明度还包括与利益相关者的沟通，以便满足各方的需求和期望。

9. 持续学习和适应

在新经济时代，持续学习和适应是至关重要的。企业和个体需要不断追踪技术和市场的发展，学习新知识和技能，以适应不断变化的环境。

新经济时代带来了许多机会和挑战。为了应对这些挑战，政府和企业可以采取一系列策略，包括投资教育和技能培训、制定适当的法规、支持创新和创业、促进数字化包容性、合作和开放创新、关注社会责任和可持续性，以及有效的风险管理。通过这些策略，我们可以更好地应对新经济时代的挑战，实现可持续的经济和社会发展。

第四节　创新与科技驱动的企业发展

一、创新的重要性

创新是现代社会和经济体系中的重要驱动力，它推动着科学、技术、产业和社会的不断发展。创新不仅改变了我们的生活方式，还影响着国家的竞争力、企业的成功和社会的可持续性。下文将探讨创新的重要性，包括创新定义、其不同形式、创新的影响、创新的驱动力以及如何促进创新。

（一）创新的定义

创新是一个广泛的概念，有多种定义。在一般的层面上，创新是指通过引入新的思想、方法、产品、服务或流程，以满足需求、解决问题或创造价值的过程。创新可以在各个领域发生，包括科学、技术、商业、社会和文化。以下是一些创新的不同形式：

1. 技术创新：技术创新涉及新的科学知识、发明或工程设计，用于开发新产品、服务或生产方式。例如，发明互联网、智能手机和基因编辑技术都属于技术创新。

2. 产品创新：产品创新涉及开发新的产品或改进现有产品，以满足市场需求。例如，汽车制造商不断推出新型汽车模型并提高燃油效率。以吸引消费者。

3. 服务创新：服务创新涉及开发新的服务模式或改进现有服务，以提供更好的客户体验。例如，共享经济平台改变了出行和住宿服务的提供方式。

4. 流程创新：流程创新涉及重新设计生产或业务流程，以提高效率、降低成本或减少浪费。例如，精益生产方法就是一种流程创新。

5. 商业模式创新：商业模式创新涉及改变企业的盈利模式，通常涉及新的市场进入策略、定价策略或价值链设计。例如，亚马逊通过在线零售和云计算服务的结合创造了新的商业模式。

创新可以是渐进的，也可以是颠覆性的。渐进创新通常是对现有产品、服务或流程的改进，而颠覆性创新则是通过引入全新的理念或技术，彻底改变了行业或领域。

（二）**创新的影响**

创新对个人、企业、国家和全球社会产生广泛影响：

1. 经济增长：创新是经济增长的重要驱动力。新产品、新服务和新技术的推出可以创造就业机会、提高生产力和促进投资。创新还有助于企业拓展市场份额和提高竞争力，从而推动整个国家的经济增长。

2. 提高竞争力：创新使企业能够在市场上脱颖而出。通过不断改进产品、服务和流程，企业可以提供更高质量、更高性能的方案，从而吸引更多客户。在全球市场中，具有创新能力的企业更有可能在竞争中胜出。

3. 提高生活质量：创新改善了人们的生活质量。新的医疗技术、清洁能源、智能城市解决方案和便利的互联网服务都有助于提高人们的健康、环境和生活方式。

4. 解决全球挑战：创新有助于解决全球性挑战，如气候变化、能源短缺、食品安全和医疗保健。新技术和方法可以提供更可持续的解决方案，改善全球社会的可持续性。

5. 提高教育水平：教育领域的创新改善了教育质量和可及性。在线学习平台、电子图书和教育技术工具为学生提供了更广泛的学习机会。

6. 促进社会变革：创新可以推动社会变革。社交媒体、数字媒体和在线活动改变了人们的社会互动和信息获取方式。

7. 促进科学研究：科学创新是科学研究的核心。新技术和实验方法推动了科学知识的扩展，加速了科研成果的转化。

（三）创新的驱动力

创新的驱动力是多种因素的综合作用，包括：

1. 科学和技术进步：科学和技术的不断进步为创新提供了基础。新的科学发现和技术突破可以启发新的思想和应用。

2. 市场需求：市场需求是创新的重要驱动力。企业通常会响应市场需求，开发新产品以满足客户的需求。

3. 竞争压力：竞争是创新的动力之一。企业之间的竞争压力迫使它们不断寻找创新方式，以提高效率、降低成本、提供更好的产品和服务。

4. 投资和研发：投资和研发活动是创新的重要组成部分。企业和政府可以通过投资研究和开发新技术、提升产品和服务，来推动创新。

5. 知识和技能：知识和技能的积累对创新至关重要。有能力的研究人员和工程师、创意的设计师和企业家都是创新的推动力。

6. 创业精神：创新需要创业精神。创业家和创新者通常具备冒险精神、创造力和坚韧性，以推动他们的创新想法变为现实。

7. 法律和政策：法律和政策环境可以影响创新。强有力的知识产权保护、竞争政策、税收政策和创新激励政策都可以促进创新。

8. 国际合作：国际合作可以加速创新。跨国合作项目、共享研究资源和国际研究团队可以推动全球创新。

（四）促进创新的策略

为了促进创新，政府、企业和个人可以采取一系列策略：

1. 投资于研发：政府和企业可以增加对研发活动的投资，以支持新技术和新产品的开发。

2. 创新教育和培训：教育体系应鼓励创新思维和技能的培养。培训计划和课程可以帮助个人和员工掌握创新工具和方法。

3. 制定创新政策：政府可以制定创新政策，包括知识产权保护、研发税收激励、创新基金和创新竞赛，以鼓励创新活动。

4. 鼓励创业：支持初创企业和创业家，提供创新的平台和资源，以帮助他们将创新点子转化为商业实践。

5. 促进跨学科合作：跨学科合作有助于推动创新。政府和企业可以鼓励不同领域的专家之间的合作，以应对复杂的问题。

6. 推动可持续创新：可持续创新将环境和社会因素纳入创新过程。企业可以关注可持续性和社会责任，以满足消费者的期望。

7. 鼓励开放创新：开放创新通过共享知识、数据和资源，促进了创新。政府和企业可以积极支持开放创新活动。

8. 了解市场需求：了解市场需求是创新的关键。企业应与客户互动，收集反馈，了解他们的需求和期望。

9. 推动数字化转型：数字化转型是创新的一部分，可以提高企业的效率和客户体验。企业应积极采纳数字技术，改进流程和服务。

10. 推动全球合作：全球合作有助于加速创新。政府和企业可以加强国际合作，共同应对全球性挑战。

创新是现代社会和经济发展的引擎。它不仅改善了我们的生活质量，还促进了经济增长、提高了竞争力、解决了全球性挑战。通过投资、政策、教育和合作，我们可以不断推动创新，为未来的发展奠定坚实的基础。只有积极推动创新，我们才能更好地应对未来的变化和挑战，实现可持续的社会和经济发展。

创新在不同领域都起着关键作用。在科学和技术领域，创新推动了新药物的发现、清洁能源技术的研发、航天探索的进展以及信息技术的快速发展；在商业领域，创新使企业能够提供更多种类的产品和服务，满足不断变化的市场需求；在社会领域，创新改善了医疗保健、教育、城市规划和社会服务，提高了生活质量。

创新还可以解决一些全球性挑战，如气候变化、能源短缺、粮食安全和公共卫生。通过研发清洁能源技术、改进农业生产和提供全球卫生服务，创新可以减轻这些挑战带来的负面影响。

创新也有助于提高竞争力。在全球化的背景下，企业需要不断创新，以保持竞争优势。那些能够快速适应市场变化和引入新产品和服务的企业更有可能在国际市场上成功。

然而，要实现创新并不总是容易的。创新需要投资、风险承担、坚韧不拔和跨学科的合作。政府、企业和个体都可以采取措施来促进创新。

政府可以通过制定创新政策、提供资金支持、改进教育体系、鼓励合作和保护知识产权来推动创新。政策支持和合作促进了创新生态系统的发展，鼓励企业和研究机构开展研发工作。

企业可以鼓励员工提出新想法、提供资源支持创新项目、建立研发团队和投资研发活动。创新文化和创新流程有助于培养创新精神。

个体可以通过学习新知识和技能、参与创新项目、积极寻找解决问题的方法以及提出新想法来促进创新。每个人都可以在其领域内为创新做出贡献。

总之，创新是现代社会和经济体系的关键元素。它推动经济增长、提高竞争力、改善生活质量、解决全球性挑战，并推动社会进步。通过投资、政策支持、教育和合作，我们可以促进创新，并为未来的发展奠定坚实的基础。创新不仅是一种手段，更是一种态度，一种不断追求进步和创造的动力，它将继续引领人类不断向前，迎接未来的挑战。

二、科技驱动的企业发展

随着信息技术、通信技术和生物技术的迅猛发展，科技已经成为企业发展的关键驱动力。科技不仅改变了商业环境，也形成了竞争格局，让企业能够提高效率、创新产品和服务、拓展市场，并实现可持续发展。下文将探讨科技驱动的企业发展，包括科技对企业的影响、科技创新的不同方面、科技驱动的竞争优势以及企业应对科技挑战的策略。

（一）**科技对企业的影响**

1. 增强生产力：科技的应用可以大幅提高企业的生产力。自动化、数字化和智能化的技术使生产过程更加高效，减少了人力成本，提高了产出质量。

2. 创新产品和服务：科技驱动的企业更容易创新产品和服务。通过研发新技术、应用大数据分析和利用人工智能，企业可以推出具有竞争力的新产品，满足市场需求。

3. 拓展市场：互联网和数字技术的发展拓展了企业的市场范围。企业可以在线销售产品和服务，触及全球市场，实现全球化扩张。

4. 提高客户体验：科技提供了与客户互动的新方式。企业可以通过社交媒体、在线客服和个性化营销，改善客户体验，建立品牌忠诚度。

5. 优化供应链管理：科技有助于改进供应链管理，降低库存成本，提高供应链的透明度和效率，从而确保产品及时送达客户手中。

6. 数据驱动决策：大数据和分析技术使企业能够更好地了解市场趋势、客户需求和业务绩效。数据驱动决策有助于企业更好地制定战略和计划。

7. 突破创新壁垒：科技推动了企业在不同行业之间的创新。数字化技术和云计算让传统企业能够更好地应对新兴竞争对手的挑战。

8. 提高竞争力：科技驱动的企业通常更具竞争力。它们能够更快地适应市场变化，更好地满足客户需求，从而取得竞争优势。

（二）**科技创新的不同方面**

科技创新在企业发展中具有多个方面：

1. 产品创新：企业可以通过开发新产品和改进现有产品，以满足市场需求。这包括新产品设计、新材料的应用和产品性能的提升。

2. 服务创新：企业可以创新服务模式，以提供更好的客户体验。这包括在线客服、定制服务、订阅服务等。

3. 流程创新：流程创新涉及重新设计生产或业务流程，以提高效率、降低成本或提高质量。这包括精益生产、供应链优化和自动化流程。

4. 商业模式创新：商业模式创新涉及改变企业的盈利模式，通常涉及新的市场进入策略、定价策略和价值链设计。这包括共享经济、订阅模式和数字平台。

5. 管理创新：管理创新涉及组织和领导方式的创新，以提高员工绩效和组织效率。这包括敏捷管理、创新文化和领导力发展。

6. 社会创新：社会创新是解决社会问题的一种创新方式。企业可以通过社会责任项目、可持续发展倡议和社会创新活动来实现社会目标。

（三）科技驱动的竞争优势

科技驱动的企业通常能够获得以下竞争优势：

1. 创新优势：科技驱动的企业更容易创新产品和服务，从而吸引更多客户并战有更多市场份额。

2. 成本优势：科技可以提高生产效率、降低成本，使企业能够提供更有竞争力的价格。

3. 品质优势：科技有助于提高产品和服务的质量，从而提高客户满意度，建立品牌声誉。

4. 市场优势：科技驱动的企业可以更好地了解市场需求和趋势，从而更好地满足客户需求。

5. 可持续性优势：科技有助于提高资源利用效率，减少环境影响，实现可持续发展。

6. 灵活性和适应性优势：科技使企业更灵活，更容易适应市场变化和竞争压力。

（四）企业应对科技挑战的策略

面对快速变化的科技环境，企业应采取一系列策略来应对科技挑战：

1. 持续学习和技能培训：企业应鼓励员工不断学习新的技术和知识，以适应科技的变革。培训计划和教育资源可以提高员工的技能水平，使他们更适应新的技术和工具。

2. 创新文化：企业应建立创新的文化，鼓励员工提出新的想法和解决问题的方法。创新文化能够激发员工的创造力，推动创新。

3. 与科技公司合作：与科技公司合作，可以让企业使用最新的技术和解决方案。合作可以加速创新过程，提高竞争力。

4. 投资研发：企业应加大对研发活动的投资，以推动技术创新。研发可以包括新产品开发、技术改进和流程优化。

5. 数字化转型：企业应积极采用数字技术，以提高效率、客户体验和数据管理。数字化转型可以让企业更好地应对市场挑战。

6. 安全和隐私保护：企业应重视信息安全和客户隐私保护。安全措施和政策可以防范网络威胁和数据泄露，保护企业声誉。

7. 管理风险：企业应采取有效的风险管理策略，以应对科技风险，如数据安全、技术故障和市场不确定性。

8. 社会责任和可持续发展：企业应注重社会责任和可持续发展。社会责任项目和可持续发展倡议可以提高企业声誉，满足客户和投资者的期望。

9. 跨学科合作：企业应鼓励不同领域和部门之间的合作。跨学科合作可以促进创新，推动新的解决方案的发展。

10. 监测和趋势分析：企业应密切关注科技趋势和市场动态。定期进行趋势分析和市场调研，可以帮助企业更好地制定战略和计划。

科技已经成为企业发展的关键驱动力。它影响了企业的生产力、创新能力、市场竞争力和可持续发展。面对快速变化的科技环境，企业应采取一系列策略，包括持续学习和技能培训、创新文化、与科技公司合作、投资研发、数字化转型、安全和隐私保护、风险管理、社会责任和可持续发展、跨学科合作、监测和趋势分析。通过这些策略，企业可以更好地应对科技挑战，实现可持续的发展。科技驱动的企业将继续在不断变化的商业环境中蓬勃发展，创造更多的机会和价值。

三、创新战略与实践

在当今快速变化的商业环境中，创新已成为企业生存和发展的关键。创新不仅包括产品和服务的创新，还包括商业模式、流程和管理方式的创新。成功的创新战略不仅需要清晰的目标和计划，还需要有关创新文化、资源分配和实施的良好实践。本文将探讨创新战略与实践，包括创新战略的制定、组织文化的创新、创新资源的管理以及创新的实施。

（一）创新战略的制定

创新战略是指企业为了实现创新目标而制定的长期规划和方法。创新战略不仅包括创新的目标和愿景，还包括如何实现这些目标的计划和步骤。以下是制定创新战略的关键步骤：

1. 明确创新愿景和目标：创新战略的第一步是明确创新的愿景和目标。企业需要考虑创新领域（产品、服务、流程等）、市场范围（国外、国内、特定地区等）和时间框架（短期、中期、长期）。

2. 确定关键绩效指标：企业需要确定用于度量创新绩效的关键指标。这些指标可以包括新产品的市场份额、研发投资回报率、创新项目的成功率等。

3. 分析竞争环境：了解竞争环境是制定创新战略的关键。企业需要分析市场趋势、竞争对手的举措、技术发展、法规变化等因素，以确定创新的机会和挑战。

4. 制订创新计划：根据创新目标和竞争环境分析，企业需要制定详细的创新计划。这包括确定创新项目、资源分配、时间表和责任分工。

5. 创新投资和预算：创新战略需要投入资源，包括资金、人力资源和技术。企业需要确定创新预算，以支持创新项目的开展。

6. 建立创新团队：为了成功实施创新战略，企业需要建立一个专门的创新团队或部门。这个团队负责推动创新项目、协调资源和监测进展。

7. 制定风险管理策略：创新伴随着风险，企业需要制定风险管理策略，以应对可能出现的挫折和失败。

8. 持续监测和调整：创新战略是一个动态过程，企业需要持续监测创新进展，根据实际情况调整计划和策略。

（二）组织文化的创新

创新战略的成功与组织文化息息相关。组织文化是企业价值观、信念和行为的体现，它对创新的成功起着至关重要的作用。

1. 鼓励创新思维：创新需要鼓励员工提出新想法和解决问题的方法。组织文化应该鼓励创新思维，让员工有信心提出新观点，并使他们相信他们的想法会受到尊重。

2. 容忍失败：创新往往伴随着失败，组织文化应该容忍失败，将其视为学习和改进的机会。员工不应害怕失败，而是应该积极尝试新方法。

3. 跨职能合作：创新通常需要不同部门和团队之间的合作。组织文化应该鼓励跨职能合作，促使员工共享资源和知识。

4. 领导支持：领导层的支持对创新至关重要。领导层应该积极参与创新项目、提供资源支持，并为创新设定明确目标。

5. 激励机制：组织文化可以通过激励机制来鼓励创新。奖励、晋升和认可可以激发员工的创新动力。

6. 持续学习：组织文化应鼓励员工不断学习和提高技能，以适应快速变化的科技和市场。

7. 市场导向：组织文化应该注重市场导向，了解客户需求和市场趋势，从而根据市场需求调整创新策略。

8. 适应性和灵活性：组织文化应强调适应性和灵活性，以应对变化和不确定性。

（三）**创新资源的管理**

创新资源的管理是创新战略的关键组成部分。这包括资金、人力资源、技术和知识。以下是创新资源的管理原则：

1. 资金管理：创新需要资金支持。企业应合理分配创新预算，确保足够的资金用于研发、试验和市场推广。同时，企业需要监测创新项目的预算执行情况，确保资金得以充分利用。

2. 人力资源管理：拥有具有创新精神的团队是创新成功的关键。企业应聘请和培训具有不同技能和专业的员工，以促进多元化思考和跨学科合作。创新团队需要得到适当的领导和支持，以确保项目的顺利进行。

3. 技术和设施：企业需要投资于最新的技术和设施，以支持创新项目。这包括研发工具、实验室设备、计算机系统等。同时，企业需要确保这些技术和设施能够满足创新项目的需求，提高工作效率。

4. 知识管理：知识是创新的关键。企业应建立知识管理系统，以收集、组织和共享员工的知识和经验。这有助于避免重复努力，加速创新进程。

5. 合作伙伴关系：与外部合作伙伴建立紧密关系可以收获额外的资源和专业知识。合作伙伴可以是供应商、合作公司、研究机构或初创企业。合作伙伴关系有助于加速创新项目的实施。

6. 知识产权保护：企业需要保护创新成果的知识产权，以防止他人的抄袭和侵权。这包括专利、商标、版权和商业机密的保护。

（四）**创新的实施**

创新的实施是创新战略的最终目标。成功的创新实施需要一系列关键步骤：

1. 项目管理：创新项目需要有效的项目管理。这包括项目计划、时间表、资源分配和进度监测。项目管理有助于确保项目按时完成，达到预期的结果。

2. 原型开发：在全面推出新产品或服务之前，企业通常会进行原型开发。原型可以帮助识别问题和改进设计。原型开发也可以用于演示和市场测试。

3. 测试和验证：创新项目需要经过测试和验证，以确保其可行性和效能。测试可以包括实验室测试、市场测试和用户反馈。

4. 持续改进：创新是一个不断演化的过程。企业需要持续改进产品、服务和流程，以适应市场需求和客户反馈。

5. 市场推广：成功的创新需要有效的市场推广。企业需要开展市场营销、广告和销售活动，以推广新产品和服务。

6. 监测和评估：创新项目的成功应该通过监测和评估来衡量。企业需要使用关键绩效指标来评估创新项目的成果，了解哪些方面成功，哪些需要改进。

7. 反馈和学习：创新项目结束后，企业应该进行反馈和学习。了解项目的成功和失败之处，可以为未来的创新提供宝贵的经验教训。

8. 扩大影响：成功的创新项目可以在不同部门和业务领域扩大影响。企业可以将成功的创新经验应用到其他项目中，以提高整体创新能力。

创新战略与实践是企业生存和发展的关键。制定创新战略需要明确目标、分析竞争环境、制定计划和管理资源。组织文化的创新性在于鼓励创新思维、容忍失败、促进合作和灵活性。创新资源的管理包括资金、人力资源、技术和知识。创新的实施需要有效的项目管理、测试和验证、市场推广、监测和评估、反馈和学习，以及扩大影响。通过制定明智的创新战略和实施良好的实践，企业可以在竞争激烈的市场中取得竞争优势，不断推动发展和创造更多的价值。

第二章　经济全球化影响下的企业战略管理

第一节　全球化趋势与企业国际化策略

一、全球化趋势分析

全球化是一个多维度的概念，它在当今世界各个领域中都产生了深远的影响。全球化意味着不同国家和地区在经济、文化、政治和社会方面更加紧密地联系在一起。随着科技的快速发展、国际贸易的增加以及文化交流的加强，全球化已经成为未来发展的趋势。本文将对全球化趋势进行深入分析，探讨其背后的驱动因素、影响以及应对策略。

（一）全球化的驱动因素

技术和信息通信技术（ICT）：技术发展是全球化的主要推动力之一。互联网、移动通信和云计算等技术已经缩短了地理距离，使信息在全球范围内传播更加迅速和便捷。这使得跨国公司更容易开展国际业务，个人也可以更轻松地进行跨国交流。以下是全球化的驱动因素：

1. 国际贸易和投资：自由贸易协定、关税减少和国际投资的便捷性促进了跨国公司的发展。全球供应链的建立使产品的生产和分销跨越多个国家和地区，降低了生产成本，提高了竞争力。

2. 人员流动性：全球化也导致人员在国际的流动性增加。国际移民、留学生、外派员工和跨国公司的员工都在促进不同国家之间的文化和人际交流。

3. 文化和媒体：全球化使不同国家的文化产品更容易传播到其他地区。流行音乐、电影、电视节目和社交媒体搭建了全球文化共享的平台。这也促进了跨文化理解和交流。

4. 政治和国际组织：国际组织如联合国、世界贸易组织（WTO）和国际货币基金组织（IMF）在全球化中扮演了重要角色。它们制定了国际规则和协议，促进国际合作和协商解决争端。

5. 气候变化和环境问题：全球化还使环境问题成为国际议程的一部分。气候变化、生物多样性丧失和环境污染是国际问题，需要国际合作来解决。

6. 金融市场：国际金融市场的发展也加速了全球化。资本可以在不同国家之间流动，国际金融机构和跨国银行促进了全球金融交易和投资。

（二）全球化的影响

全球化对世界各个领域产生了深远的影响，包括经济、文化、政治和社会。

1. 经济影响

经济增长：全球化促进了国际贸易和投资，加速了全球经济增长。跨国公司可以更容易地进入新市场，创造发展机会。

货币政策：国际金融市场的发展使货币政策在全球范围内相互关联。银行必须协调政策以维护货币稳定。

贫富差距：全球化带来了经济增长，但也导致了贫富差距的扩大。发展中国家和发达国家之间的差距仍然存在，需要采取措施来减少差距。

2. 文化影响

文化交流：全球化促进了不同文化之间的交流和互动。流行文化、电影、音乐和食品等可以在不同国家之间传播。

文化多样性：尽管全球化促进了文化交流，但也引发了对文化多样性的担忧。一些人担心全球化可能导致文化同质化，可能需要采取措施来保护和传承本土文化。

3. 政治影响

国际合作：全球化要求国家间更多地进行国际合作，以解决跨国问题。国际组织和协议成为推动国际合作的平台。

4. 社会影响

移民和人员流动：全球化促使人员在国际流动，寻求更好的机会和生活条件。这也带来了文化多样性和社会融合的挑战。

社会不平等：全球化可能导致社会不平等的加剧。一些社群可能在全球化中受益，而其他人可能受到排斥。

5. 环境影响

气候变化：全球化导致了全球贸易和运输的增加，这对碳排放和气候变化产生了影响。国际合作影响对气候变化至关重要。

生态系统破坏：全球化也导致了生态系统被破坏，包括森林砍伐、生物多样性丧失和环境污染。

资源利用：全球化增加了对资源的需求，这可能导致资源过度开采和浪费。

（三）应对全球化的策略

全球化带来了机会和挑战，国家和组织需要制定策略来应对全球化的影响。

1. 加强国际合作：国际合作是应对全球化挑战的关键。各有关国家应积极参与国际组织，促进多边协议的达成，共同解决全球性问题。

2. 促进文化多样性：保护和传承本土文化是重要的。国家可以采取措施来鼓励文化多样性，如制定文化政策、支持本土艺术和文化产业等。

3. 减少不平等：国家和国际组织需要采取措施来减少贫富差距。这包括改进教育、医疗和社会保障，以确保每个人都能享受全球化的好处。

4. 可持续发展：可持续发展是应对环境问题的关键。国家应采取措施来减少碳排放、保护生态系统和提倡资源回收。

5. 社会变革：国家和社会团体可以合作推动社会变革，包括性别平等、人权保护和劳工权益。

6. 科技创新：科技创新可以帮助国家更好地适应全球化。国家应鼓励研发、创新和技术应用，以提高竞争力。

7. 教育和培训：教育和培训是适应全球化的关键。国家应投资于教育，以提高人才素质，使人们能够适应快速变化的经济和技术。

8. 民主和治理：民主和有效的治理体制有助于应对全球化挑战。国家应强化民主原则，提高政府的透明度和效率。

全球化是不可逆转的趋势，它对全球各个领域产生了深远的影响。驱动全球化的因素包括技术发展、国际贸易、人员流动性、文化交流、政治合作、环境问题和金融市场。全球化的影响包括经济增长、文化交流、政治合作、社会变革和环境问题。国家和组织需要制定策略来应对全球化的影响，包括加强国际合作、促进文化多样性、减少不平等、实施可持续发展、推动社会变革、促进科技创新、加强教育和培训，以及强化民主和治理。通过完善的政策和合作，全球社会可以更好地适应全球化，实现共同繁荣和可持续发展。

二、国际化战略的选择

随着全球化的加速，越来越多的企业正在考虑实施国际化战略，以拓展其业务范围、获得新市场和降低风险。国际化战略是指企业扩展其业务跨越国家边界，涉及市场、生产、供应链和资源的全球整合。国际化战略的选择是一个关键性的决策，它需要考虑诸多因素，包括市场条件、竞争环境、资源可用性、法律法规等。下文将深入探讨国际化战略的选择，包括出口、合资、收购和绿地投资等不同战略选项，以及决策过程中需要考虑的关键因素。

（一）国际化战略的选择

企业在选择国际化战略时，需要综合考虑多个因素，包括企业自身的实力、目标市场的特点、竞争环境和法律法规。以下是一些常见的国际化战略选择：

1. 出口策略：出口是最常见的国际化战略之一。企业将产品或服务出口到国外市场，通常通过经销商、代理商或直接销售。出口策略对于初入国际市场的小型企业来说是一个低风险的选择，因为它不需要在海外建立实体。

2. 合资和合作策略：合资和合作是一种与当地合作伙伴合作的国际化战略。这可以包括合资企业、合资合作、技术许可或特许经营等形式。这种策略有助于降低市场进入成本和风险，因为它可以借助当地合作伙伴的资源和经验。

3. 收购策略：通过收购当地企业，企业可以快速进入国际市场。这种策略可以帮助企业获取市场份额、客户基础和品牌知名度。但它需要大量资本和管理资源。

4. 绿地投资策略：绿地投资是指在国外市场建立全新的子公司或分支机构。这种策略需要企业在国外市场建立自己的品牌和运营体系，但需要更多的投资和时间。

国际化战略的选择取决于多个因素，包括企业的资源、市场条件、竞争环境、法律法规和目标市场的文化。决策过程需要全面评估这些因素，以确定最适合的战略。

（二）关键要素和考虑因素

在选择国际化战略时，企业需要考虑一系列关键要素和考虑因素。以下是一些关键要素：

1. 市场分析：企业需要深入研究目标市场，包括市场规模、增长潜力、竞争环境、消费者需求和文化特点。市场分析有助于确定适合的国际化战略。

2. 企业资源：企业需要评估自身的资源，包括资本、技术、管理经验和品牌知名度。这有助于确定可以支持的国际化战略。

3. 风险评估：国际化战略伴随着风险，包括汇率风险、政治风险、法律法规风险和文化风险。企业需要评估这些风险，并制定风险管理策略。

4. 法律法规：不同国家有不同的法律法规和贸易政策。企业需要了解目标市场的法律法规，以确保遵守当地法律。

5. 文化适应性：文化适应性是成功国际化的关键。企业需要了解目标市场的文化，包括商务礼仪、消费者行为和社会习惯。

6. 竞争分析：了解竞争对手是至关重要的。企业需要评估目标市场上的竞争格局，以确定如何与竞争对手竞争。

7. 市场进入成本：不同国际化战略需要不同的市场进入成本。企业需要评估自身资金可用性，以确定选择合适的国际化战略。

8. 市场营销和品牌：企业需要考虑如何在目标市场进行市场营销和建立品牌。这包括定价、促销和产品定位策略。

9. 时间和资源：国际化需要时间和资源。企业需要评估其能够分配给国际化项目的时间和资源。

10. 目标市场的稳定性：企业需要考虑目标市场的政治和经济稳定性。不稳定的市场可能会增加风险。

11. 战略一致性：国际化战略应与企业的整体战略一致。它应该符合企业的长期目标。

12. 市场适应性：不同国际市场可能需要不同的战略。企业需要确定哪种国际化战略最适合对应的市场。

（三）国际化战略的案例研究

以下是一些国际化战略的案例研究，以帮助理解不同战略选择的实际应用。

1. 出口策略：一家欧洲高端手表制造商决定采用出口策略，将其产品出口到亚洲市场。这家公司选择与当地经销商合作，以扩展其品牌知名度。这种出口策略帮助该公司迅速进入亚洲市场，降低了市场进入成本。

2. 合资策略：一家美国汽车制造商计划进入中国市场。为了适应当地市场和法规，他们与一家中国汽车制造商合资建立了生产基地。这种合资策略使他们能够利用当地合作伙伴的资源，快速生产适合中国市场的汽车。

3. 收购策略：一家跨国科技公司决定收购一家印度的初创公司，以获得其先进技术和人才。这项收购帮助他们迅速进入印度市场，并加速产品开发进程。

4. 绿地投资策略：一家巴西食品生产企业决定在非洲建立自己的生产工厂。他们投资建立生产基地，生产当地消费者需求的食品产品，并在非洲市场建立自己的品牌。

这些案例研究凸显了不同国际化战略的适用性。选择合适的战略取决于企业的具体情况和目标市场的特点。

（四）总结和建议

国际化战略的选择是一个复杂的决策过程，需要全面考虑多个因素。以下是一些总结和建议：

详细市场分析是关键。了解目标市场的需求、竞争环境和文化特点对于选择合适的国际化战略至关重要。

资源评估是必要的。企业需要明确自身的资本、技术和管理能力，以确定可以支持的国际化战略。

风险管理是关键。企业需要评估不同战略可能面临的风险，并制定风险管理策略。

法律法规合规性至关重要。了解目标市场的法律法规，确保企业合规运营。

文化适应性是成功的关键。了解目标市场的文化，包括商务文化和消费者行为，有助于建立有效的市场营销策略。

市场进入成本需要考虑。不同战略的市场进入成本不同，企业需要评估自己的资金可用性。

选择国际化战略需要与整体战略一致。国际化战略应该符合企业的长期目标。

最终，选择适合的国际化战略需要综合考虑这些因素，以确保企业能够在国际市场上取得成功。成功的国际化战略可以帮助企业拓展业务范围、实现全球增长，并取得竞争优势。

三、跨国经营的挑战

跨国经营是指企业在不同国家或地区之间开展业务活动的经营模式。随着全球化的不断推进，越来越多的企业选择跨国经营以拓展市场、降低成本、获取资源和追求增长。然而，跨国经营也伴随着一系列复杂的挑战，包括文化差异、法律法规、政治稳定性、汇率波动等。下文将深入探讨跨国经营的挑战，以帮助企业更好地理解和应对这些挑战。

（一）文化差异和跨文化管理

文化差异是跨国经营中的一个重要挑战。不同国家和地区拥有不同的文化、价值观、习惯和商业实践。企业需要克服文化差异，以确保其经营活动在不同国家中顺利进行。

跨文化管理：跨文化管理是一项复杂的任务，涉及管理不同文化背景的员工和客户。企业需要培训员工，以加强他们的跨文化敏感性，同时还需要采取措施来确保产品和服务在不同文化环境中的适应性。

跨文化沟通：有效的跨文化沟通是成功跨国经营的关键。语言障碍、不同的沟通方式和文化误解都可能导致问题。企业需要建立有效的跨文化沟通渠道，以降低沟通问题的风险。

跨文化团队合作：跨国企业通常拥有多元化的团队，由来自不同国家和文化背景的成员组成。管理这些团队需要协调和理解不同文化的工作方式和期望。

（二）法律法规和政治风险

法律法规和政治风险是跨国经营的另一个重要挑战。不同国家和地区拥有不同的法律体系和政治环境，企业需要遵守当地法律法规，同时还需要应对政治风险。

法律合规性：企业需要了解目标国家的法律法规，以确保其经营活动合法。这包括税收政策、贸易法规、劳工法律、知识产权保护等。违反当地法律法规可能会导致法律诉讼和经济损失。

政治风险：政治稳定性对企业的经营活动至关重要。政治动荡、政策变化和国际关系紧张都可能对企业产生负面影响。企业需要密切关注政治风险，并制定风险管理策略。

（三）汇率波动和金融风险

跨国经营涉及不同国家之间的货币交易，因此汇率波动是一个重要的挑战。汇率波动可以影响企业的成本、定价和利润。

汇率风险管理：企业需要采取措施来管理汇率风险，包括使用金融工具如远期合同和期权，以锁定汇率。同时，多元化货币资产也可以帮助企业分散汇率风险。

财务规划：企业需要制定财务规划，以应对不同国家之间的货币波动。这包括预算、现金流管理和风险管理，以确保企业能够维持稳定的财务状况。

资本市场访问：跨国企业需要考虑其国际化项目如何融资。汇率波动和金融市场条件可能会影响资本市场访问的成本和可行性。

（四）供应链管理和物流挑战

跨国经营通常涉及全球供应链，这带来了供应链管理和物流挑战。

物流成本：跨国物流成本可能会很高，因为需要运输产品和材料跨越国家边界。企业需要优化物流网络，以降低成本。

供应链复杂性：全球供应链通常更加复杂，涉及多个供应商、分销商和合作伙伴。企业需要建立强大的供应链管理系统，以确保供应链的协调和透明性。

风险管理：全球供应链也伴随着风险，如自然灾害、运输中断和政治事件。企业需要建立供应链风险管理计划，以应对潜在的风险。

（五）市场适应性和竞争挑战

不同国家和地区的市场有着不同的特点和竞争环境，这对跨国企业带来了挑战。

市场适应性：企业需要了解不同市场的消费者需求、偏好和文化特点。产品和服务需要适应不同市场，这可能需要产品定制和市场营销策略的调整。

竞争环境：不同国家和地区的竞争环境也不同。企业需要了解竞争对手、市场份额和竞争策略，以制定有效的竞争战略。

市场准入：某些国家可能对外国企业的市场准入施加限制，包括关税、贸易壁垒和外商投资法规。企业需要了解目标市场的准入条件，并采取措施来满足这些条件。

（六）人力资源管理和人才招聘

跨国经营需要管理多元化的人才和团队，这也带来了挑战。

国际人才管理：企业需要招聘、培训和管理不同国家和文化背景的员工。国际人才管理需要考虑签证、工作许可和文化差异。

人才招聘和保留：寻找和留住高素质的员工对于成功跨国经营至关重要。企业需要制定吸引和留住人才的策略，包括薪酬、福利和职业发展机会。

（七）社会责任和可持续发展

社会责任和可持续发展已经成为跨国经营的关键议题。企业需要考虑其经营活动对环境和社会的影响，以满足不断增长的可持续发展期望。

环境可持续性：企业需要采取措施来减少对环境的负面影响，包括减少碳排放、资源回收和生态系统保护。

社会责任：企业需要关注社会问题，如人权、劳工权益和社区参与。社会责任是企业声誉和品牌价值的一部分。

（八）技术和数字化转型

技术和数字化转型是跨国企业面临的挑战和机会。新技术和数字化工具可以改善业务流程，提高效率，但也需要适应和管理。

数字化转型：企业需要采取措施来数字化其业务流程，包括供应链管理、客户关系管理和数据分析。数字化转型可以提高竞争力，但也需要投资和培训。

数据隐私和安全：在跨国经营中，数据隐私和安全是一个重要的考虑因素。企业需要确保其客户和员工的数据得到妥善保护，同时也需要遵守不同国家的数据隐私法规。

技术变革：技术发展的速度很快，企业需要不断探索和适应新的技术趋势。这需要不断的研发和创新，以确保企业保持竞争力。

（九）市场波动和经济不确定性

市场波动和经济不确定性是跨国经营的常见挑战。全球经济和市场条件可能会发生变化，对企业的经营活动产生影响。

全球经济波动：经济周期和金融市场波动可能会影响企业的销售和盈利。企业需要准备好应对全球经济不稳定性。

货币波动：汇率波动可能会影响企业的成本和定价策略。企业需要采取措施来管理汇率风险。

政治事件和贸易战争：政治事件和贸易战争可能会对市场造成不确定

性。企业需要密切关注国际政治动态，以评估潜在的影响。

（十）战略调整和灵活性

在面对上述所有挑战时，跨国企业需要具备战略调整和灵活性的能力。灵活性可以帮助企业快速应对变化的市场条件，以调整战略，降低风险。

战略调整：企业需要能够调整战略，以适应新的市场条件和挑战。这可能涉及产品组合的调整、市场进入策略的改变和资源的重新配置。

制定备用计划：企业可以制定备用计划，以应对潜在的风险和不确定性。备用计划可以帮助企业快速应对危机和变化。

敏捷性和创新：敏捷性和创新是企业应对挑战的关键。企业需要鼓励创新和敏捷性，以迅速应对市场变化。

跨国经营是一个复杂的经营模式，伴随着多种挑战。文化差异、法律法规、政治风险、汇率波动、供应链管理、市场适应性、社会责任、技术和数字化转型、经济不确定性和战略灵活性都需要企业认真应对。成功的跨国企业通常是那些能够理解和应对这些挑战的企业。适应性、创新和风险管理是成功跨国经营的关键因素，有助于企业实现全球增长、可持续发展和竞争优势。因此，企业需要认真研究和评估每个挑战，并制定相应的战略来克服这些挑战。只有这样，它们才能够在不断变化的国际经济环境中蓬勃发展。

第二节　企业战略定位与竞争优势

一、企业战略定位的重要性

企业战略定位是企业在竞争激烈的市场中取得成功的关键。它涉及企业如何在市场中定位自己，以满足客户需求、获得竞争优势和实现可持续发展。战略定位是企业成功的基石，它指导了企业的决策、资源配置和市场营销活动。下文将深入探讨企业战略定位的重要性，包括其定义、目标、影响因素以及成功案例。

（一）企业战略定位的定义

企业战略定位是企业在市场中所占的独特位置，包括其产品或服务的定位、目标市场的选择和竞争策略。它是企业长期目标的具体表现，指导企业如何与竞争对手竞争，满足客户需求，创造价值并取得可持续的竞争优势。

战略定位通常包括以下要素：

1. 目标市场：确定企业要服务的特定市场领域，包括地理位置、客户细分和市场细分。

2. 价值主张：定义企业提供给客户的独特价值，包括产品特性、品质、价格和服务。

3. 竞争策略：确定企业如何在市场上与竞争对手竞争，包括定价策略、市场份额目标、产品差异化和销售渠道选择。

4. 品牌形象：建立和维护企业的品牌形象，以加深客户对企业的认知和信任。

5. 战略目标：明确企业的长期目标和愿景，以指导战略定位的执行和衡量绩效。

（二）企业战略定位的重要性

企业战略定位在企业成功中发挥了关键作用，它的重要性体现在多个方面。

1. 竞争优势的创造

通过明确定位自己在市场中的独特性，企业可以创造竞争优势。这种竞争优势可以是成本领先、产品创新、品牌忠诚度或服务质量等方面。战略定位有助于企业明确自身的价值主张，从而吸引客户、打败竞争对手并提高盈利能力。

2. 客户满意度和忠诚度

战略定位有助于企业更好地满足客户需求。当企业的产品或服务与客户期望的一致时，客户满意度增加，忠诚度提高。忠诚的客户更有可能重复购买，通过建立长期关系，以及口碑传播，为企业带来更多的业务。

3. 有效的资源配置

企业战略定位有助于企业更有效地配置资源。当企业清楚地了解其目标市场和竞争策略时，它可以将资源投入到最有利于实现战略目标的地方，避免资源浪费和分散。

4. 组织内部的一致性

战略定位可以在整个组织内建立一致性。它提供了一个共同的愿景和方向，有助于员工理解企业的目标，明晰企业的价值观，以及采取行动来实现战略目标。

5. 风险管理

明确的战略定位有助于企业管理风险。它使企业能够感知潜在的风险和挑战，并制定相应的风险管理计划。战略定位还有助于企业在市场变化时做出灵活的调整，以减轻不利影响。

6. 可持续发展

战略定位有助于企业实现可持续发展。它可以促使企业考虑其社会责任、环境影响和长期盈利能力。有明确的战略定位可以帮助企业建立可持续的经营模式，满足社会的期望。

（三）影响企业战略定位的因素

企业战略定位的选择受多种因素的影响，包括市场环境、企业资源、竞争情况和领导层的愿景。以下是一些主要的因素：

1. 市场需求和趋势：企业需要了解目标市场的需求、趋势和机会。这些因素将影响企业的产品、服务定位和市场选择。

2. 竞争环境：企业需要分析竞争环境，包括竞争对手的实力、定位和策略。这有助于企业找到自己的竞争优势和定位。

3. 组织资源和能力：企业的资源、技术和管理能力将影响其能够实现的战略定位。企业需要评估自身的资源，以确定合适的定位。

4. 领导层的愿景和价值观：企业的领导层对企业的愿景和价值观有重要影响。他们的愿景将指导企业的战略定位，并影响组织内部的文化和价值观。

5. 投资者和股东期望：企业的股东和投资者通常有对企业的预期和目标。企业需要考虑如何满足这些期望，以吸引资金和支持。

6. 技术和创新：技术的发展和创新可能会改变市场动态。企业需要考虑如何利用技术和创新来实现其战略定位。

7. 法律法规和行业标准：不同行业和地区有不同的法律法规和行业标准。企业需要遵守这些法规，同时也需要考虑它们如何影响战略定位。

8. 社会和环境因素：社会和环境因素对企业的战略定位也有重要影响。企业需要考虑社会责任、可持续发展和环保问题。

9. 全球化趋势：全球化趋势对企业战略定位产生了影响。企业需要决定是否要开拓国际市场，以及如何在全球范围内定位自己。

10. 经济条件：宏观经济条件、通货膨胀率和利率等因素会影响企业的战略定位，尤其是在市场波动较大的情况下。

（四）如何制定有效的战略定位

制定有效的战略定位是企业成功的关键。以下是一些指导原则，有助于企业制定有效的战略定位：

1. 深入市场分析：了解目标市场的需求、趋势和机会。分析竞争环境，包括竞争对手的实力和策略。

2. 明确的价值主张：确定企业可以提供给客户的独特价值，包括产品特性、品质、价格和服务。

3. 定位明确：明确定位企业要服务的市场领域和目标客户。不要试图一刀切，而是专注于特定市场细分。

4. 确定竞争策略：决定如何与竞争对手竞争，包括定价策略、市场份额目标、产品不同化和销售渠道选择。

5. 建立品牌形象：建立和维护企业的品牌形象，以加深客户对企业的认知和信任。

6. 制定明确的战略目标：明确企业的长期目标和愿景，以指导战略定位的执行。

7. 监测和调整：持续监测市场变化和竞争环境，根据需要调整战略和战术。战略定位不是一成不变的，而应该根据市场变化和内部要求进行调整和优化。

8. 与利益相关者互动：与客户、员工、股东、供应商和其他利益相关者互动，以了解他们的需求和期望，这有助于调整战略定位。

9. 培养创新文化：鼓励组织内的创新和灵活性，以适应不断变化的市场条件和技术趋势。

10. 持续学习和适应：战略定位是一个动态过程，企业需要不断学习、适应和改进。领导层和团队应保持开放的思维，勇于尝试新的方法和战略。

企业战略定位是企业成功的关键。它有助于企业创造竞争优势、满足客户需求、提高客户满意度、有效配置资源、建立品牌形象、管理风险、实现可持续发展以及达成战略目标。战略定位不仅是企业成功的基石，还是企业文化和价值观的体现。成功的战略定位需要深入市场分析、明确独特的价值主张、明确定位、确定竞争策略、建立品牌形象、制定明确的战略目标以及持续学习和适应市场变化。通过制定有效的战略定位，企业可以在竞争激烈的市场中取得成功，实现可持续增长和发展。

二、企业竞争优势的构建

竞争优势是企业在市场中脱颖而出、战胜竞争对手并取得成功的关键。它使企业能够提供更好的产品或服务，实现更高的市场份额，获得更高的盈利和增长。竞争优势不是一成不变的，它需要不断的努力和创新来构建和维护。本文将深入探讨竞争优势的概念、不同类型的竞争优势、构建竞争优势的策略以及成功案例。

（一）竞争优势的定义

竞争优势是企业相对于竞争对手在市场中的表现和地位的优势。它使企业能够在提供产品或服务时获得更高的价值，以满足客户需求并实现盈利。竞争优势可以在多个方面体现，包括但不限于以下几个方面：

1. 成本领先：企业可以降低生产产品或提供服务的成本，从而能够以更低的价格销售，吸引更多客户。

2. 产品差异化：企业的产品或服务在质量、特性、功能或设计等方面与竞争对手有明显的差异，吸引特定客户群体。

3. 市场份额：企业在市场中占有更大的份额，从而能够在规模经济方面获得优势。

4. 创新能力：企业具备创新和研发能力，能够不断推出新产品或改进现有产品，保持市场竞争力。

5. 品牌和声誉：企业的品牌形象和声誉在市场中具有高度认可度，从而吸引更多客户并建立忠诚度。

6. 供应链效率：企业的供应链管理和物流效率高，能够以更快的速度交付产品，提供更好的客户服务。

竞争优势不是一成不变的，它需要企业不断的努力、战略选择和创新来创造和维护。

（二）不同类型的竞争优势

竞争优势可以分为几种不同类型，具体取决于企业的战略和市场环境。以下是一些常见的竞争优势类型：

1. 成本领先优势：企业通过有效的成本控制、较高的生产效率和资源利用率，能够以较低的成本生产产品或提供服务。这使他们能够以更具竞争力的价格吸引客户，并实现高盈利。

2. 差异化优势：企业通过产品或服务的独特性、设计、品质或性能，能够在市场上脱颖而出。这使他们能够吸引那些寻求特别价值或特定体验的客户。

3. 规模经济优势：企业在市场中拥有更大的市场份额，从而可以获得规模经济的好处。这包括更低的生产成本、更大的采购力和更广泛的市场影响力。

4. 创新优势：企业通过不断的研发、创新和技术进步，能够推出新产品或服务，以满足不断变化的客户需求。这使他们能够保持市场竞争力并开辟新市场。

5. 品牌和声誉优势：企业的品牌形象和声誉在市场中具有高度认可度和信任度。这使他们能够吸引忠诚的客户群体，实现持续的销售和利润。

6. 供应链优势：企业通过高效的供应链管理和物流能力，能够提供更快的交付和更好的客户服务。这使他们能够满足客户的需求并提高客户忠诚度。

7. 市场定位优势：企业通过选择明确的目标市场和客户群体，能够更好地满足其需求，从而实现市场份额的增加。

8. 人才和文化优势：企业拥有资深的员工和积极的企业文化，能够吸引和保留顶尖的人才，推动创新和卓越的绩效。

不同类型的竞争优势通常相互关联，企业可能同时拥有多种优势。成功的企业通常会根据其目标市场、行业和资源来选择和发展适合自己的竞争优势类型。

（三）构建竞争优势的策略

构建竞争优势是企业成功的关键，下面是一些策略和方法，有助于企业构建竞争优势：

1. 了解客户需求：深入了解客户的需求和期望，包括他们的痛点、偏好和价值观。基于这些了解，调整产品、服务和市场策略。

2. 不断创新：投资于研发和创新，以推出新产品或改进现有产品。创新有助于企业保持市场竞争力，吸引更多客户。

3. 有效的成本控制：管理和降低成本，以提高盈利能力。这包括优化生产流程、采购和物流，降低废料和能源消耗。

4. 建立知名的品牌：投资于品牌建设，包括广告、市场宣传和客户体验。建立知名的品牌有助于吸引客户、建立忠诚度和提高产品或服务的感知价值。

5. 寻找市场定位：选择明确的目标市场和客户群体。不要试图满足所有人的需求，而是专注于特定市场细分，以满足其需求。

6. 不断学习和适应：监测市场变化和竞争环境，不断学习和适应。及时调整战略，以满足不断变化的市场需求。

7. 建立人力资本：吸引和保留高素质的员工，建立积极的企业文化，以推动创新和卓越的绩效。

8. 合作伙伴关系：建立战略性合作伙伴关系，以共同开发新产品、进入新市场可以提高效率。

9. 可持续发展：考虑社会和环境责任，采取可持续的经营和生产实践，以满足客户和社会的期望。

10. 管理风险：识别和管理潜在的风险，制定风险管理策略，以降低不利影响。

竞争优势是企业成功的关键，它使企业能够在市场中脱颖而出、赢得客户和实现盈利。竞争优势不是一成不变的，而是需要不断的努力、创新和战略选择来构建和维护。了解客户需求、创新、成本控制、品牌建设、市场定位和管理风险等策略都有助于构建竞争优势。通过学习成功的企业案例，企业可以获取有关如何提高竞争优势的宝贵见解，从而在竞争激烈的市场中取得成功。在不断变化的市场环境中，构建和维护竞争优势是企业长期成功的关键。

三、企业战略执行与调整

企业战略的执行和调整是企业成功的关键部分。战略规划虽然重要，但只有在实际执行并不断调整的过程中，才能取得成功。下文将深入探讨企业战略执行的重要性、成功的关键要素、执行中可能出现的挑战以及如何有效地调整战略以适应不断变化的市场环境。

（一）企业战略执行的重要性

企业战略执行是将战略转化为行动和结果的过程，它对企业成功至关重要。以下是企业战略执行的重要性：

1. 实现战略目标：企业制定战略的目标是实现长期增长和盈利。战略执行是将这些目标转化为现实的关键步骤。

2. 客户满意度：战略执行有助于满足客户需求，提供更好的产品和服务，提高客户满意度，从而建立忠诚的客户群体。

3. 竞争优势：通过有效的战略执行，企业可以构建和维护竞争优势，包括成本领先、产品差异化和市场份额的增加。

4. 资源优化：战略执行有助于有效配置资源，包括人力、资金和技术，以实现最佳效果。

5. 组织协调：战略执行需要协调不同部门和团队的努力，促进组织内部的协同工作和沟通。

6. 风险管理：通过战略执行，企业可以更好地管理风险，发现并应对潜在问题，以降低不利影响。

7. 持续学习：战略执行中的反馈和经验教训有助于企业不断学习和改进，以适应变化的市场条件。

（二）成功的关键要素

成功的战略执行需要考虑一系列关键要素，以确保战略顺利实施。以下是成功的关键要素：

1. 领导和管理支持：企业领导层的指引和支持至关重要。他们需要在战略执行中提供方向、资源和支持。

2. 明确的战略沟通：战略的目标和计划需要明确传达给组织内的所有员工，以确保他们理解并投身于实施中。

3. 目标和绩效指标：明确的目标和绩效指标有助于跟踪战略执行的进展，并衡量是否实现了期望的结果。

4. 有效的资源配置：资源，包括资金、人力和技术，需要有效配置以支持战略执行。这可能涉及预算编制、项目管理和资源调整。

5. 团队的承诺和参与：员工的积极参与和承诺对于战略执行至关重要。他们需要感到自己是战略执行的一部分，有机会提供反馈和建议。

6. 沟通和反馈机制：建立有效的沟通渠道和反馈机制，以便在战略执行过程中及时解决问题和调整计划。

7. 变革管理：战略执行通常伴随着变革和组织结构调整。企业需要有效的变革管理策略，以帮助员工适应变化。

8. 风险管理：识别和管理潜在风险，以降低对战略执行的不利影响。这可能需要制定风险管理计划和备用计划。

9. 学习和持续改进：战略执行是一个动态过程，企业需要不断学习和改进，以适应变化的市场条件和客户需求。

10. 适时的调整：企业需要灵活，能够根据市场变化和战略执行的结果进行适时的调整。这可能包括战略修订、资源重新配置和新的目标设定。

成功的战略执行需要综合考虑以上要素，并确保它们稳定可控，以实现战略目标。

（三）**战略执行中可能出现的挑战**

尽管战略执行是至关重要的，但它通常会伴随着一些挑战和障碍。以下是一些可能出现的挑战：

1. 抵抗变革：员工可能会对战略变革产生抵制，因为它可能会带来不确定性和不熟悉的工作方式。

2. 资源限制：有时，企业可能受到有限的资金、人力和技术资源的限制，这可能会影响战略执行。

3. 不明确的目标：如果战略目标不清晰或模糊，员工可能不知道他们的任务是什么，导致执行出现问题。

4. 沟通问题：不良的沟通和信息传递可能导致误解和不协调，影响战略执行。

5. 竞争对手：竞争对手的举措也会对战略执行产生影响。他们可能采取反制措施，试图阻碍其他企业的战略实施。

6. 时间管理：有效的战略执行需要适当的时间管理。如果时间安排过于紧张，员工可能无法充分准备和执行战略。

7. 绩效测量：缺乏明确的绩效指标和测量方法可能会导致无法评估战略执行的进展。

8. 文化差异：企业文化和组织结构的不一致可能会影响战略执行问题。跨部门合作和沟通可能会受到挑战。

这些挑战需要通过适当的策略和方法来克服，包括变革管理、资源管理、沟通和培训。

（四）**战略执行的调整**

战略执行不仅仅是按照计划进行，还需要灵活性和适应性，以适应不断变化的市场环境。以下是一些关于如何调整战略执行的建议：

1. 定期评估进展：定期审查战略执行的进展，比较实际结果与预期目标。这有助于识别问题和机会。

2. 收集反馈：鼓励员工提供反馈和建议，以了解他们在战略执行过程中的经验和观点。

3. 市场分析：持续分析市场和竞争环境，以发现新的机会和威胁。

4. 修订计划：如果实际结果与预期不符，准备好修改战略执行计划。这可能包括重新分配资源、修订目标和策略，或采取新的举措。

5. 优化资源配置：重新评估资源配置，确保它们与战略目标一致。有时需要调整资源分配以支持新的战略方向。

6. 培训和发展：提供员工培训和发展，以增强他们的技能和能力，以适应新的战略要求。

7. 灵活的领导：领导层需要灵活，愿意接受变化并提供方向。他们应该支持和鼓励适时的调整。

8. 风险管理：随着战略执行的调整，重新评估风险和制定风险管理策略。

9. 文化和组织变革：如果战略执行涉及文化和组织结构的变化，需要进行变革管理，以确保员工顺利适应。

10. 沟通和透明度：保持开放的沟通，向员工和利益相关者解释战略执行的调整原因和目标。

战略执行的调整是一个不断学习和适应的过程，有助于确保企业保持竞争力并实现长期成功。

企业战略的执行和调整是取得成功的关键。战略规划虽然重要，但只有在实际执行并不断调整的过程中，才能实现战略目标。成功的战略执行需要领导层的指引、明确的目标和绩效指标、资源的有效配置、员工的承诺和参与、良好的沟通和反馈机制、风险管理和持续学习。调整战略执行时，企业需要灵活性和适应性，根据市场变化和战略执行的结果采取适时的措施。成功的企业通常表现出出色的战略执行和调整能力，有助于提升竞争力并实现长期成功。

总之，企业战略执行和调整需要持续地努力，对于企业的长期成功至关重要。在不断变化的市场环境中，企业需要灵活性和适应性，以适时调整战略，从而满足客户需求和应对竞争。领导层的指引、明确的目标、资源管理、员工的承诺和参与、沟通和反馈机制，以及风险管理都是成功战略执行的关键要素。通过不断学习和适应，企业可以保持竞争力，并在市场中取得成功。战略执行不仅仅是计划的实施，更是一种动态的、持续的过程，它需要不断调整和改进，以适应变化的环境和市场需求。成功的企业通常能够在战略执行和调整方面展现出卓越的能力，这使他们能够在竞争激烈的商业环境中脱颖而出。

第三节　创业精神与企业创新战略

一、创业精神的核心特征

创业精神是指一种积极的、创新的、冒险的思维，它驱动个体或组织去追求新机会、创造新价值，以实现商业或社会的成功。创业精神不仅仅局限于创业者，它在各个层面和领域都有重要的作用。下文将深入探讨创业精神的核心特征，包括创新、冒险、决心、适应性、自信、坚韧和激情，以及它们对个体和组织的重要性。

（一）创新

创新是创业精神的核心特征之一。它涵盖了新想法的产生、新产品或服务的开发，以及新的商业模式的创建。创新不仅仅是技术上的进步，还包括了在市场、管理和组织方面的新思维和方法。创业者常常具备开放的思维，能够提供问题的新解决方案，寻找新机会，并不断寻求改进。

创新的重要性在于它推动了经济增长和社会进步。通过创新，企业能够不断提高效率、降低成本、提高产品质量，从而在市场上获得竞争优势。创新还能够满足不断变化的消费者需求，推动新兴产业的发展，创造就业机会，提高生活质量。

（二）冒险

冒险是创业精神的核心特征之一。创业者通常愿意承担风险，追求未知领域的机会。他们敢于尝试新的事物，甚至在面临不确定性的情况下也勇往直前。冒险家精神驱动个体或组织去探索新市场、新技术或新商业领域，即使可能面临失败的风险。

冒险是创业成功的关键因素之一，因为它带来了机会和回报。那些愿意冒险的人通常更容易获得成功，因为他们不仅敢于尝试，还愿意从失败中学习并不断改进。冒险家精神也有助于推动社会进步，因为它鼓励人们去挑战现状，寻找新的解决方案和创新方法。

（三）决心

决心是创业精神的重要特征之一。创业者通常具备坚定的意愿和毅力，他们不轻易放弃，面对困难和挫折时能够坚持不懈。决心驱使他们克服各种困难，实现自己的目标。

在创业中，常常会遇到许多挑战，包括财务问题、市场竞争、法律法规等。具备坚定的决心的创业者能够坚持下去，不断寻找解决问题的方法。决心也有助于维持长期目标，因为创业往往是一个漫长的过程，而不是一蹴而就的事情。

（四）适应性

适应性是创业精神的重要特征之一。创业者需要能够适应不断变化的市场和环境。他们通常具备灵活性和应变能力，能够迅速调整策略，适应新的情况。

适应性在创业中尤为关键，因为市场和商业环境经常发生变化。创业者需要能够快速反应，找到新的机会或调整战略，以适应新的情况。适应性还有助于创业者充分利用突发事件或市场趋势，从中获取竞争优势。

在不断变化的世界中，适应性不仅有助于创业者应对挑战，还有助于发现新的机会。创业者常常是那些敢于变革、试验和适应的人，他们能够创造新的价值，满足不断变化的客户需求。

（五）自信

自信是创业精神的关键特征之一。创业者通常具备自信，相信自己有能力实现目标。他们有信心面对挑战，相信他们的决策是正确的。

自信在创业中是关键的，因为创业过程中会面临许多不确定性和风险。缺乏自信可能会导致犹豫不决、担忧和自我怀疑。相反，具备自信的创业者能够积极行动，克服障碍，吸引投资者和客户的信任。

（六）坚韧

坚韧是创业精神的关键特征之一。创业者通常需要克服困难、面对挫折，坚持不懈地追求目标。他们不容易放弃，能够面对失败和逆境。

在创业中，常常会遇到挑战和难题，但坚韧的创业者能够坚持下去。他们视挫折为学习机会，从中获取经验教训，不断改进自己的方法。坚韧也有助于维持长期目标，因为创业通常是一个漫长的过程，需要耐心和毅力。

（七）激情

激情是创业精神的重要特征之一。创业者通常对他们的事业充满热情，他们热衷于实现自己的愿景和目标。这种激情驱动他们投入大量时间和精力，追求自己的梦想。

激情对创业者来说至关重要，因为它能够激励他们克服困难，追求卓越。激情也能够吸引其他人，包括员工、合作伙伴和投资者，共同追求共同的目标。创业者通常能够传播他们的激情，激发他人的共鸣和参与。

（八）对个体和组织的重要性

创业精神不仅对个体有重要意义，也对组织和社会产生积极影响。

对个体来说，创业精神可以帮助他们实现个人和职业目标。它鼓励人们追求独特的机会，发展自己的技能和能力，提高职业满意度。创业精神还激发了创新思维、决断力和领导能力，这些技能对个体的职业发展非常有帮助。

对组织来说，创业精神可以促进创新和竞争力。有创业精神的员工通常更有创造力，愿意提出新的点子和解决问题的方法。这有助于组织不断改进和适应变化的市场条件。此外，创业精神还能够增加员工的投入和忠诚度，提高组织的绩效。

对社会来说，创业精神有助于经济增长和就业机会的创造。创业精神推动了新业务的发展，创造了新的市场，提供了更多的工作岗位。创业者也经常涉足社会问题领域，通过创新的方法解决社会问题，促进社会进步。创业精神还有助于推动技术创新，改善生活质量，满足人们的需求。

创业精神是一种积极的、创新的、冒险的思维，它包括了创新、冒险、决心、适应性、自信、坚韧和激情等核心特征。这些特征对于个体和组织来说都非常重要。创业精神有助于推动经济增长、社会进步和个人职业发展。它不仅有助于创业者实现自己的梦想，还有助于解决社会问题、创造价值和改善生活质量。因此，鼓励和培养创业精神是非常重要的，不仅对个体和组织有益，也有助于社会的繁荣和进步。无论是在创业领域还是在职业生涯中，创业精神都是一种宝贵的品质，值得培养和发展。

二、创新战略的制定

创新战略是指企业为推动创新、实现竞争优势以及在市场中脱颖而出而制定的计划和方向。它涉及如何发展新产品、服务、技术，或者改进现有的业务流程和方法。制定创新战略是企业在不断变化的商业环境中取得成功的关键，下文将深入探讨创新战略的制定过程，包括目标设定、环境分析、资源配置和执行计划。

（一）目标设定

创新战略的制定始于目标设定。企业需要明确创新战略的目标和愿景，以指导其创新努力。这些目标可以包括：

1. 产品和服务创新：企业可能希望开发新产品或服务，以满足不断变化的市场需求。这可以包括产品扩展、改进或完全的创新。

2. 流程和效率创新：企业可以通过改进内部流程和方法来提高效率和降低成本。这可以增加生产效率、减少浪费，提高竞争力。

3. 市场扩展：企业可能希望通过创新战略扩大其市场份额，进入新市场或吸引新的客户群。

4. 技术领导：某些企业可能希望成为技术领导者，通过不断投资于研发和技术创新来获得竞争优势。

5. 可持续发展：企业可以通过制定创新战略，以满足可持续发展和环保的需求，包括减少环境影响和承担社会责任。

明确的目标有助于为创新战略提供方向和重点。企业需要考虑其目标与市场需求、竞争状况以及自身资源之间的关系，以确保目标是可行的。

（二）环境分析

在制定创新战略时，企业需要进行环境分析，以了解外部和内部环境中的机会和威胁。这包括以下几个方面：

1. 市场分析：企业需要了解市场趋势、客户需求和竞争情况。这可以包括市场细分、竞争对手分析和市场机会的识别。

2. 技术趋势：企业需要跟踪技术趋势，了解新技术和创新如何影响其行业。这可以涉及研发、专利分析和技术合作伙伴关系。

3. 法律和法规：企业需要考虑法律和法规对其创新努力的影响，以确保其创新符合法规要求。

4. 内部资源和能力：企业需要评估其内部资源和能力，以确定其可以利用的资源，以支持创新战略的实施。

5. 竞争对手：企业需要了解竞争对手的创新活动和战略，以确定自己的竞争优势和差异化点。

6. 全球趋势：企业需要考虑全球趋势，包括全球化、可持续发展和社会变化，以确定如何在国际市场上创新。

环境分析有助于企业确定创新机会和威胁，并制定适应性的创新战略。企业还可以利用SWOT分析来整合对外部和内部环境的了解，以确定其创新战略的优势和劣势。

（三）资源配置

创新战略的制定需要适当的资源，包括资金、人力资源、技术和设备。企业需要确定如何配置这些资源以支持创新。这包括以下几个步骤：

1. 资金分配：企业需要确定投入多少资金用于创新项目，包括研发、原材料采购、市场推广和人才吸引等。资金的分配应与创新目标和优先级一致。

2. 人力资源：企业需要拥有具有创新精神的团队，他们能够提出新想法、解决问题，并推动创新项目的实施。这可能需要招聘新员工、培训现有员工，或者与外部合作伙伴合作。

3. 技术和设备：创新通常需要适当的技术和设备。企业需要考虑是否需要购买新技术、开发新工具，或者合作伙伴提供所需的技术和设备。

4. 研发投资：对于一些企业，研发是创新的核心。他们可能需要投资于研发项目，以推动新产品或服务的开发。

5. 合作伙伴关系：企业可以考虑与其他公司、大学或研究机构建立合作伙伴关系，共同开发新的创新项目。这可以帮助降低成本和风险，加速创新过程。

资源配置需要与创新战略的目标一致，并根据不同项目的需求进行调整。企业需要确保资源得到最佳利用，以支持创新战略的实施。

（四）执行计划

一旦创新战略制定完成，企业需要制定和执行详细的计划。这包括以下几个关键步骤：

1. 项目规划：企业需要确定具体的创新项目，包括项目的目标、时间表、预算和关键绩效指标。项目规划应与创新战略的目标相一致。

2. 团队建设：企业需要建立具有创新精神的团队，确保他们有足够的资源和支持来推动创新项目。这可能涉及培训、招聘和绩效激励。

3. 风险管理：创新通常伴随着一定的风险，企业需要考虑风险管理策略，以应对可能出现的问题和挑战。

4. 沟通和推广：企业需要与员工、合作伙伴和客户进行有效的沟通，以传达创新战略和项目的重要性，获取他们的支持和合作。

5. 执行和监控：企业需要执行计划，并定期确定项目的进展，以确保项目按计划推进。如果需要，可以对计划进行调整。

6. 绩效评估：企业需要建立绩效评估机制，以评估创新项目的成功。这可以包括关键绩效指标、财务报告和客户反馈。

创新战略的执行计划需要与企业的战略管理和绩效管理体系相一致，以确保创新战略与企业的整体战略一致，并能够持续改进和优化。

（五）风险管理

创新战略通常伴随着一定的风险，企业需要考虑如何抵御这些风险。这包括市场风险、技术风险、竞争风险和法律风险。风险管理可以包括以下几个方面：

1. 风险评估：企业需要评估不同风险的严重性和可能性，以确定哪些风险需要关注和管理。

2. 风险规划：企业需要制定风险规划，包括应对不同风险的策略和计划。

3. 风险监控：企业需要定期监控风险的发展，以及采取措施来应对突发的风险。

4. 风险传播：企业可以考虑通过保险或风险共担方式来减轻一些风险。

风险管理是创新战略的重要组成部分，它有助于企业降低风险，并在不断变化的市场中保持竞争优势。

（六）创新文化

创新战略的成功执行通常需要建立创新文化。创新文化是指一种鼓励员工提出新想法、尝试新方法，并愿意接受失败的文化。要建立创新文化，企业可以考虑以下几个步骤：

1. 领导层承诺：领导层需要展现出对创新的重视，并积极支持创新项目。他们应该鼓励员工提出新点子，提供资源和支持。

2. 员工培训：企业可以提供创新培训，帮助员工提升创新技能和思维方式。

3. 奖励和激励：企业可以设立奖励计划，鼓励员工提出新想法并参与创新项目。这可以包括财务奖励、晋升机会和公开表彰。

4. 知识分享：企业可以鼓励知识分享和团队合作，以促进创新。

5. 失败容忍：企业应鼓励员工尝试新方法，即使失败也不会受到严厉惩罚。失败应被视为学习机会。

建立创新文化需要时间和承诺，它有助于创新战略的成功执行。创新文化能够激发员工的创造力和潜力，推动企业不断改进和发展。

（七）绩效评估和反馈

绩效评估是创新战略的关键环节。企业需要建立明确的绩效指标和评估方法，以确定创新项目的成功和效率。这包括以下几个方面：

1. 关键绩效指标（KPI）：企业需要确定用于评估创新项目的关键绩效

指标。这可以包括市场份额、销售额、客户满意度等。

2. 财务报告：企业需要监控创新项目的财务表现，包括成本、收入和利润。这可以帮助确定项目的经济效益。

3. 客户反馈：企业可以收集客户反馈，以了解他们对新产品或服务的满意度和建议。

4. 项目回顾：企业可以定期进行项目回顾，评估项目的进展和成果，以确定是否需要调整战略或计划。

5. 学习和改进：企业应鼓励员工从成功和失败中学习，并应用这些经验来改进未来的创新项目。

绩效评估不仅用于确定创新项目的成功，还用于改进创新战略和战术。企业需要根据评估结果来做出决策，包括是否继续支持特定项目、是否需要重新分配资源，以及是否需要更改创新战略。

（八）长期规划

创新战略通常是长期的，企业需要考虑如何在长期内保持创新努力。这包括以下几个方面：

1. 创新管道：企业需要建立创新管道，确保不断有新的创新项目进入研发和实施阶段。

2. 技术和市场监测：企业需要定期监测技术和市场的变化，以确保创新战略与外部环境保持一致。

3. 组织文化：创新文化需要持续宣传和维护。企业需要定期审查其文化，以确保创新仍然是一个核心价值观。

4. 资源投入：企业需要继续投入资源，以支持创新项目的发展和实施。这可能需要不断投入资金、技术和人力资源。

长期规划有助于确保创新战略的可持续性，并使企业能够适应不断变化的市场条件。

创新战略的制定是企业在不断变化的商业环境中获得竞争优势和成功

的关键。它包括目标设定、环境分析、资源配置、执行计划、风险管理、创新文化、绩效评估和长期规划等多个关键步骤。创新战略需要与企业的整体战略相一致，以确保创新的成功执行和可持续性。通过制定和实施创新战略，企业可以不断提高其竞争力、满足客户需求，以及实现长期的可持续发展。

三、创新文化的培养

创新文化是指一种组织内部的价值观、信仰和行为方式，鼓励员工提出新想法、尝试新方法，愿意冒险并在失败时进行学习。它是鼓励创新的基础，有助于组织应对不断变化的市场环境、提高竞争力、满足客户需求，并持续改进。下文将深入探讨如何培养创新文化，包括关键元素、领导作用、员工参与、奖励和认可、学习文化等方面。

（一）创新文化的关键元素

创新文化包括多个关键元素，这些元素相互交织，共同塑造组织的文化氛围。以下是创新文化的一些关键元素：

1. 领导支持：领导层的支持至关重要。领导者需要表现出对创新的重视，鼓励员工提出新想法，并提供资源和支持。他们还需要成为创新的榜样，积极参与创新项目。

2. 开放沟通：创新文化鼓励开放和透明的沟通。员工可以自由表达他们的观点和建议，而不担心受到负面影响。组织应该建立渠道，鼓励员工分享创新想法。

3. 实验和冒险：创新文化鼓励员工尝试新方法和新想法，即使可能失败也不会受到惩罚。实验和冒险是创新的关键，它们有助于发现新的解决方案。

4. 多样性和包容性：多样性和包容性是创新的关键。不同背景、经验和观点的员工能够带来不同的视角和创新思维，丰富创新文化。

5. 奖励和认可：创新文化应该奖励并认可员工的创新贡献。这可以包括财务奖励、晋升机会、公开表彰和其他奖励方式，以鼓励员工继续创新。

6. 学习文化：创新文化强调学习和持续改进。员工应该被鼓励学习新的技能、知识和经验，以支持创新。

7. 目标和愿景：组织的目标和愿景应该与创新一致。员工需要知道他们的工作如何与组织的创新目标相匹配，以激发他们的积极性。

这些关键元素相互作用，共同塑造了创新文化。培养创新文化需要综合考虑这些因素，以确保组织内部的氛围和价值观是有利于创新的。

（二）领导作用

领导层在培养创新文化中起着至关重要的作用。领导者需要积极支持创新，包括以下几个方面：

1. 鼓励创新：领导者需要明确表达对创新的支持，并鼓励员工提出新想法和尝试新方法。他们应该展现出对创新的重要性，以激发员工的积极性。

2. 提供资源：领导者需要确保创新项目获得必要的资源，包括资金、技术、人力资源和时间。他们应该将创新视为长期投资，而不仅仅是一项支出。

3. 成为榜样：领导者应该成为创新的榜样，积极参与创新项目。他们的参与可以激励员工，展示创新的实际效果。

4. 支持实验和冒险：领导者应该鼓励员工尝试新方法，即使可能失败也不会受到负面影响。他们应该视失败为学习机会，鼓励员工分享失败的经验。

建立开放沟通：领导者应该建立开放和透明的沟通渠道，鼓励员工分享他们的观点和建议。他们应该主动与员工互动，了解他们的需求和难处。

领导者的支持和示范是培养创新文化的关键。他们的态度和行为会影响整个组织，决定员工是否愿意积极参与创新。

（三）员工参与

员工是创新文化的关键组成部分。他们是创新的推动力量，因此需要积极参与创新文化的培养。以下是鼓励员工参与的一些建议：

1. 提供培训：组织可以提供创新培训，帮助员工开发创新技能和思维方式。培训可以包括创新方法、问题解决技巧和设计思维等。

2. 创新团队：组织可以建立创新团队，鼓励员工积极参与创新项目。这些团队可以跨越不同部门，汇集具有不同背景和专业知识的员工，共同解决问题和推动创新。

3. 奖励和认可：组织可以设立奖励计划，以鼓励员工提出新想法并参与创新项目。奖励可以包括财务奖励、晋升机会、公开表彰等。

4. 提供资源：员工需要适当的资源来支持他们的创新努力。这可以包括时间、技术、原材料和合作伙伴关系。

5. 鼓励多样性：组织应该鼓励多样性和包容性，以吸引具有不同背景和观点的员工。多样性有助于丰富创新思维和创新方法。

6. 开放反馈渠道：员工需要有渠道来分享他们的观点和建议，还需要知道他们的反馈受到关注和重视。

员工参与创新文化的培养是至关重要的。他们通常对组织内部的创新氛围和文化有直接影响，因此需要得到鼓励和支持。

（四）奖励和认可

奖励和认可是培养创新文化的关键工具之一。员工需要知道他们的创新贡献会得到赏识和奖励，这有助于激发他们的积极性。以下是一些关于奖励和认可的建议：

1. 财务奖励：提供财务奖励，如奖金、股票期权或提成，以认可员工的创新贡献。这些奖励可以激发员工的积极性，尤其是在与绩效直接相关的情况下。

2. 晋升机会：提供晋升机会，以奖励那些在创新方面表现出色的员工。晋升可以作为员工职业发展的一部分，也可以鼓励他们在组织内部持续发挥作用。

3. 公开表彰：公开表彰员工的创新贡献，例如在团队会议上、内部通讯中或公司活动中。这有助于提高员工的声誉，并鼓励其他员工效仿。

4. 特殊项目：提供员工参与特殊项目的机会，以表彰他们的创新能力。这可以包括参与关键项目、领导新团队或领导创新倡议。

5. 学习机会：为员工提供学习机会，以提高他们的技能和知识。这可以包括培训、研讨会和进修课程。

奖励和认可需要与创新文化的目标相一致，并根据员工的不同贡献和需求进行调整，有助于激发员工的积极性，鼓励他们积极参与创新。

（五）学习文化

学习文化是创新文化的一部分。它强调持续学习、改进和适应的重要性。以下是培养学习文化的一些建议：

1. 培训和发展：组织应该提供员工培训和发展机会，以帮助他们不断提高技能和知识。这可以包括技术培训、管理培训、领导力发展等。

2. 反馈和改进：鼓励员工提供反馈，并积极采纳他们的建议。组织应该视失败为学习机会，鼓励员工分享失败的经验，以改进未来的创新项目。

3. 知识分享：组织应该鼓励员工分享知识和经验，以促进创新。这可以通过内部知识库、团队会议和分享会议来实现。

4. 创新故事：分享成功的创新故事，以鼓励员工效仿成功的方法和思维方式。

5. 适应性：员工需要具备适应性，能够应对不断变化的市场环境。学习文化有助于他们不断适应新挑战和机会。

学习文化有助于员工不断提高自己的技能和知识，以应对不断变化的市场条件并推动创新。这也有助于组织吸引和留住高素质的员工，因为员工知道他们将得到发展和学习的机会。

（六）培养创新文化的挑战

培养创新文化并不容易，面临一些挑战。以下是一些常见的挑战以及应对策略：

1. 传统思维：一些员工可能习惯于传统的工作方式和思维模式，不容易接受创新。解决这个挑战需要时间和教育，鼓励员工尝试新的方法和思维方式。

2. 风险担忧：员工可能害怕失败和承担风险，因此不愿意参与创新。组织可以鼓励员工在小范围内进行实验，以降低风险，并提供支持和反馈。

3. 资源限制：创新通常需要资源，如时间、资金和技术。组织需要确保有足够的资源支持创新项目，以克服资源限制的挑战。

4. 管理层不支持：如果组织的管理层不支持创新，员工可能感到受阻。在这种情况下，领导者需要积极支持创新，并向员工传达其重要性。

5. 文化冲突：不同团队和部门可能有不同的文化和价值观，这可能导致文化冲突。组织需要建立一个共同的文化框架，以促进创新文化的一致性。

培养创新文化是一个渐进的过程，需要组织内部的不断努力和适应。克服这些挑战需要时间和坚定的决心，最终会为组织带来长期的竞争优势和成功。

创新文化是现代组织成功的关键因素之一。它鼓励员工提出新想法、尝试新方法，愿意冒险并在失败时进行学习。创新文化的培养涉及多个关键元素，包括领导支持、员工参与、奖励和认可、学习文化等。领导者在培养创新文化中起着关键作用，他们需要鼓励创新、提供资源、成为榜样，并支持员工的创新努力。员工需要积极参与创新，奖励和认可可以激发他们的积极性。学习文化有助于员工不断提高技能和知识，以应对不断变化的市场条件。

虽然培养创新文化可能面临一些挑战，但它是值得投资的。创新文化有助于组织应对不断变化的市场环境、提高竞争力、满足客户需求，并持续改进。通过关注关键元素、领导支持和员工参与，组织可以成功地培养创新文化，为未来的成功和可持续发展奠定坚实的基础。

第四节　资源整合与企业联盟战略

一、资源整合的必要性

资源整合是指将组织内外的各种资源，包括人力资源、资本、技术、信息、供应链、合作伙伴等，以一种有机的方式结合在一起，以实现组织的战略目标和增强竞争力。在当今全球化、竞争激烈的商业环境中，资源整合变得愈发重要，因为它能够帮助组织更好地应对挑战、创造价值，并取得持续的成功。下文将探讨资源整合的必要性，以及它对组织的影响和益处。

（一）资源整合的必要性

提高竞争力：在竞争激烈的市场中，组织需要不断提高自身的竞争力。资源整合允许组织利用多种资源，以创造独特的竞争优势。通过整合资源，组织能够提供更具吸引力的产品和服务，吸引更多客户，取得市场份额。

创造协同效应：资源整合有助于创造协同效应。当不同类型的资源协同工作时，它们可以产生比单独使用时更大的效益。例如，将技术和市场营销资源整合，可以实现更好的产品开发和市场推广。

降低成本：资源整合可以降低成本。通过共享资源、设备和供应链，组织可以实现更高的效率。这有助于降低生产成本，提高盈利能力。

促进创新：资源整合有助于创新。不同类型的资源可以用于研发新产品、提供更好的客户体验和推出市场创新。组织可以通过整合资源来鼓励员工提出新想法，实验新方法。

应对市场变化：商业环境不断变化，资源整合可以帮助组织更好地应对这些变化。通过整合多种资源，组织可以更灵活地调整战略和战术，以适应新市场趋势。

扩大市场份额：通过整合资源，组织可以扩大其市场份额。这可以通过并购、合作伙伴关系、全球扩张等方式实现。资源整合有助于组织进入新市场，吸引新客户。

提高创造力：资源整合鼓励多样性和创造力。当不同类型的资源相互交流时，可以激发新的创新思维方式和方法。这有助于组织找到新的解决方案和机会。

增强可持续性：资源整合有助于增强组织的可持续性。通过利用多种资源，组织可以更好地应对不断变化的挑战，维持长期的竞争力。

优化资产利用：资源整合有助于优化资产利用。组织可以更有效地管理其资本、设备和人力资源，以获得更高的回报。

（二）资源整合的影响和益处

资源整合对组织有多重影响和益处：

提高效率和生产力：资源整合有助于提高组织的效率和生产力。它使组织能够更好地利用资源，减少浪费，提高生产能力。

增加收入：通过整合不同类型的资源，组织可以提供更多、更多样化的产品和服务，从而增加收入。

创造价值：资源整合有助于创造价值。它可以改善产品和服务，提高客户满意度，从而创造更多的价值。

降低风险：资源整合可以降低风险。当不同资源协同工作时，它们可以互相弥补，降低潜在的风险。

提高创新能力：资源整合有助于提高组织的创新能力。不同类型的资源可以用于创新项目，从而推动组织的创新能力。

增强竞争力：资源整合有助于增强组织的竞争力。它使组织能够提供更具吸引力的产品和服务，吸引更多客户，从而取得市场份额。

扩大市场份额：通过整合资源，组织可以扩大其市场份额。这可以通过并购、合作伙伴关系、全球扩张等方式实现。

提高客户满意度：资源整合有助于提高客户满意度。通过整合资源，组织可以提供更好的产品和服务，满足客户需求。

创造竞争优势：资源整合有助于组织创造竞争优势。它使组织能够提供独特的产品和服务，区别于竞争对手。

促进可持续发展：资源整合有助于组织实现可持续发展。它可以帮助组织更好地应对资源的有限性和环境的不稳定性，以确保组织能够持续地适应并茁壮成长。

（三）资源整合的实施

要实现资源整合的必要性和益处，组织需要采取一系列步骤来有效地整合资源：

1. 制定清晰的战略目标：首先，组织需要制定清晰的战略目标，明确资源整合的目的和预期的效益。这有助于确保资源整合的方向与组织的长期愿景一致。

2. 资源识别和评估：组织需要明确定位和识别可用的资源，包括内部资源和外部资源。这可能涉及人力资源、资本、技术、供应链、合作伙伴等方面的资源。

3. 建立合作伙伴关系：资源整合通常涉及建立合作伙伴关系，以共享资源和专业知识。组织需要仔细选择合作伙伴，并建立有效的合作伙伴关系。

4. 资源整合策略：组织需要制订资源整合策略，确定如何整合资源以实现战略目标。这可能包括并购、合资、战略联盟、技术转让等策略。

5. 组织文化和领导支持：整合资源需要组织内部文化的支持，以及领导层的支持。领导者需要起到榜样作用，鼓励员工积极参与资源整合。

6. 资源分配和管理：资源整合需要有效的资源分配和管理。组织需要确保资源被充分利用，以实现最佳效益。

7. 监测和评估：组织需要建立监测和评估机制，以追踪资源整合的进展和效果。这有助于及时发现问题和改进资源整合策略。

8. 员工培训和发展：员工可能需要培训和发展，以适应新的资源整合策略。培训可以帮助员工掌握新的技能和知识，以更好地应对变化。

9. 沟通和透明度：组织需要建立开放的沟通渠道，以与员工和合作伙伴分享资源整合的信息。透明度有助于建立信任。

10. 学习和改进：资源整合是一个持续的过程，组织需要不断学习和改进。组织应该将资源整合的经验用于未来改进的策略。

资源整合是一个复杂的过程，需要谨慎规划和有效的执行。它涉及不同类型的资源、多方合作和不断变化的市场条件。所以，当成功实施时，资源整合可以帮助组织实现战略目标、提高竞争力并获得持续的成功。

资源整合是组织成功的关键因素之一。它有助于提高竞争力、创造价值、降低成本、促进创新和应对市场变化。资源整合的实施需要谨慎规划和有效的执行，包括制定清晰的战略目标、资源识别和评估、建立合作伙伴关系、资源整合策略、组织文化和领导支持、资源分配和管理、员工培训和发展、沟通和透明度、学习和改进等多个关键步骤。

成功的资源整合案例，如谷歌、阿里巴巴和特斯拉，证明了资源整合对组织的积极影响。它有助于组织实现战略目标、增加收入、提高客户满意度、降低风险、提高创新能力、扩大市场份额、创造竞争优势和促进可持续发展。

在当今全球化和不断变化的商业环境中，资源整合已经成为组织成功的不可或缺的一部分。它为组织提供了应对挑战和利用机会的工具，使其能够不断适应新的市场条件，并保持竞争力。因此，组织应该认识到资源整合的必要性，并制订相应的战略来实现其优势和益处。只有通过有效的资源整合，组织才能在竞争激烈的商业环境中取得成功并实现可持续发展。

二、联盟战略的类型

联盟战略是企业领域中一种常见的合作方式，通过合并资源、技术、市场份额和知识，企业能够共同实现战略目标。联盟战略的类型多种多样，取决于合作的性质、目标和参与方。下文中，我们将探讨不同类型的联盟战略，包括战略联盟、合资企业、跨界合作和多元化联盟等，以及它们在商业世界中的应用。

（一）战略联盟

1. 垂直联盟

垂直联盟是不同层次的企业之间的合作，通常涉及供应链的不同环节。这种联盟可以帮助企业更好地掌控整个价值链，减少成本并提高效率。例如，一个汽车制造商可以与零部件供应商建立垂直联盟，以确保供应链的稳定性和质量控制。

2. 水平联盟

水平联盟涉及同一产业或市场领域内的企业之间的合作。这种合作形式可以帮助企业共同应对市场竞争和创新挑战。举例来说，多家通信运营商可以建立水平联盟，共同开发新的通信技术标准，以满足市场需求。

3. 国际联盟

国际联盟是跨国企业之间的合作形式，旨在拓展全球市场份额。这种联盟可以通过进一步拓展国际业务，分享市场信息和降低市场进入障碍来实现共同目标。例如，全球快速消费品公司可以与国际零售商建立国际联盟，以扩大其产品在不同国家的销售。

4. 技术联盟

技术联盟是在技术研发和创新方面合作的一种方式。企业可以共享研究成果、专利和技术专长，以加快新产品的开发。举例来说，多家生物技术公司可以建立技术联盟，共同研究新的医药产品。

（二）合资企业

1. 合资企业

合资企业是由两个或更多公司共同投资和共同经营的企业。这种合作形式通常用于分摊风险和成本，以及实现共同的战略目标。例如，一家汽车制造商和一家当地合作伙伴可以建立合资企业，在国外市场生产和销售汽车。

2. 合作协议

合作协议是一种合资企业的轻量级形式，公司之间在特定项目或领域上合作，但不建立独立的法人实体。这种形式的合作可以更加灵活，减少法律和财务复杂性。举例来说，两家科技公司可以签署合作协议，共同开发新的软件产品。

（三）跨界合作

1. 跨行业合作

跨行业合作涉及不同行业的企业之间的合作。这种合作可以帮助企业进入新的市场领域，扩大产品组合，创造新的解决方案。例如，一家制药公司可以与一家生物技术公司建立跨界合作，共同开发新的医疗设备。

2. 多元化合作

多元化合作是一种跨界合作形式，企业可以进军不同于其核心业务的领域。这种合作可以通过收购、合资或战略合作来实现。举例来说，一家能源公司可以与一家金融机构建立多元化合作，参与可再生能源项目的融资和投资。

（四）多元化联盟

1. 多元化联盟

多元化联盟是由多个企业或合资企业组成的复杂网络，旨在实现多个战略目标。这种联盟形式可以涉及不同类型的合作，包括战略联盟、合资企业和跨界合作。多元化联盟通常更加复杂，需要有效的合作管理和协调。

2. 跨国多元化联盟

跨国多元化联盟是全球范围内的多个企业之间的合作，旨在实现多元化的战略目标。这种联盟可以涉及不同国家和文化的企业，需要解决跨文化合作的挑战。举例来说，多家跨国公司可以建立跨国多元化联盟，共同探索新的市场机会。

（五）应用案例

以下是一些联盟战略的应用案例，以展示不同类型的联盟战略在商业世界中的实际应用：

1. 联盟战略在航空业的应用

垂直联盟：航空公司与燃料供应商建立垂直联盟，以确保燃料供应的可靠性和成本控制。

水平联盟：多家航空公司建立水平联盟，共享航班资源和销售渠道，以提高市场份额。

国际联盟：全球多家航空公司加入国际联盟，共享航线网络和互联程服务，以提供更广泛的国际飞行选择。

技术联盟：航空制造商与先进材料技术公司建立技术联盟，共同研发轻量化飞机部件。

2. 合资企业在汽车制造业的应用

合资企业：汽车制造商与当地合作伙伴建立合资企业，共同生产和销售特定型号的汽车。

合作协议：多家汽车制造商签署合作协议，在电动汽车技术领域共享研发成果。

3. 跨界合作在医疗领域的应用

跨行业合作：医疗设备制造商与信息技术公司建立跨行业合作，共同开发医疗信息系统。

多元化合作：制药公司扩大其业务范围，收购医疗设备制造商，以提供综合医疗解决方案。

4. 多元化联盟的全球应用

多元化联盟：跨国能源公司、金融机构和技术公司建立多元化联盟，合作研发可再生能源项目，并提供融资和技术支持。

跨国多元化联盟：多家跨国公司成立跨国多元化联盟，共同探索新的市场机会，包括可持续发展和新兴市场领域。

这些案例突显了联盟战略在各行各业中的广泛应用。无论是垂直联盟、水平联盟、国际联盟、合资企业、跨界合作还是多元化联盟，都有助于企业共同实现战略目标、降低成本、拓展市场份额、提高创新能力，并在竞争激烈的商业环境中取得成功。然而，成功的联盟战略需要仔细规划、有效的合作管理和灵活性，以适应不断变化的市场条件和商业需求。

总结起来，联盟战略是企业在实现战略目标时的有力工具，它可以采用多种不同类型的合作形式，以适应不同的业务需求和市场条件。了解这些联盟战略类型以及它们的应用，有助于企业更好地规划和促进合作伙伴关系，从而取得更大的成功。

三、联盟合作的管理与维护

联盟合作是企业中一种重要的战略方式，通过合并资源、知识、技术和市场份额，不同企业能够共同实现战略目标。然而，联盟合作并不是一次性的交易，而是需要持续管理和维护的合作伙伴关系。在下文中，我们将探讨联盟合作的管理和维护，包括战略规划、合作伙伴选择、合作合同、绩效评估和问题解决等方面，以确保联盟合作的成功和持续性。

（一）联盟合作的管理

1. 战略规划

联盟合作的管理首先涉及明确定义战略目标和合作伙伴选择。企业需要考虑自身的长期战略愿景，并确定联盟合作作为实现这一愿景的关键元素。这包括确定合作的范围、目标、期限和资源分配。

2. 合作伙伴选择

选择合适的合作伙伴是联盟合作成功的关键。企业需要仔细评估潜在的合作伙伴，包括其资源、专业知识、信誉和文化。合作伙伴选择的成功关键在于确保双方的价值观和目标相互契合，从而减少未来冲突的风险。

3. 合作合同

一旦确定了合作伙伴，企业需要制定详细的合作合同。合作合同应包括合作的目标、责任分配、资源共享、知识产权、风险共担和退出机制等方面的规定。这有助于明确双方的权利和义务，降低合作风险。

4. 组织结构

管理联盟合作需要明确的组织结构。通常会设立联盟合作的领导团队，由双方企业的高级管理人员组成，负责决策和协调。此外，需要明确团队成员的角色和职责，以确保合作的顺利推进。

5. 沟通和透明度

沟通和透明度是联盟合作的关键要素。双方合作伙伴需要建立开放和多频次的沟通机制，及时分享信息和解决问题。透明度有助于建立信任，降低合作风险。

（二）联盟合作的维护

1. 绩效评估

定期的绩效评估是联盟合作的关键，有助于确保合作伙伴达到了共同设定的目标。绩效评估应基于事先确定的关键绩效指标，并应定期进行。如果合作伙伴未能达到目标，需要采取适当的调整措施。

2. 问题解决

在联盟合作中，问题和冲突是不可避免的。管理合作伙伴关系需要建立有效的问题解决机制，以迅速解决问题并维护合作的稳定性。这可能需要双方参与合作，以找到可持续的解决方案。

3. 变更管理

商业环境和战略目标都会随时间而变化，因此联盟合作需要灵活地适应这些变化。管理变更是联盟合作维护的一部分，确保合作伙伴能够共同应对新的挑战和机会。

4. 决策机制

联盟合作中需要清晰的决策机制，以确保合作伙伴能够迅速做出重要决策。这包括规定投票权、决策程序和决策的优先级，以避免潜在的决策僵局。

5. 激励机制

激励机制是联盟合作维护的一部分，有助于激励合作伙伴积极参与合作。这可以包括共享收益、奖励成功和提供资源支持。

（三）联盟合作的挑战

联盟合作虽然有许多优点，但也面临一些挑战。以下是一些常见的挑战，需要在管理和维护过程中处理：

1. 文化差异

合作伙伴可能有不同的文化背景，这可能导致沟通问题和理解上的困难。管理文化差异需要耐心和敏感性，以确保合作关系不会受到文化差异的干扰。

2. 利益冲突

合作伙伴在某些问题上可能存在利益冲突，例如资源分配或市场份额。这可能导致合作伙伴之间产生摩擦，需要通过协商来解决。

3. 知识产权

在合作中共享知识和技术时，知识产权问题可能会引发争议。合作伙伴需要制订明确的知识产权政策，以确保知识共享不会导致纠纷。

4. 风险管理

联盟合作可能会面临各种风险，包括市场风险、法律风险、供应链风险等。管理和维护合作需要制订有效的风险管理策略，以减轻潜在风险对合作关系的影响。

5. 绩效不佳

如果合作伙伴未能达到共同设定的目标，合作可能变得无效。在这种情况下，需要采取调整措施，包括重新评估合作伙伴的角色、重新设定目标或终止合作关系。

（四）成功的联盟合作案例

以下是成功的联盟合作案例，突显了管理和维护联盟合作的关键因素：

1.Apple 和 Nike 的合作

Apple 和 Nike 合作开发了运动追踪应用和设备，如 Apple Watch 和 Nike+ 系列产品。他们成功地将技术和运动领域的专业知识结合起来，共同满足了不同的用户需求。

联盟合作是企业在实现战略目标时的重要方式，但其管理和维护是复杂且需要持续努力的过程。战略规划、合作伙伴选择、合作合同、绩效评估、问题解决和激励机制等方面都是成功联盟合作的关键。同时，企业必须认识到联盟合作中可能出现的挑战，如文化差异、利益冲突和知识产权问题，并采取适当的策略来解决这些问题。

成功的联盟合作案例表明，通过有效的管理和维护，企业可以充分利用合作伙伴的资源和专业知识，实现共同的战略目标，提高市场竞争力。在不断变化的商业环境中，联盟合作将继续发挥重要作用，因此企业需要认真对待管理并维护这些合作伙伴关系，以确保其成功和可持续性。

第三章　数字化时代下的企业信息化管理

第一节　信息化对企业经济发展的推动作用

一、信息化的意义

信息化是指通过信息技术，特别是计算机技术，来处理、存储、传输和管理信息的过程和方式。信息化已经深刻地改变了我们的生活和工作方式，具有广泛而深远的意义。

（一）信息化的概念与发展

1. 信息化的概念

信息化是一个涵盖广泛领域的概念，它涉及信息技术在社会、经济、文化和政治等各个领域的广泛应用。信息化可以看作是信息技术与各行各业的融合，它改变了人们的生活方式、商业模式和政府管理方式。

信息化的核心是信息技术，它包括计算机技术、互联网技术、通信技术等。这些技术的发展使得信息的获取、处理和传递变得更加便捷和高效。

2. 信息化的发展历程

信息化的发展可以追溯到 20 世纪 60 年代和 70 年代，当时计算机技术开始快速发展。随着计算机的普及，信息化逐渐应用到各个领域，包括政府、教育、医疗、军事和商业。

在20世纪90年代，互联网的出现进一步推动了信息化的发展。互联网使得信息可以便捷地在全球范围内传递，加速了信息的流通和共享。

随着移动互联网和智能手机的普及，信息化进入了一个新的阶段。人们可以随时随地访问信息，进行在线交流和购物，这改变了人们的生活方式。

（二）信息化对个人的意义

1. 信息获取和学习

信息化为个人提供了更多获取知识和学习的机会。互联网上有大量的教育资源，人们可以随时学习新的技能和知识。这对于职业发展和个人成长至关重要。

此外，人们可以通过在线新闻和社交媒体获取最新的信息和新闻。这有助于人们保持对时事的了解，促进公民参与和社会互动。

2. 通信与社交

信息化也使得人们更容易保持联系和沟通。社交媒体、即时消息和电子邮件等工具使得人们可以轻松地与亲朋好友保持联系，无论他们身在何处。这有助于维系人际关系和增进社交互动。

3. 娱乐和休闲

信息化也为娱乐和休闲提供了新的途径。人们可以通过流媒体服务观看电影、电视剧和视频，也可以在线游戏、听音乐和阅读电子书。这为人们提供了更多的娱乐选择，让他们能够在空闲时间享受更多乐趣。

（三）信息化对社会的意义

1. 经济发展

信息化对于经济发展具有深远的影响。它推动了新的商业模式的出现，如电子商务、在线金融和云计算等。这些领域的发展创造了新的就业机会，带动了经济增长。

信息化还改变了供应链管理和市场营销策略。企业可以更好地了解客户需求，提供个性化的产品和服务，提高了市场竞争力。

2. 教育和培训

信息化在教育领域有着深刻的影响。远程教育和在线学习使得教育资源更加普及。学生可以通过互联网学习，而教育机构可以提供在线课程，吸引全球学生。这拓宽了教育的边界，提高了教育的普及性。

3. 医疗保健

信息化在医疗保健领域也发挥着关键作用。电子病历、远程医疗和健康应用程序使得医疗保健更加高效和便捷。患者可以随时随地咨询医生，医生可以更好地管理病患信息。这提高了医疗服务的质量，减少了医疗成本。

4. 政府管理

信息化也改变了政府管理方式。电子政府服务使得公民可以在线完成政府事务，如缴纳税款、申请许可证和选举投票。这提高了政府的透明度和效率，减少了浪费。

（四）信息化对全球的影响

1. 全球化

信息化加速了全球化的进程。信息可以在全球范围内自由传递，国际贸易更加便捷。企业可以跨国经营，吸引全球客户和合作伙伴。

2. 文化交流

信息化也促进了文化交流。人们可以通过互联网了解不同文化：音乐、电影和文学等文化作品可以轻松地在全球传播。这有助于不同文化之间的相互影响和尊重，促进了文化多样性的保护和传播。

3. 灾难管理

信息化在灾难管理中发挥着关键作用。应急通信系统、卫星技术和地理信息系统（GIS）使得政府和救援机构能够更好地监测和应对自然灾害、流行病和其他紧急情况。信息化可以拯救生命，减少灾害的影响。

4. 环境保护

信息化还可以帮助解决环境问题。传感器技术和大数据分析可以用于监测和管理环境资源，如空气质量、水资源和能源消耗。这有助于减少环境破坏，推动可持续发展。

（五）信息化的挑战与问题

尽管信息化带来了许多好处，但也面临着一些挑战和问题：

1. 隐私和安全

随着信息的数字化传输，隐私和安全成为一个严重的问题。个人信息可能会被盗取或滥用，网络犯罪也在增加。政府和企业需要采取措施来保护个人信息和网络安全。

2. 数字鸿沟

尽管信息化为许多人提供了机会，但仍然存在数字鸿沟的问题。一些地区和人群无法获得信息技术，导致他们无法分享信息和参与信息社会。这需要政府和社会采取措施来缩小数字鸿沟。

3. 数据质量和真实性

在信息化时代，大量的信息被传播，但不一定都是准确和真实的。虚假信息、虚假新闻和信息滥用成为一个问题。个体和社会需要提高信息素养，辨别真伪信息。

4. 数字依赖

信息化使得人们对技术和数字工具更加依赖。这可能导致一些问题，如数字沉迷、社交孤立和信息过载。个体需要保持平衡，充分利用信息技术，同时不忽视现实生活。

（六）信息化的未来

信息化的未来充满了潜力和机会。随着技术的不断发展，信息化将继续影响我们的生活和社会。

1. 人工智能

人工智能（AI）是信息化领域的重要发展方向。AI可以用于自动化和智能化各种任务，如机器学习、自动驾驶、医疗诊断和客户服务。AI将继续影响工作方式和商业模式。

2.5G 和物联网

5G技术和物联网（IoT）将使信息传输更快速和智能。这将推动自动化、远程操作和智能城市的发展，提高各种应用的效率。

3. 大数据和分析

大数据分析将帮助人们更好地理解世界。通过分析大量的数据，人们可以发现模式、趋势和问题，从而做出更明智的决策。大数据将影响商业、科学、政府和社会。

4. 可持续发展

信息化可以支持可持续发展的目标的实现。通过监测和管理资源，人们可以更好地保护环境，减少浪费，提高资源利用效率。信息化将成为可持续发展的重要工具。

信息化已经深刻地改变了我们的生活和社会。它提供了许多机会和挑战，但无疑是一个不可逆转的趋势。信息化使得信息更加普及、快速和智能化，这对于个人、社会和全球都具有广泛的意义。

然而，我们也需要谨慎应对信息化带来的问题，如隐私和安全、数字鸿沟和信息质量。政府、企业和个体需要共同努力，以确保信息化的益处能够最大化，同时降低其风险。

信息化是一个不断发展的过程，我们可以期待它在未来继续发挥积极作用，推动社会的进步和可持续发展。因此，我们应该积极适应信息化，提高信息素养，以充分利用信息化的机会，创造更加智能、便捷和可持续的未来。

二、信息化对企业效益的影响

信息化对企业效益的影响是一个深受关注的话题。随着信息技术的快速发展，企业在信息化方面的投资和应用逐渐增加，这对企业效益产生了深远的影响。

（一）信息化对企业生产效率的提升

1. 自动化生产

信息化在制造业中的应用已经引发了一场革命。自动化生产线、机器人技术和智能控制系统的引入，大大提高了生产效率。这些技术能够完成重复性工作，减少了人工劳动，提高了生产速度和质量。

自动化还使得生产过程更加可控，通过数据分析和监测，企业能够迅速发现问题并采取措施。这有助于减少生产中的损失。

2. 生产计划与优化

信息化系统可以帮助企业更好地规划生产计划。通过数据分析和市场趋势的预测，企业可以调整生产量，避免库存积压或供应短缺。这有助于降低库存成本和提高交付的及时性。

3. 供应链管理

信息化还改变了供应链管理。企业可以更好地协调供应商、生产和分销环节，实现供应链的可视化和优化。这有助于降低运营成本，减少库存，提高交易效率。

（二）信息化对成本控制的影响

1. 降低人力成本

自动化和自助服务系统的使用可以降低企业的人力成本。自动化生产设备减少了对工人的需求，自助服务系统减少了客户服务人员的工作量。这有助于企业降低人力成本。

2. 节约能源和资源

信息化可以帮助企业更有效地管理能源和资源的使用。智能监控系统可以实时监测能源消耗，自动调整能源使用，降低能源浪费。此外，信息化也有助于资源的有效利用，如原材料、库存和设备的最佳管理。

3. 优化生产成本

信息化系统可以帮助企业优化生产过程，减少浪费和不必要的开支。通过数据分析，企业可以找到成本高昂的环节，采取措施降低成本。这有助于提高企业的盈利能力。

（三）信息化对市场竞争力的提升

1. 产品和服务创新

信息化推动了产品和服务的创新。企业可以更好地了解客户需求，通过数据分析和反馈，改进产品和服务。云计算和大数据分析技术使得企业能够快速开发新产品，满足市场需求。

2. 客户关系管理

信息化系统加强了客户关系管理。企业可以跟踪客户的购买历史、偏好和反馈，提供个性化的服务和建议。这提高了客户忠诚度和满意度。

3. 市场定位与营销

信息化帮助企业更精确地定位市场和受众。通过在线广告、社交媒体和电子邮件营销，企业可以更好地传达他们的品牌和产品信息。这有助于扩大市场份额和吸引新客户。

（四）信息化对创新能力的促进

1. 研发和设计

信息化在研发和设计过程中发挥了关键作用。虚拟设计工具、协作平台和模拟技术可以加速新产品的开发。研究人员和工程师可以跨地域合作，实现全球范围内的创新。

2. 知识管理

信息化有助于企业更好地管理知识资产。知识管理系统可以帮助企业存储、检索和分享知识，从过去的经验中吸取教训，促进创新。这有助于加速问题解决和新产品开发。

（五）信息化的挑战与问题

尽管信息化对企业效益产生了积极影响，但也伴随着一些挑战和问题：

1. 安全风险

随着信息化的深入，企业面临更大的网络安全威胁。数据泄漏、网络攻击和恶意软件成为企业的风险。因此，企业需要投资于网络安全方面，以保护其关键数据和客户信息。

2. 隐私问题

企业在信息化过程中处理大量客户和员工的个人信息。这引发了隐私问题，如数据滥用、被监视和信息泄露。企业需要建立明确的隐私政策，确保合规性，以维护客户和员工的信任。

3. 数字鸿沟

一些企业可能无法充分利用信息化，导致数字鸿沟问题。在一些地区或行业，信息技术的应用水平较低，这使得它们在市场竞争中处于不利地位。政府和行业组织需要采取措施，以减小数字鸿沟，确保所有企业都能够受益于信息化。

4. 技术更新成本

信息化技术迅速发展，企业需要不断升级和更新硬件和软件，这带来了成本和复杂性。这也要求企业在技术方面保持灵活性，以适应不断变化的信息技术环境。

5. 数据安全合规性

对于一些行业，如金融、医疗保健和法律，数据安全合规性是一个重要问题。企业需要遵守严格的法规和标准，确保敏感数据的安全。这可能需要额外的投资应对复杂的合规性流程。

(六) 信息化的未来

信息化在未来将继续发展，并对企业产生更大的影响。以下是信息化未来的一些趋势：

1. 人工智能（AI）和自动化

AI将继续改善企业的自动化和决策能力。AI系统可以自动处理大量数据，提供智能分析，并执行复杂任务。这将进一步提高生产效率和创新能力。

2. 云计算

云计算将继续成为企业信息化的核心。它允许企业访问存储在远程服务器上的资源，提供了灵活性和可扩展性。云计算还有助于数据共享和协作。

3. 物联网（IoT）

IoT技术将促进设备和物品之间的连接。企业可以通过IoT传感器监控和管理设备、库存和生产过程。这将改善供应链和生产效率。

4. 大数据分析

大数据分析将继续为企业提供更多机会。通过深度数据挖掘和预测分析，企业可以更好地了解市场趋势和客户需求，提高战略决策。

5. 区块链

区块链技术将改善数据安全和交易可追踪性。它在金融、供应链管理和知识产权领域有广泛应用，有助于降低欺诈并提高透明性。

信息化对企业效益产生了广泛的积极影响，包括生产效率提升、成本控制、市场竞争力加强和创新能力促进。然而，它也伴随着一系列挑战和问题，如安全风险、隐私问题和数字鸿沟。

企业在信息化时代需要积极应对这些挑战，同时灵活利用信息化的机遇。信息化将继续发展，为企业提供更多工具和技术，以提高竞争力和创新能力。因此，企业应该不断学习和适应信息化的最新趋势，以确保他们能够在竞争激烈的市场中脱颖而出，取得成功。

三、企业信息化战略的制定

企业信息化战略的制定是一项复杂而重要的任务，它涉及如何有效地应用信息技术来支持企业的业务目标和发展计划。

（一）企业信息化战略的定义和重要性

1. 企业信息化战略的定义

企业信息化战略是指企业制定的关于如何有效地应用信息技术，以支持企业的业务目标、提高效率和竞争力的计划和方向。这个战略应该明确定义信息技术在企业中的角色、范围和愿景。

2. 信息化战略的重要性

企业信息化战略对于现代企业至关重要。随着信息技术的不断发展，企业必须适应新技术并利用其优势，以满足市场需求、提高生产效率和创新能力。以下是信息化战略的重要性：

提高生产效率和效益：信息化战略可以帮助企业更好地管理资源、降低成本、提高生产效率，从而提高盈利能力。

提高竞争力：通过信息化，企业可以更好地了解市场和客户需求，提供个性化的产品和服务，从而提高市场竞争力。

促进创新：信息化战略可以鼓励企业采用新的技术和业务模式，推动创新和发展。

改善决策制定：数据分析和信息系统可以提供决策者更多的信息，帮助他们做出正确的战略决策。

提高客户满意度：通过信息化，企业可以提供更好的客户服务，满足客户需求，提高客户满意度。

（二）企业信息化战略的制定过程

企业信息化战略的制定是一个系统性的过程，包括以下关键步骤：

步骤 1：明确业务目标

首先，企业必须明确其业务目标和战略愿景。这包括了解市场需求、竞争环境和企业的核心竞争力。只有明确业务目标，信息化战略才能与之保持一致。

步骤 2：识别信息需求

在此步骤中，企业需要识别信息化的关键需求。这包括了解哪些业务流程可以通过信息技术进行改进，以及如何更好地满足客户需求。此外，还需要考虑数据的采集、存储和分析需求。

步骤 3：评估现有信息技术

企业需要评估其现有的信息技术基础设施和系统。这包括硬件、软件、网络和数据中心等。评估有助于确定哪些系统需要升级或替换，以满足信息化战略的需求。

步骤 4：制定信息化愿景

在这一步骤中，企业需要明确信息化的愿景和目标。这包括定义信息化的范围、关键业务指标和时间表。信息化愿景应与业务目标一致，并能够为企业提供战略方向。

步骤 5：制定信息化战略计划

企业需要制定详细的信息化战略计划，包括项目、资源、预算和时间表。这个计划应该考虑到各种风险和挑战，以确保信息化项目的成功实施。

步骤 6：实施和监控

信息化战略的实施是一个复杂的过程，包括硬件和软件的部署、培训和数据迁移等。在实施过程中，企业需要不断监控进展，解决问题并调整计划。

步骤 7：评估和改进

一旦信息化战略实施完毕，企业需要进行评估和改进。这包括了解信息化项目的绩效和成果，以及对计划进行修订和优化。

（三）企业信息化战略的关键要素

企业信息化战略的制定需要考虑多个关键要素，以确保成功实施。以下是一些关键要素：

1. 技术基础设施

企业必须考虑其技术基础设施，包括硬件、软件、网络和云计算资源。这些基础设施需要满足信息化战略的需求，支持业务目标的实现。

2. 数据管理

数据是信息化的核心，企业必须考虑如何采集、存储、管理和分析数据。数据管理系统和流程需要与信息化战略相一致，以确保数据的可用性和准确性。

3. 安全和合规性

信息化战略必须考虑安全和合规性问题。企业必须确保信息技术的安全性，以防止数据泄漏和安全威胁。此外，信息化战略还需要遵守法规和行业标准，确保合规性。

4. 人员和培训

信息化战略的成功实施需要拥有合适的人员和培训计划。企业需要考虑如何吸引和留住具有信息技术专长的员工，以及如何为员工提供必要的培训和支持。

5. 领导和管理支持

企业高层领导和管理层的支持是信息化战略成功的关键。他们需要理解信息化的重要性，积极推动战略的实施，分配资源并提供指导。

6. 业务流程重新设计

信息化战略可能需要重新设计企业的业务流程，以更好地适应新的技术和系统。这可能涉及改进工作流程、简化流程或完全重建某些业务流程。

7. 监控和评估机制

企业必须建立监控和评估机制，以持续追踪信息化战略的绩效和成果。这包括设置关键绩效指标（KPI）和定期审查计划，以确定是否需要调整战略。

（四）信息化战略的实施策略

企业信息化战略的实施是一个复杂的过程，需要精心策划和管理。以下是一些实施策略，以确保信息化战略的成功：

1. 阶段实施

将信息化战略分为不同的阶段，逐步实施。这有助于降低风险，确保员工和系统有足够的时间来适应变化。

2. 项目管理

使用项目管理方法来管理信息化项目。这包括定义项目目标、资源分配、时间表、风险管理和团队协作。项目经理应该负责监督项目的进展。

3. 培训和支持

为员工提供必要的培训和支持，以确保他们能够有效地使用新的信息技术系统。培训可以包括课堂培训、在线培训和培训材料。

4. 沟通和变革管理

有效的沟通对于信息化战略的成功至关重要。企业需要与员工和利益相关者保持顺畅的沟通，并解释战略的重要性，变革管理也是必要的，以帮助员工适应新的工作流程和系统。

5. 风险管理

识别和管理风险，采取措施来减少潜在的问题。这包括数据安全风险、技术故障、成本超支和项目延迟等。

6. 持续改进

信息化战略的实施不应该是一次性的，而应该是一个持续改进的过程。企业应该定期审查战略，识别问题并采取措施来改进。

（五）信息化战略的未来趋势

信息化战略的未来将继续发展，受到新技术和趋势的影响。以下是信息化战略的一些未来趋势：

1. 人工智能（AI）和机器学习

AI 和机器学习将在信息化战略中发挥重要的作用。企业将利用这些技术来自动化任务、提高数据分析、个性化客户服务和预测趋势。

2.5G 和物联网

5G 和物联网技术将提供更快速的连接和数据传输能力。这将促使企业更多地采用物联网设备，提高供应链效率。

3. 大数据分析

大数据分析将继续为企业提供敏锐的洞察力。企业将使用大数据分析来了解客户需求、优化供应链、改进产品设计和预测市场趋势。

4. 数据隐私和安全

随着数据泄露和网络攻击的增加，数据隐私和安全将成为信息化战略的重要关注点。企业将加强数据保护和网络安全措施，以确保客户和员工的信息安全。

5. 环境可持续性

信息化战略也将关注环境可持续性。企业将努力减少能源消耗、降低碳排放、减少废物产生，并采用可持续的供应链管理。

企业信息化战略的制定是一项重要且复杂的任务，它需要企业仔细考虑业务目标、信息技术基础设施、人员培训和变革管理等多个因素。成功的信息化战略可以提高企业的生产效率、竞争力和创新能力，从而实现长期发展目标。

随着新技术和趋势的出现，信息化战略将继续演进，并为企业提供更多机会。因此，企业需要保持灵活性和适应性，不断调整信息化战略以应对不断变化的商业环境。企业的信息化战略应该是一个动态的计划，持续改进和优化，以满足不断发展的需求。

第二节　企业信息化管理的核心要素

一、信息系统与架构

“信息系统与架构”是一个广泛而深刻的话题，涉及计算机科学、信息技术和企业管理的多个方面。在本节中，我们将探讨信息系统的概念、其在不同领域的应用、信息系统架构的重要性，以及一些成功的案例研究。下文将探讨信息系统与架构如何推动现代社会的发展和企业的成功。

（一）信息系统的概念

1. 信息系统的定义

信息系统是一个广泛的术语，通常用来描述一组相互关联和协同工作的组件，用于收集、存储、处理和传递信息以支持决策制定、控制和协调。信息系统可以包括硬件、软件、数据、网络、流程和人员。

2. 信息系统的组成部分

信息系统通常包括以下组成部分：

硬件：这是信息系统的物理组件，如计算机、服务器、网络设备和存储设备。硬件提供了信息处理和存储的基础。

软件：软件是应用程序和操作系统，用于管理和操作硬件，以执行特定任务。这包括操作系统、数据库管理系统、办公套件和自定义应用程序等。

数据：数据是信息系统的生命线。它包括结构化数据（如数据库中的数据）和非结构化数据（如文档、图像和音频文件）。数据可以用于分析、报告和支持决策。

网络：网络是信息系统的连接部分，使不同组件可以相互通信。互联网和内部网络是实现信息系统的关键。

流程：业务流程和工作流程是信息系统的一部分，定义了如何使用系统来完成特定任务和业务流程。

人员：信息系统需要人员来管理、维护和使用。这包括系统管理员、开发人员、用户和支持人员。

（二）信息系统的应用领域

信息系统广泛应用于各个领域，包括但不限于以下几个方面：

1. 企业管理

信息系统在企业管理中扮演着关键角色。企业资源计划（ERP）系统、客户关系管理（CRM）系统和供应链管理系统等都有助于企业提高效率、降低成本、改进决策制定和提供更好的客户服务。

2. 医疗保健

医疗信息系统（HIS）和电子健康记录（EHR）系统使医疗保健提供者能够更好地管理患者信息、提高医疗服务质量和安全性，并提供更准确的医疗保健决策支持。

3. 金融服务

银行和金融机构使用信息系统来进行交易处理、风险管理、客户服务和合规性监控。这些系统对于金融市场的运作至关重要。

4. 制造业

在制造业中，计算机辅助设计（CAD）和计算机辅助制造（CAM）系统帮助企业设计和制造产品。此外，自动化和物联网技术也在生产中起到重要作用。

5. 教育

信息系统在教育领域用于学生管理、在线教育、学术研究和教育资源管理。学校使用这些系统来提供更好的教育服务。

6. 政府

政府机构使用信息系统来管理公共服务、行政工作、税收和公共安全。电子政务系统加强了政府的透明度和效率。

7. 零售和电子商务

零售业和电子商务依赖于信息系统来进行库存管理、在线销售、支付处理和客户体验的改进。

（三）信息系统架构

1. 信息系统架构的定义

信息系统架构是一个高级设计，描述了信息系统的组件、它们之间的关系以及如何满足业务需求和目标。架构提供了一个整体视图，有助于确保系统的一致性、可扩展性和可维护性。

2. 信息系统架构的重要性

信息系统架构对于系统的成功至关重要。以下是架构的重要性方面：

一致性：架构确保系统的各个部分都按照相同的设计原则构建，从而确保一致性。这对于系统的可维护性和升级至关重要。

可扩展性：架构允许系统在需要时进行扩展，以满足不断变化的业务需求。良好的架构可以支持新功能的添加而不破坏现有系统。

可维护性：架构考虑了系统的长期维护。清晰的架构可以使问题诊断和修复更加容易。

性能：架构可以优化系统性能，确保系统能够满足用户需求，并且不会因性能问题而陷入困境。

安全性：架构可以集成安全性，以确保系统中的数据和操作都受到适当的保护。

互操作性：信息系统架构可以考虑如何与其他系统互操作。这对于信息共享和整合不同系统非常重要。

成本效益：通过有效的架构，可以最大限度地减少系统开发和维护的成本。架构可以帮助规划资源的最佳利用。

3. 常见的信息系统架构类型

信息系统架构可以采用多种不同的模式和方法，以满足不同需求。以下是一些常见的信息系统架构类型：

客户端 – 服务器架构：这是一种分布式架构，其中客户端应用程序与服务器进行通信以获取数据或执行操作。这种模式广泛用于企业应用程序和互联网服务。

多层架构：多层架构将应用程序划分为多个层次，包括表示层、业务逻辑层和数据层。这种架构有助于提高系统的模块性和可维护性。

微服务架构：微服务架构将应用程序拆分为小型、自治的服务，每个服务执行特定功能。这种架构有助于实现敏捷开发和部署。

云架构：云架构基于云计算资源，包括云服务器、存储和服务。它允许企业根据需要扩展和管理资源。

事件驱动架构：事件驱动架构基于事件和消息传递，允许不同组件之间的松散耦合。这对于实时数据处理和响应非常有用。

信息系统与架构在现代社会中起着至关重要的作用，几乎涵盖了各个领域，从企业管理到医疗保健、金融、制造业、教育和政府。良好的信息系统架构可以提高系统的一致性、可扩展性、可维护性、性能、安全性和互操作性。成功的信息系统案例表明，精心规划和实施的信息系统和架构可以为组织带来重大益处，促进创新、提高效率并支持更好的决策制定。

信息系统与架构领域仍在不断发展，随着技术的进步和需求的变化，未来将继续演进。因此，组织专业人员应积极关注新趋势和最佳实践，以确保他们的信息系统能够适应不断变化的环境并继续为其提供价值。

二、数据管理与隐私保护

在数字化时代，数据成为现代社会和商业的核心。企业、政府和个人都在积极地收集、存储和分析数据，以推动创新、改进服务和提高效率。然而，这种数据的广泛应用也引发了一系列的隐私和安全问题。下文将探讨数据管理与隐私保护的重要性，相关挑战以及采取的措施来应对这些挑战。

（一）数据管理的重要性

1. 数据的生命周期

数据管理是指在数据的整个生命周期内对其进行管理的过程，包括数据的创建、收集、存储、分析、共享和销毁。以下是数据管理的一些关键方面：

数据收集：企业和组织需要定期收集大量数据，包括客户数据、交易数据、运营数据等。有效的数据收集是了解业务状况和分析发展趋势的关键。

数据存储：数据需要安全地存储，以便随时访问。这可能涉及物理服务器、云存储和数据库管理系统。

数据分析：数据分析帮助企业发现模式、趋势，以做出更明智的决策。这包括数据挖掘、机器学习和人工智能。

数据共享：数据共享对于合作伙伴、客户和内部部门之间的信息流至关重要。然而，数据共享必须受到适当的安全控制。

数据销毁：对于不再需要的数据，安全销毁是保护隐私的一部分。这包括物理销毁和数字销毁。

2. 商业决策和创新

数据管理对于企业的成功至关重要。通过有效的数据管理，企业能够更好地了解市场需求、客户行为和竞争情况。这种洞察力有助于制定战略决策，改进产品和服务，并实现竞争优势。此外，数据管理也为创新提供了支持，促进了新产品和业务模式的开发。

3. 合规性和法规

数据管理与合规性和法规密切相关。不同的国家和行业对于数据隐私和安全有不同的法规要求。例如，欧盟的通用数据保护条例（GDPR）规定了如何处理欧洲公民的数据。数据管理有助于组织遵守这些法规，从而降低法律风险。

（二）隐私保护的挑战

1. 数据泄露和滥用

数据泄露是一项严重的问题，它可能导致敏感信息的曝光，如个人身份信息、财务数据和医疗记录。黑客攻击、内部数据泄露和数据滥用都是导致数据泄露的原因。

2. 隐私侵犯

在数字时代，隐私侵犯的范围不断扩大。社交媒体、数据经纪人和广告商可以追踪个人在线活动，收集个人信息，从而侵犯隐私。此外，大规模的数据收集和分析也引发了隐私问题，尤其是在人工智能和机器学习应用中。

3. 技术漏洞和漏洞

隐私保护也面临技术漏洞和漏洞的挑战。恶意软件、漏洞利用和网络攻击可能导致数据泄露。为了应对这些挑战，安全性必须嵌入到数据管理和信息系统中。

4. 数据共享和合作

数据共享在合作伙伴、供应商和客户之间很常见，但这也带来了隐私保护的挑战。组织需要确保共享的数据受到适当的安全控制，以防止不当的访问或泄露。

（三）隐私保护的措施

1. 数据加密

数据加密是一种关键的隐私保护措施，可以确保即使数据被盗取，也无法轻松访问其内容。加密可以在数据传输过程中和数据存储过程中使用。

2. 访问控制和身份验证

访问控制和身份验证是确保只有授权用户可以访问数据的重要手段。多因素身份验证、角色基础访问控制和审计跟踪都有助于维护数据的安全性。

3. 数据匿名化

数据匿名化是在保护隐私的同时允许数据分析的一种方法。通过删除或替代识别信息，可以防止数据被用于识别特定个体。

4. 数据保留和销毁政策

制定数据保留和销毁政策可以帮助组织管理数据的生命周期。不再需要的数据应该安全销毁，以防止其被不当访问或泄露。这也符合一些法规和法律要求。

5. 数据隐私培训和教育

为员工提供数据隐私培训和教育是保护数据隐私的关键一步。员工需要了解隐私数据处理规则和风险，以帮助防止数据泄露和滥用。

6. 合规性和监管

组织应密切遵守适用的法规和法律。监管机构可以对组织的数据管理和隐私保护实施严格的监管，违反法规可能会导致罚款和法律责任。

（四）未来的趋势和展望

数据管理和隐私保护领域将继续发展和演进，以适应不断变化的数字环境。以下是一些未来的趋势和展望：

1. 区块链技术

区块链技术具有强大的安全性和去中心化特性，可以用于加强数据安全和隐私保护。区块链可以用于建立安全的身份验证系统，跟踪数据传输和控制数据访问。

2. 隐私法规的加强

随着隐私问题的不断浮出水面，预计会有更多的隐私法规和法律出台，以强化对数据的保护。组织需要密切关注这些法规的变化，以确保合规性。

3. 人工智能和机器学习

人工智能和机器学习技术将继续影响数据管理和隐私保护。这些技术可以用于自动检测潜在的数据泄露和威胁，加强安全性。

4. 隐私权的强化

个人对于其数据隐私的关注将不断增加。组织需要逐渐提高更多的透明度，提供更多的控制权给个人，以满足他们的隐私需求。

5. 数据伦理和社会责任

数据伦理将成为更加关键的话题。组织需要考虑他们如何合理、公平和透明地使用数据，以减少潜在的伦理问题。

数据管理和隐私保护是现代社会和商业不可或缺的一部分。随着数字化的不断发展，数据管理和隐私保护面临着不断增加的挑战，包括数据泄露、隐私侵犯、技术漏洞和数据共享。然而，通过采取适当的措施，如数据加密、访问控制、数据匿名化和合规性，组织可以有效地应对这些挑战。

未来，随着新技术的出现和隐私意识的提高，数据管理和隐私保护将继续发展和演进。区块链、强化的隐私法规、人工智能和数据伦理将在这个领域发挥重要作用。保护数据隐私已经成为一项战略性任务，对于组织的声誉和法律责任都有深远的影响。因此，组织需要积极适应这些变化，以确保数据的安全和隐私得到保护。

三、员工培训与文化转变

在现代商业环境中，组织成功不仅取决于其产品和服务的质量，还取决于其员工的能力、动力和文化。员工培训和文化转变是实现组织成功的关键因素。下文将深入探讨员工培训和文化转变的概念、重要性以及如何促使它们以推动组织的增长和繁荣。

（一）员工培训的重要性

1. 培训定义

员工培训是一种有计划的教育过程，旨在提高员工的知识、技能、能力和表现。它可以采用多种形式，包括面对面培训、在线培训、工作坊和导师制度。

2. 提高员工绩效

员工培训对于提高员工绩效至关重要。通过提供相关的培训，员工可以获得新知识和技能，从而更好地执行其工作。这不仅有助于提高生产力，还有助于提高工作质量。

3. 促进员工职业发展

员工通常渴望不断提升自己的职业技能和知识。组织提供培训机会，可以满足员工的职业发展需求，增强其对组织的忠诚度。

4. 降低员工流失率

员工培训还有助于降低员工流失率。员工通常更愿意留在那些投资于他们职业成长的组织。通过提供培训，组织可以提高员工满意度和忠诚度。

5. 适应技术和市场变化

技术和市场的不断变化要求员工不断学习新知识和技能。培训使员工能够适应这些变化，确保组织保持竞争力。

（二）文化转变的重要性

1. 文化转变定义

文化转变是指组织的价值观、信仰、行为和实践的根本变化。它通常涉及从旧文化到新文化的过渡，以适应变化的市场、技术和战略需求。

2. 适应变化

在不断变化的商业环境中，组织必须能够发现新的挑战和机遇。文化转变是适应变化的关键，它可以帮助组织更加灵活、创新和提高适应性。

3. 增强领导力

文化转变通常需要强大的领导力。它鼓励领导者成为变革的推动者，引导组织朝着新的目标前进。这有助于建立更强大的领导团队。

4. 提高员工参与度

新文化的建立可以增加员工的参与度。当员工感到他们的观点和意见受到尊重和重视时，他们更有动力为组织的成功做出贡献。

5. 提高创新力

文化转变有助于激发组织内部的创新。它鼓励员工思考不同的方法和解决方案，以适应变化的环境。

（三）员工培训和文化转变的关系

员工培训和文化转变之间存在密切关系。以下是一些关系方面：

1. 提高员工参与度

培训可以提高员工对工作的参与度。当员工获得培训和发展机会时，他们更有动力参与组织的文化转变，因为他们感到自己的职业发展得到支持。

2. 培训强调新文化价值观

培训通常强调组织的价值观和期望。通过培训，员工了解新文化的核心价值观，从而更容易适应和接受这些价值观。

3. 文化支持学习

组织的文化对于学习和发展至关重要。如果组织的文化鼓励学习、创新和改进，那么员工更有可能积极参与培训和个人发展。

4. 培训强调变革

培训可以用来强调组织的变革和发展目标。员工通过培训了解变革的理由、目标和好处，从而更容易支持文化转变。

（四）员工培训和文化转变的实施

实施员工培训和文化转变是一个复杂而综合的过程，需要仔细计划和管理。以下是一些实施步骤和最佳实践：

1. 制订培训计划

首先，组织需要制订员工培训计划，确定培训的目标、内容和方式。培训计划应与组织的文化转变目标保持一致，以确保员工培训是有针对性的。

2. 提供多样化的培训方式

不同员工可能有不同的学习偏好，因此提供多样化的培训方式是重要的。这包括面对面培训、在线培训、导师制度、工作坊等。多元化的培训方式可以满足不同员工的需求。

3. 设定明确的培训目标

培训应该有明确的目标和预期的结果。员工需要知道他们将学到什么，以及如何将学到的知识和技能应用到实际工作中。

4. 建立文化变革团队

文化转变通常需要有专门的团队来推动。这个团队应包括高级领导、变革管理专家和员工代表。他们可以一起制订和执行变革计划。

5. 提供领导层的支持

领导层的支持至关重要。领导者应该积极参与文化转变，展示出对新文化价值观的重视，并鼓励员工加入变革的行列。

6. 制定度量和评估机制

组织需要制定度量和评估机制，以跟踪员工培训的效果和文化转变的进展。这些度量标准可以帮助组织了解哪些方面取得了进展，哪些方面需要改进。

（五）成功的案例研究

1. 谷歌的文化转变

谷歌是一个成功的案例，他们实施了一项文化转变，从创新和自由度文化转向了更加成熟和专业的文化。他们通过领导者的支持、员工培训和透明度的提高，成功实现了文化的变革。

员工培训和文化转变是组织成功的关键因素。员工培训可以提高员工绩效、促进职业发展和适应变化的市场和技术环境。文化转变可以帮助组织适应变化、提高领导力、增强员工参与度和推动创新。

为了实施成功的员工培训和文化转变，组织需要仔细计划、提供多样化的培训方式、设定明确的目标、建立文化变革团队、获得领导层的支持并制定评估机制。成功的案例研究表明，这些措施可以实现员工培训和文化转变，为组织的增长和繁荣做出贡献。在不断变化的商业环境中，组织需要不断适应，员工培训和文化转变是实现这一目标的关键步骤。

第三节　大数据与企业决策支持

一、大数据应用领域

在数字化时代，数据已经成为现代社会的核心。大数据技术的崛起和不断发展使各行各业能够利用庞大的数据资源来推动创新、改进决策和解决复杂的问题。下文将探讨大数据应用领域的广泛范围，从商业到医疗保健、科学研究到政府服务，以及大数据在每个领域中的影响和潜力。

（一）商业和市场领域

1. 市场分析和消费者洞察

大数据在市场分析中发挥了关键作用。企业可以收集和分析大规模的数据来了解市场趋势、消费者行为和竞争对手的策略。这有助于企业更好地定位他们的产品和服务，满足客户需求。

2. 营销和广告

大数据技术在广告和营销领域有着显著的应用。通过分析消费者的在线行为、社交媒体数据和广告效果数据，企业可以制定更具针对性的广告策略，提高广告 ROI（投资回报率）。

3. 库存和供应链管理

大数据有助于改进库存和供应链管理。企业可以使用数据来预测需求、优化库存、提高供应链效率和降低成本。

4. 客户关系管理

大数据支持客户关系管理系统，帮助企业更好地了解客户需求和行为，提供个性化的客户体验，增强客户满意度。

（二）医疗保健领域

1. 疾病预测和流行病监测

大数据分析有助于医疗保健领域的疾病预测和流行病监测。医疗机构和研究人员可以使用大数据来追踪疾病传播、预测疾病爆发，以及制定更有效的公共卫生政策。

2. 个性化医疗

基于患者的遗传信息、生活方式和病史，医疗保健领域可以提供个性化的医疗建议和治疗方案。大数据支持了这种个性化医疗的发展。

3. 医疗记录管理

大数据技术使医疗记录的电子化和管理变得更加高效。医疗保健提供者可以更容易地访问和分享患者的医疗信息，提高了协同护理和治疗的效率。

4. 药物研发和临床试验

大数据有助于药物研发和临床试验。研究人员可以分析大规模的生物信息数据，以加速新药的发现和测试。

（三）科学研究领域

1. 天文学

在天文学中，大数据支持天文学家观察和分析宇宙中的天体。大型天文观测项目生成大量数据，帮助科学家了解宇宙的起源和演化。

2. 生物学和基因组学

生物学和基因组学领域受益于大数据分析，帮助科学家理解基因、蛋白质和细胞的功能。这对于疾病研究和生物医学应用至关重要。

3. 气象学

气象学家使用大数据来监测气象条件、预测天气和研究气候变化。大数据分析可以提高天气预报的准确性。

4. 地球科学

地球科学家使用大数据来研究地球的内部结构、地壳运动和气候系统。这有助于改进地震预警和自然灾害管理。

（四）政府和公共服务领域

1. 城市规划和交通管理

城市可以使用大数据来改进交通管理、减少交通拥堵，以及提供更高效的城市规划。智能城市项目利用大数据来提高城市的可持续发展。

2. 犯罪预防和执法

警察和执法机构使用大数据来预测犯罪趋势、监控犯罪活动和改进安全措施。

3. 教育

大数据在教育领域有多种应用，包括学生表现分析、个性化教育和教育政策制定。

4. 卫生管理

政府卫生机构使用大数据来监测疾病爆发、卫生统计和资源分配。这有助于提高公共卫生服务的效率和响应能力。

（五）社交媒体和娱乐领域

1. 社交媒体分析和推荐

社交媒体平台使用大数据分析来了解用户的兴趣、行为和社交圈。这有助于提供个性化的内容和广告，改善用户体验，增加广告收入。

2. 娱乐内容推荐

音乐流媒体、视频点播和游戏平台使用大数据分析来推荐内容，以满足用户的兴趣。这有助于提高用户留存率和消费。

3. 体育分析

大数据分析在体育领域的运动员表现、比赛策略和受伤风险的分析中发挥着关键作用。体育团队和教练使用这些数据来提高竞技水平。

4. 娱乐产业

大数据也在电影、电视、音乐和文化产业中发挥重要作用。制片公司、演艺经纪人和内容创作者使用大数据来了解受众需求，制定创作和推广策略。

（六）云计算和物联网的影响

1. 云计算

云计算为大数据分析提供了强大的计算和存储资源。云平台允许组织处理和存储大量数据，而无须巨大的基础设施投资。

2. 物联网

物联网设备产生大量的实时数据，包括传感器数据和设备状态。这些数据可以用于监控、预测和自动化各种应用，可以从智能家居到工业生产。

（七）大数据的挑战和未来趋势

1. 数据隐私和安全

大数据的广泛应用引发了数据隐私和安全的担忧。组织需要采取措施来保护数据，遵守隐私法规，并应对潜在的安全威胁。

2. 数据伦理

随着大数据的应用不断增加，数据伦理变得更加重要。组织需要考虑如何使用数据，以确保公平、透明和道德的数据处理。

3. 人才短缺

大数据领域面临人才短缺的问题。组织需要招聘和培养数据科学家、数据工程师和分析师，以满足不断增长的数据处理需求。

4. 新技术和工具

新的大数据技术和工具不断涌现，组织需要不断学习和适应这些新技术，以保持竞争力。

未来，大数据应用领域将继续扩展，涵盖更多行业和领域。人工智能和机器学习将与大数据相结合，为更正确的决策和自动化提供支持。边缘计算将改变数据收集和分析的方式，使其更加实时和分散。大数据将继续推动创新，为社会和商业带来更多机会和挑战。

大数据应用领域已经广泛应用到社会、商业和科学的各个角落。无论是市场分析、医疗保健、科学研究还是政府服务，大数据分析已经成为现代社会的重要工具。随着技术的不断发展和数据的不断增长，大数据的潜力将继续扩展，推动创新、改进决策并解决世界上的重大问题。为了充分利用大数据的潜力，组织需要投资于技术、培训和数据伦理，以确保大数据应用能够带来持续的成功和价值。

二、数据分析与洞察力

在信息时代，数据已经成为我们生活和工作的核心要素。数据不仅仅是数字，它代表了信息和洞察力的源泉。数据分析是一种技术和方法，用于解释、理解和应用数据，以获得有意义的信息和深刻的洞察力。下文将深入探讨数据分析的重要性、方法和应用，以及如何运用数据分析来推动创新、改进决策和解决复杂的问题。

（一）数据分析的重要性

1. 数据的价值

数据被认为是新时代的石油，因为它们具有巨大的价值。数据可以提供关于客户行为、市场趋势、运营绩效和更多方面的信息。利用数据分析，组织可以发掘这些宝贵的见解，以指导战略和决策。

2. 业务决策支持

数据分析是业务决策的强大工具。它可以帮助组织更好地了解其运营情况，发现问题并寻找机会。通过数据分析，决策者可以做出基于实情的决策，降低风险，提高绩效。

3. 创新

数据分析有助于创新。通过分析市场需求、竞争情况和客户反馈，组织可以提供新的产品、服务和业务模式。数据分析还可以用于改进现有产品和服务，以满足客户需求。

4. 竞争优势

拥有高效的数据分析能力可以带来竞争优势。组织可以更快地做出反应，更好地理解客户，提供更好的产品和服务，并采取更明智的决策，从而在市场上脱颖而出。

（二）数据分析的方法

1. 数据采集

数据分析的第一步是数据采集。组织需要收集相关的数据，这可能包括内部数据（如销售记录、客户信息）和外部数据（如市场数据、社交媒体数据）。

2. 数据清洗

数据清洗是整理和准备数据的过程。这包括处理缺失值、删除重复项、纠正错误和转换数据格式，以确保数据质量。

3. 数据探索

数据探索是一种初步分析数据的方法，以了解数据的特点、分布和关系。它通常包括可视化、描述性统计和相关性分析。

4. 数据建模

数据建模是使用数学和统计方法来创建模型，以了解数据之间的关系。这可以包括回归分析、聚类分析、决策树等。

5. 数据可视化

数据可视化是将数据以图形和图表的形式呈现，以帮助人们更好地理解数据。数据可视化可以使趋势更加直观和易于理解。

6. 预测和决策

基于数据分析的模型可以预测未来的趋势和结果。这可以帮助组织做出更明智的决策和计划。

（三）数据分析的应用领域

1. 商业分析

商业分析是数据分析的常见应用之一。它包括市场分析、客户分析、销售分析、库存分析等，用于改进产品和服务、提高市场份额和增加利润。

2. 金融领域

金融领域广泛使用数据分析来进行风险评估、股票市场分析、信用评分和反欺诈检测。数据分析可以帮助金融机构管理风险并做出投资决策。

3. 医疗保健

在医疗保健领域，数据分析用于疾病预测、患者治疗和医疗资源管理。大数据分析可以提高临床决策的准确性。

4. 政府和公共服务

政府和公共服务部门使用数据分析来改进公共政策、资源分配和卫生管理。数据分析有助于提高政府效率和服务质量。

5. 教育

在教育领域，数据分析可以用于学生表现评估、课程评估和学校改进。这有助于个性化教育。

6. 社交媒体

社交媒体平台使用数据分析来了解用户兴趣、行为和趋势。这有助于个性化推荐和广告定位。

（四）数据分析工具和技术

1. 数据分析软件

有许多专业的数据分析软件可用，包括 Python、R、SAS、SPSS、Tableau 等。这些工具提供了丰富的分析和可视化功能。

2. 人工智能和机器学习

人工智能和机器学习技术已经成为数据分析的一部分。这些技术可以用于处理大规模和复杂的数据集，自动发现模式和趋势，进行预测分析和优化决策。

3. 大数据技术

大数据技术允许处理和分析大规模的数据集，包括结构化和非结构化数据。它们提供了分布式计算和存储的能力，适用于处理海量数据。

4. 数据仓库

数据仓库是用于存储和管理数据的中心化系统。它们可以整合来自不同来源的数据，为分析提供恰当的数据视图。

5. 云计算

云计算平台提供了强大的计算和存储资源，用于数据分析。这降低了组织需要维护自己的基础设施的需求，同时提供了灵活性和可伸缩性。

（五）数据分析的挑战

1. 隐私和伦理

随着数据分析的普及，数据隐私和伦理问题变得更加重要。组织需要遵守隐私法规，保护个人数据，并考虑数据使用的伦理问题。

2. 数据安全

数据安全是一个持续的挑战。组织需要采取措施来保护数据免受未经授权的访问和恶意攻击。

3. 复杂性和多样性

现代数据分析需要处理各种类型的数据，包括结构化数据、半结构化数据和非结构化数据。这种多样性和复杂性需要灵活的工具和技术。

4. 人才短缺

数据科学家和分析师的需求迅速增长，但市场上存在人才短缺。组织需要投资于培训和招聘，以填补这一缺口。

（六）数据分析的未来趋势

未来，数据分析将继续发展，并融合新的技术和方法。以下是一些未来趋势：

1. 自动化数据分析

自动化数据分析将使非专业分析师能够更轻松地访问和解释数据。自动化工具可以自动执行分析任务，提供即时结果。

2. 实时数据分析

实时数据分析将变得更加重要，因为组织需要更快地做出决策。边缘计算和物联网技术将使实时数据分析成为可能。

3. 更强大的人工智能

人工智能技术将在数据分析中发挥更大的作用，包括自然语言处理、图像分析和预测模型。

4. 更大规模的数据

随着云计算和大数据技术的发展，组织将能够分析更大规模的数据，包括互联网上的数据和物联网设备生成的数据。

数据分析是解锁信息时代的关键。它提供了有力的工具和方法，用于理解数据、获取洞察力并改进决策。数据分析在商业、医疗、政府和其他领域都有广泛的应用，它已经改变了我们的生活方式和工作方式。随着技术的不断发展和数据的不断增长，数据分析的潜力将继续扩大，为社会和组织带来更多机会和挑战。要充分利用数据分析，组织需要投资于技术、培训和数据伦理，以确保数据分析可以带来持续的成功和价值。

三、决策支持系统的建设

决策支持系统（DSS）是一种计算机化的工具，旨在协助组织内部的决策制定过程。它通过整合数据、分析信息、提供建议和可视化结果，帮助决策者做出更明智的选择。DSS 的建设是一个复杂而综合的过程，需要深入的计划、合适的技术、有效的数据管理和用户参与。下文将探讨决策支持系统的建设过程，包括步骤、关键要素和最佳实践，以便读者更好地理解如何成功构建一个强大的 DSS。

（一）决策支持系统简介

在深入讨论 DSS 的建设过程之前，让我们先了解 DSS 的基本概念和功能。决策支持系统是一种用于协助决策制定的信息技术工具。它的主要目标是为组织的管理层和决策者提供决策制定所需的数据、信息和工具。DSS 具有以下基本特征：

1. 数据集成和管理：DSS 整合各种数据源，包括内部和外部数据，以提供全面的信息。

2. 模型和分析：DSS 使用模型和分析工具来识别模式、趋势和关联性，以帮助决策者更好地理解问题。

3. 用户界面：DSS 通常具有用户友好的界面，允许用户轻松地访问和操作系统的各种功能。

4. 决策支持：DSS 不仅提供数据和信息，还能生成建议、预测结果和可视化结果，帮助决策者做出恰当的选择。

5. 互动性：DSS 通常允许用户进行实时分析，以模拟不同的决策场景和其潜在后果。

决策支持系统的建设旨在充分利用上述特征，以满足组织的特定需求。

（二）决策支持系统的建设步骤

决策支持系统的建设是一个系统性的过程，需要逐步进行。以下是建设 DSS 的一般步骤：

1. 需求分析：首先，确定 DSS 的目标和预期功能。这一步骤涉及与组织内的各个部门和利益相关者合作，以确保 DSS 满足他们的需求。需求分析也包括识别数据来源、数据类型和分析工具。

2. 数据收集和整合：在 DSS 建设中，数据是至关重要的。确保数据的准确性、完整性和一致性是一个重要的任务。这可能涉及数据清洗、数据仓库建设和 ETL（抽取、转换、加载）过程。

3. 技术选择：选择适当的技术和工具来支持 DSS 的功能。这包括数据库管理系统、分析工具、数据可视化工具等。选择的技术应与组织的现有 IT 基础设施相兼容。

4. 系统设计：基于需求分析，设计 DSS 的体系结构和功能。确定如何呈现数据、如何生成建议和如何允许用户互动。设计应该考虑用户界面的友好性和易用性。

5. 开发和实施：开发 DSS 系统，包括数据库、分析模型和用户界面。确保系统的稳定性和性能。随后，进行系统的实施和测试，确保它能够正常运行。

6. 培训和支持：为 DSS 的最终用户提供培训，确保他们能够充分利用系统。建立支持和维护机制，以确保系统的可用性和可维护性。

7. 监控和改进：定期监控 DSS 的性能，以确保它可以满足组织的需求。根据用户反馈和变化的需求，对系统进行改进和升级。

（三）决策支持系统建设的关键要素

在决策支持系统的建设过程中，有一些关键要素需要特别关注：

1. 数据质量和一致性：数据是 DSS 的基础。确保数据的质量高，一致性好，是确保 DSS 能够提供准确信息的关键。

2. 用户参与：在建设 DSS 时，与最终用户合作至关重要。他们的需求和反馈对系统的成功至关重要。

3. 安全性和隐私：DSS 通常包含敏感数据，因此安全性和隐私保护是至关重要的。确保系统具有适当的安全措施，以防止数据泄露和未经授权的访问。

4. 性能优化：DSS 应具备良好的性能，以确保用户能够快速访问和分析数据。优化数据库查询和分析算法对性能至关重要。

5. 可伸缩性：考虑到组织的成长，DSS 应具备可伸缩性，以适应未来的需求。这意味着选择适当的硬件和架构，以支持更大的数据量和用户数量。

6. 集成性：DSS 通常需要与其他系统集成，以获取数据和与其他业务流程互动。确保 DSS 可以无缝集成到组织的 IT 生态系统中。

7. 数据备份和恢复：建立数据备份和灾难恢复计划，以防止数据丢失或系统故障时能够快速恢复。

8. 法规合规性：确保 DSS 的建设和运营符合适用的法规和合规要求，尤其是在涉及敏感数据的情况下。

9. 维护和更新：定期维护和更新 DSS，以确保它保持高效和安全。这包括软件更新、性能优化和安全补丁的安装。

10. 培训和文档：为系统的最终用户提供培训和文档，以帮助他们充分利用 DSS 的功能。

（四）最佳实践和建设挑战

在建设决策支持系统时，有一些最佳实践可以帮助确保成功。同时，也会面临一些挑战：

1. 最佳实践

明确的需求分析：与各个利益相关者深入合作，确保系统满足他们的需求。清晰的需求分析有助于避免后期的问题。

合适的技术选择：确保选择的技术和工具与组织的需求和现有系统相匹配。避免过于复杂或不必要的技术。

用户培训和支持：投入时间和资源来培训最终用户，以确保他们能够有效使用系统。提供及时的技术支持也很重要。

监控和改进：定期监控系统性能和用户反馈，并根据需要进行改进。系统应适应不断变化的需求。

2. 建设挑战

数据质量问题：数据的质量、一致性和完整性可能是一个挑战，因为它们需要大量的数据清洗和整合工作。

安全和隐私问题：确保系统的安全性和隐私保护是一个复杂的任务，尤其是在涉及敏感数据的情况下。

技术复杂性：DSS 的建设可能涉及复杂的技术和工具，需要专业知识和资源。

成本和预算控制：建设 DSS 可能需要大量的投资，因此需要有效的预算控制和资源管理。

变化管理：引入新的 DSS 可能需要组织内部变化管理，以确保员工接受和适应新系统。

总之，决策支持系统的建设是一个复杂的过程，需要深思熟虑和有效的规划。通过清晰的需求分析、适当的技术选择、用户培训和持续的监控，组织可以成功地建立一个强大的 DSS，帮助决策者更好地理解问题、做出明智的选择，并实现组织的目标。充分了解最佳实践和面临的挑战，可以帮助组织更好地准备和应对 DSS 建设过程中的各种问题。

第四节　云计算技术在企业中的应用

一、云计算的基本原理

云计算是一种革命性的计算范式，它已经在过去几年中广泛应用于各种领域，从企业级应用到个人娱乐。它提供了一种灵活、高度可扩展的计算和存储资源交付方式，可以有效地满足不同用户和组织的需求。下文将深入探讨云计算的基本原理，包括其定义、特征、服务模型和部署模型，以帮助读者更好地理解云计算的本质。

（一）云计算的定义和特征

云计算是一种基于互联网的计算和存储资源交付模式，它具有以下几个基本特征：

1. 按需自助服务（On-Demand Self-Service）：云计算允许用户根据需要获取和配置计算资源，无须复杂的人工干预。用户可以根据实际需求扩展或减少资源。

2. 广泛网络访问（Broad Network Access）：云计算资源通过互联网提供，可以通过各种终端设备和网络连接进行访问，使用户可以随时随地使用云服务。

3. 资源池化（Resource Pooling）：云计算提供商将计算和存储资源集中汇总，供多个用户共享。这种资源池化可以实现高效的资源利用。

4. 快速弹性（Rapid Elasticity）：云计算资源可以根据用户需求快速扩展或缩小。这意味着用户可以在需要时快速获得更多资源，而不必等待长时间的采购和部署过程。

5. 测量服务（Measured Service）：云计算服务提供商可以精确地测量

计费用户的资源使用情况。这种按使用量计费的模型通常以付费方式提供，用户只需为实际使用的资源付费。

（二）云计算的服务模型

云计算服务通常分为三种主要模型，分别是基础设施即服务（IaaS）、平台即服务（PaaS）和软件即服务（SaaS）：

1. 基础设施即服务（IaaS）：这是最基本的云计算服务模型，提供了计算、存储和网络等基本的计算资源。用户可以在虚拟环境中创建和管理自己的操作系统、应用程序和数据。

2. 平台即服务（PaaS）：PaaS 模型构建在 IaaS 之上，它为开发人员提供了更高级别的服务。PaaS 提供商提供了开发、测试和部署应用程序所需的工具和环境。这种模型可以加速应用程序的开发周期，并减少了管理底层基础设施的复杂性。

3. 软件即服务（SaaS）：SaaS 是一种云计算模型，其中应用程序以服务的形式交付给最终用户。用户无须安装、配置或维护应用程序，只需通过互联网访问即可。

（三）云计算的部署模型

云计算的部署模型根据资源提供方式的不同，可以分为四种类型：

1. 公有云（Public Cloud）：公有云是由第三方提供商维护和管理的云基础设施，对公众开放。用户可以租用和共享这些云资源，通常以按需付费的方式。这是最常见的云计算部署模型，适用于大多数企业和个人用户。

2. 私有云（Private Cloud）：私有云是由单个组织或企业维护和管理的云基础设施，用于满足特定的安全和隐私需求。私有云可以部署在组织的数据中心内，也可以由托管服务提供商提供。

3. 社区云（Community Cloud）：社区云是多个组织共享的云基础设施，通常由特定行业或共同兴趣的组织共同维护和使用。这种模型允许组织共享成本和资源，同时满足特定的需求。

4. 混合云（Hybrid Cloud）：混合云模型结合了公有云和私有云，允许数据和应用程序在两者之间流动。这种模型可以帮助组织在不同的需求下平衡灵活性和安全性。

（四）云计算的基本原理

云计算的基本原理包括以下关键概念和技术：

1. 虚拟化：虚拟化是云计算的基础，它允许物理资源（如服务器、存储和网络）被抽象成虚拟资源，使它们能够更灵活地分配和管理。虚拟化技术包括服务器虚拟化、存储虚拟化和网络虚拟化，它们协同工作以支持云计算环境中的资源分配和管理。

2. 自动化：云计算环境中的自动化是关键。自动化技术用于自动化资源配置、监控、伸缩和故障恢复。自动化减少了人工干预，提高了资源的利用率和可用性。

3. 弹性扩展：云计算环境能够快速弹性扩展，以满足不断变化的需求。这意味着在高峰时段，可以自动分配更多资源，而在需求减小时，可以自动释放不必要的资源。

4. 多租户支持：云计算环境通常支持多租户，多个用户或组织可以共享相同的基础设施，但彼此之间互相隔离，以确保安全性和数据隔离。

5. 分布式计算：云计算基础设施通常是分布式的，它们位于不同的地理位置，通过网络连接在一起。这使得用户可以跨地理位置访问资源，提高了可用性和容错性。

6. 容器化：容器技术，已成为云计算环境中的关键技术。容器提供了一种轻量级、可移植的方式来打包和部署应用程序，使其更容易在不同云环境中运行。

7. 服务定位：云计算环境中的服务可以根据需要进行定位。这意味着应用程序可以在不同的云服务提供商之间迁移，或者在不同的地理位置部署，以满足性能和合规性需求。

8. 服务级别协议（SLA）：云计算服务通常与提供商之间的 SLA 相关。这些协议规定了服务的质量、可用性和性能标准，以确保用户获得可靠的服务。

（五）云计算的应用

云计算具有广泛的应用，包括但不限于以下领域：

1. 企业应用：企业可以使用云计算来托管和管理各种业务应用，包括财务、人力资源、客户关系管理和企业资源规划等。

2. 开发和测试：开发人员可以利用云计算资源来创建、测试和部署应用程序，加速开发周期。

3. 大数据和分析：云计算提供了大规模数据存储和分析的能力，用于处理大数据和执行复杂的分析任务。

4. 物联网：云计算支持物联网设备的数据收集、存储和分析，以实现智能化的设备和系统。

5. 在线媒体和娱乐：云计算使流媒体、在线游戏和社交媒体等互联网娱乐服务得以实现。

6. 备份和灾难恢复：云计算提供了数据备份和灾难恢复的解决方案，以确保数据的安全和可恢复性。

7. 协作和办公：云计算支持协作工具和办公套件，使用户能够在任何地点和时间协作和访问文件。

（六）云计算的优势

云计算带来了多方面的优势，包括：

1. 成本效益：云计算模型允许用户仅按使用付费，避免了高昂的前期成本。这使得小型企业和创业公司也能够获得高度可扩展的计算资源。

2. 灵活性：用户可以根据需要快速扩展或缩小资源，无须长时间的采购和部署过程。这种灵活性使得应对不断变化的需求变得更加容易。

3. 可伸缩性：云计算环境可以根据需求进行无缝扩展，无论是应对流量高峰还是业务增长。

4. 高可用性：云计算提供商通常拥有强大的基础设施和复杂的容错机制，以确保高可用性和可靠性。

5. 安全性：云计算提供商通常提供多层次的安全控制，包括数据加密、身份验证和访问控制，以确保数据的安全性。

（七）云计算的挑战

尽管云计算带来了众多优势，但也面临一些挑战，包括：

1. 数据隐私和合规性：数据存储在云中可能引发数据隐私和合规性问题。企业需要确保其数据受到适当的保护，并符合法规要求。

2. 网络连接和带宽：云计算依赖于网络连接，因此网络稳定性和带宽限制可能影响性能。

3. 供应商锁定：使用特定云计算提供商的服务可能导致供应商锁定问题，难以切换到其他提供商。这可能会导致对单一提供商的过度依赖，而忽略了多提供商策略的优势。

4. 安全漏洞和数据泄露：尽管云提供商采取了广泛的安全措施，但仍然存在潜在的风险，如安全漏洞和数据泄露。因此，企业需要采取更多的安全措施，如加密和多因素身份验证。

（八）云计算的未来趋势

未来，云计算将继续发展，伴随着一些重要的趋势：

1. 边缘计算：边缘计算将云计算推向设备，以减少延迟和提高性能。这对于物联网、自动驾驶汽车和工业自动化等应用来说尤其重要。

2. 容器和微服务：容器技术和微服务架构将继续崭露头角，以实现更高级别的可移植性和可扩展性。

3. 深度学习和人工智能：云计算将继续支持大规模数据分析和深度学习任务，促进人工智能的发展。

4. 多云和混合云：企业将更多地采用多云和混合云策略，以在不同的云环境中平衡性能、成本和合规性。

5. 较大的生态系统：云计算提供商将继续扩展其生态系统，包括开发者工具、第三方集成和市场应用程序。

总之，云计算已经成为现代计算领域的基础，并在各种领域产生深远的影响。它的基本原理包括虚拟化、自动化、弹性扩展和多租户支持，使其能够提供成本效益、灵活性、可伸缩性和高可用性。尽管面临一些挑战，但随着技术的不断发展和新兴趋势的出现，云计算将继续演化，为用户和企业提供更多的机会和创新。

二、云计算在企业中的应用场景

云计算已经成为企业信息技术领域中的一项重要技术，它为企业提供了各种应用场景，以提高效率、降低成本、提供灵活性，并促进创新。下文将深入探讨云计算在企业中的应用场景，以及这些场景如何影响了现代企业的运营和竞争力。

（一）基础设施即服务（IaaS）的应用场景

基础设施即服务是云计算的一种服务模型，它为企业提供了计算、存储和网络等基本的计算资源。以下是 IaaS 的主要应用场景：

1. 虚拟化和服务器托管：企业可以使用云计算提供的虚拟机实例来替代传统的物理服务器，从而降低硬件成本、提高灵活性，并更轻松地实现服务器托管。

2. 开发和测试环境：IaaS 提供了一个理想的平台，供开发人员创建、测试和部署应用程序。它允许开发团队在需要时快速获取开发环境，无须等待硬件采购和配置。

3. 备份和灾难恢复：企业可以将备份数据存储在云中，以提供弹性的备份和恢复解决方案。这可以确保数据的安全性和可恢复性。

4. 数据存储和归档：IaaS 提供了大规模的数据存储和归档解决方案，适用于存储大量数据，如日志、备份文件和归档数据。

5. 跨地理位置的资源分配：IaaS 允许企业在全球范围内分配资源，以满足不同地理位置的业务需求，提高性能和可用性。

（二）**平台即服务（PaaS）的应用场景**

平台即服务为开发人员提供了应用程序开发、测试和部署所需的工具和环境。以下是 PaaS 的主要应用场景：

1. 快速应用程序开发：PaaS 环境提供了开发所需的工具、库和运行时环境，使开发团队能够更快速地构建和部署应用程序。

2. 协作和集成：PaaS 环境通常包括协作工具和 API，使开发人员能够轻松地将不同应用程序集成到一起，实现更高程度的协作。

3. 大数据和分析：PaaS 支持大规模数据分析和处理，企业可以在 PaaS 环境中构建分析应用程序，以提取有关业务的有用信息。

4. 物联网应用程序开发：PaaS 可以用于开发和管理物联网设备的应用程序，以收集和分析传感器数据。

5. 多租户应用程序：PaaS 环境支持多租户应用程序的开发和部署，使多个客户能够共享相同的应用程序实例，但彼此之间互相隔离。

（三）**软件即服务（SaaS）的应用场景**

软件即服务是一种云计算服务模型，其中应用程序以服务的形式交付给最终用户。以下是 SaaS 的主要应用场景：

1. 企业应用程序：企业可以使用 SaaS 来访问各种企业应用程序，如财务、人力资源管理、客户关系管理和协作工具，而无须安装和维护这些应用程序。

2. 办公和协作：SaaS 提供办公套件和协作工具，如电子邮件、文档共享和视频会议，使员工能够随时随地协作。

3. 销售和市场营销：SaaS 应用程序支持销售和市场营销活动，包括销售自动化、客户数据分析和广告管理。

4. 客户支持和服务台：企业可以使用 SaaS 来提供客户支持和服务台解决方案，以更好地满足客户需求。

5. 教育和培训：SaaS 应用程序在教育和培训领域中得到广泛应用，例如在线学习管理系统和虚拟教室工具。

（四）混合云和多云的应用场景

混合云和多云策略将不同云服务模型和提供商结合在一起，以满足不同的业务需求。以下是混合云和多云的应用场景：

1. 灵活性和容错性：通过混合云和多云策略，企业可以利用不同云提供商的资源，以增加容错性并确保高可用性。

2. 合规性和数据隐私：某些敏感数据可能需要在私有云中存储，而非敏感数据可以在公有云中处理。混合云策略可以满足合规性和数据隐私的需求。

3. 成本控制：企业可以根据不同云提供商的定价模型，以控制成本。它们可以使用公有云来扩展计算能力以满足突发的工作负载需求，同时在低峰时期关闭资源以减少成本。

4. 地理多样性：多云策略可以根据不同地理位置的需求选择不同的云提供商，以提高性能和降低延迟。

5. 供应商锁定风险降低：通过多云策略，企业可以减少对单一云提供商的依赖，降低了提供商锁定风险。

（五）云计算的安全和合规应用场景

云计算在安全和合规方面也具有广泛的应用场景：

1. 安全监控和日志管理：企业可以使用云计算服务来监控其网络和系统，以及实施日志管理以检测潜在的威胁和异常活动。

2. 身份和访问管理：云计算提供商通常提供特定的身份和访问管理工具，以确保只有授权用户可以访问敏感数据和资源。

3. 数据加密：云计算环境通常支持数据加密，包括数据在传输和数据在静态存储时的加密，以确保数据的安全性。

4. 合规性和法规要求：企业可以使用云计算服务来满足各种合规性和法规要求。

5. 风险管理：云计算服务提供商通常提供风险管理工具，以帮助企业识别和减轻潜在的安全风险。

（六）云计算的未来趋势和影响

云计算领域的未来趋势将继续塑造企业的运营方式和业务模型。以下是一些未来趋势和它们对企业的影响：

1. 边缘计算：边缘计算将云计算推向设备附近，以减少延迟和提高性能。这将在物联网、自动驾驶汽车和工业自动化等领域产生深远的影响。

2. 容器和微服务：容器技术和微服务架构将继续发展，以实现更高级别的可移植性和可扩展性。这将促进应用程序的快速部署和微服务化。

3. 多云和混合云：企业将越来越多地采用多云和混合云策略，以在不同的云环境中平衡性能、成本和合规性。这将降低提供商锁定风险。

4. 大数据和人工智能：云计算将继续支持大规模数据分析和深度学习任务，从而推动人工智能的发展。企业可以使用云计算服务来训练和运行机器学习模型。

5. 自动化和自动化工作流：云计算服务提供商将继续增加自动化和自动化工作流工具，以帮助企业提高效率并减少人工工作。

总结起来，云计算已经成为企业信息技术的关键组成部分，提供了各种应用场景，以满足不同企业的需求。从基础设施即服务到平台即服务和软件即服务，以及混合云和多云策略，云计算已经改变了企业的运营方式，提高了效率，降低了成本，并促进了创新。随着未来趋势的发展，云计算将继续在企业中发挥更大的作用，为企业提供更多机会和竞争优势。

三、云计算安全与成本控制

云计算已经成为现代企业信息技术的关键组成部分，它为企业提供了弹性、灵活性和效率，但同时也引入了新的挑战，尤其是在安全性和成本控制方面。下文将深入探讨云计算中的安全问题以及如何实现有效的成本控制。

（一）云计算的安全挑战

云计算带来了许多新的安全挑战，包括以下几个方面：

1. 数据隐私：将数据存储在云中可能引发数据隐私问题。企业需要确保其数据受到适当的保护，以防止未经授权的访问。

2. 身份和访问管理：云计算环境中，需要有效的身份和访问管理，以确保只有授权用户能够访问敏感数据和资源。不正确的身份验证和访问控制可能导致数据泄露。

3. 共享资源和多租户问题：云计算通常涉及多个租户共享相同的基础设施。这引入了隔离问题，如果不正确配置，可能导致一租户能够访问另一租户的数据。

4. 网络安全：云计算依赖于互联网连接，这使得云计算成为潜在的攻击目标。企业需要采取措施来保护其网络和通信。

5. 数据加密：数据在传输和存储时需要进行加密，以确保数据的安全性。不加密的数据容易受到窃听和未经授权的访问。

6. 合规性问题：各种法规和合规性要求对云计算的使用施加了限制。企业需要确保其云计算环境符合适用的法规。

（二）云计算的安全最佳实践

为了解决云计算的安全挑战，企业可以采取一系列最佳实践：

1. 身份和访问管理（IAM）：实施强大的 IAM 策略，确保只有经过授权的用户可以访问资源。使用多因素身份验证以增加安全性。

2. 数据加密：对数据进行端到端的加密，包括数据在传输和数据在静态存储时的加密。这可以防止数据在传输过程中被窃听，也可以保护数据存储在云中的安全。

3. 网络安全：使用防火墙、入侵检测系统（IDS）和入侵预防系统（IPS）来保护云计算环境中的网络。定期审查和更新网络安全策略。

4. 合规性和法规要求：了解并遵守适用的法规和合规性要求，确保云计算环境满足这些要求。这可能需要与合规性专家合作。

5. 监控和审计：设置监控和审计机制，以跟踪和记录云计算环境中的活动。这有助于检测潜在的威胁和异常事件。

6. 培训和教育：培训员工，使其了解云计算的最佳实践和安全政策。员工的安全意识培训可以降低内部威胁的风险。

（三）云计算的成本控制挑战

尽管云计算可以提供成本效益和灵活性，但也存在一些成本控制挑战：

1. 未经授权的资源使用：云计算环境中，员工可能会未经授权地创建和使用资源，导致资源浪费。

2. 资源过度配置：企业可能会过度配置云资源，导致不必要的成本。这包括分配过多的计算能力或存储空间。

3. 未优化的许可成本：云计算提供商通常采用按使用量计费的模型，但企业可能会忽略优化许可成本，导致不必要的费用。

4. 缺乏监控和分析：缺乏对资源使用情况的监控和分析可能导致无法及时识别和解决成本问题。

5. 供应商锁定：过度依赖特定云提供商可能导致提供商锁定，限制了成本控制的灵活性。

（四）云计算的成本控制最佳实践

为了解决云计算的成本控制挑战，企业可以采取以下最佳实践：

1. 资源自动化和编排：利用自动化工具和编排技术来确保资源的有效利用。自动缩放和自动关机可以根据需要调整资源。

2. 成本监控和分析：使用成本监控工具来跟踪资源使用情况，识别潜在的成本问题。分析数据以制订优化策略。

3. 优化许可成本：确保选择合适的许可模型和定价选项，减少不必要的支出。比如，使用按需定价或签署长期合同以节省成本。

4. 资源标记和分类：对云资源进行标记和分类，以便更好地跟踪和管理它们。这有助于区分关键资源和非关键资源，以便更好地分配成本。

5. 供应商多样性：采用多云或混合云策略，以减少对单一云提供商的依赖，从而提高成本控制的灵活性。

6. 定期审查：定期审查云计算环境中的资源使用情况和成本，以及可能的成本优化机会。这可以确保成本保持在可控范围内。

（五）安全与成本控制的平衡

在云计算环境中，安全性和成本控制之间存在平衡。企业需要权衡这两个因素，以确保在提供足够的安全性的同时，不会产生不必要的成本。以下是一些建议来实现这种平衡：

1. 风险评估：进行风险评估，确定哪些资源和数据需要更高级别的安全性，以便将安全性的投资集中在关键领域。

2. 合规性需求：遵守适用的法规和合规性要求，但同时寻求实现这些要求的最经济有效方法。

3. 资源分类：将资源分类为关键和非关键，然后为关键资源提供更高级别的安全性。对于非关键资源，可以采用更经济的安全措施。

4. 监控和响应：设置安全监控和响应机制，以及时检测和应对安全事件。这有助于减少潜在的安全风险。

5. 持续改进：不断改进安全策略和成本控制策略，以适应不断的变化和业务需求。

云计算是一个强大的工具，可以提供弹性、灵活性和效率，但同时也带来了新的安全挑战和成本控制问题。企业需要采取适当的安全措施，以确保其数据和资源得到保护，并采取成本控制策略，以降低不必要的支出。

通过实施安全最佳实践，如身份和访问管理、数据加密和网络安全，企业可以降低安全风险。同时，通过成本控制最佳实践，如资源自动化和编排、成本监控和提供商多样性，企业可以优化成本。

最终，平衡安全性和成本控制至关重要。企业需要根据其业务需求、合规性要求和风险评估来制定策略，以确保在提供足够的安全性的同时，降低成本。这需要持续的监控、审查和改进，以适应不断变化的威胁和需求。通过这种平衡，企业可以充分利用云计算的优势，同时确保其安全和成本控制的需求得到满足。

第五节　区块链技术在企业经济发展中的创新

一、区块链的核心概念

区块链技术是近年来备受关注的一项革命性创新，它不仅是数字货币的基础，还在各行各业引发了革命性的变革。本文将深入探讨区块链的核心概念，包括分布式账本、区块、加密技术、共识算法和智能合约等方面，以帮助读者更好地理解这一重要技术。

（一）分布式账本

分布式账本是区块链的核心概念之一。它是一种去中心化的数据库，存储在多个计算机节点上，而不是集中在单一中央服务器上。以下是与分布式账本相关的关键概念：

1. 去中心化：区块链是去中心化的，没有单一的中央管理机构。数据存储在网络上的多个节点中，而不是依赖于单一实体。

2. 不可篡改性：区块链上的数据是不可篡改的。一旦数据被写入区块链，它不可能被修改或删除。

3. 透明性：区块链是透明的，所有参与者都可以查看账本上的数据。这种透明性有助于建立信任。

4. 安全性：区块链使用加密技术来确保数据的安全。每个区块都包含前一个区块的哈希值，使得修改一个区块会影响整个链。

（二）区块

区块是构成区块链的基本单元。它包含一组交易或数据，并存储在区块链上。以下是关于区块的核心概念：

1. 交易数据：区块包含一组交易数据。这些交易可以是数字货币交易，也可以是其他类型的数据交易，如合同、文件、身份验证等。

2. 哈希值：每个区块都包含一个哈希值，它是区块中所有交易数据的数字指纹。哈希值是通过加密算法生成的，用于唯一标识该区块。

3. 时间戳：区块包含一个时间戳，表示区块被创建的时间。这有助于确保交易的顺序和时间顺序。

4. 前一个区块的引用：每个区块包含对前一个区块的引用，形成了区块链的链接。这确保了每个区块的数据都与前一个区块相关。

（三）加密技术

加密技术是区块链的核心组成部分，用于确保数据的机密性和完整性。以下是一些与加密技术相关的关键概念：

1. 非对称加密：区块链使用非对称加密算法，其中每个参与者有一对密钥，包括公钥和私钥。公钥用于加密数据，私钥用于解密数据。

2. 数字签名：数字签名是一种加密技术，用于验证交易的真实性和完整性。发送者使用其私钥对交易数据进行签名，接收者使用发送者的公钥来验证签名。

3. 哈希函数：哈希函数是将任意数据转换为固定长度的字符串的算法。在区块链中，哈希函数用于生成区块的哈希值，以唯一标识区块。

4. 共识算法：区块链网络使用共识算法来确保交易的一致性和可信性。共识算法通过解决数学难题来验证交易。

（四）共识算法

共识算法是确保区块链网络中的交易得到验证的关键机制。以下是一些与共识算法相关的核心概念：

1. 工作量证明（Proof of Work，PoW）：PoW 是一种常见的共识算法，要求网络中的节点通过解决一个复杂的数学难题来验证交易。这需要大量的计算能力。

2. 权益证明（Proof of Stake，PoS）：PoS 是另一种共识算法，它要求节点拥有一定数量的加密货币来验证交易，而不是通过计算来验证。

3. 委托权益证明（Delegated Proof of Stake，DPoS）：DPoS 是一种 PoS 变种，它允许代表来自社区的选民来验证交易，而不是所有权益者都参与验证。

4. 拜占庭容错（Byzantine Fault Tolerance，BFT）：BFT 是一种共识算法，它要求网络中的节点达成一致意见，即使存在一些恶意节点也能保持一致。

（五）智能合约

智能合约是区块链的另一个重要概念，它是自动执行的合同，无须中介。以下是与智能合约相关的核心概念：

1. 自动执行：智能合约是自动执行的，无须人工干预。它们根据预定的条件自动执行交易。

2. 条件和触发器：智能合约包含条件和触发器，当条件得到满足时，合约将自动执行。触发器可以是特定的事件、数据输入或时间。

3. 去中心化应用程序：智能合约使得去中心化应用程序成为可能。这些应用程序不依赖于中央服务器，而是运行在区块链上。

4. 智能合约语言：编写智能合约需要使用特定的编程语言或智能合约语言。

（六）区块链的应用领域

区块链技术具有广泛的应用领域，不仅限于数字货币。以下是一些区块链的应用领域：

1. 数字货币和支付：数字货币，它使用区块链来实现安全的交易。

2. 供应链管理：区块链可以用于跟踪和验证产品的供应链。它可以确保产品的来源和质量，并减少欺诈和假冒。

3. 金融服务：区块链可用于改进金融服务，包括身份验证、贷款处理、证券交易和国际汇款。

4. 医疗保健：区块链可用于安全地存储医疗记录，使患者能够更好地控制其个人医疗信息。

5. 不动产登记：区块链可用于不动产登记，确保土地和房产的所有权清晰。

6. 智能合同：智能合同可用于自动执行合同，如保险索赔、物流合同和租赁协议。

7. 选举和投票：区块链可以提供安全的选举和投票系统，减少潜在的选举欺诈。

8. 知识产权：区块链可用于跟踪和验证知识产权，如专利和版权。

9. 教育：区块链可用于存储学历和成绩记录，以便雇主或学校验证。

10. 能源管理：区块链可用于监控和控制能源分配，如可再生能源和电网管理。

（七）区块链的未来趋势

区块链技术仍在不断发展，未来趋势将继续塑造其应用和影响。以下是一些区块链的未来趋势：

1. 扩展性提升：区块链技术将不断提高其扩展性，以处理更多的交易和数据。

2. 隐私保护：隐私保护将成为一个重要问题，未来的区块链将提供更多的隐私保护功能。

3. 跨链互操作性：区块链将更容易实现跨链互操作性，允许不同区块链之间的资产和数据流通。

4. 中心化与去中心化：区块链将寻找中心化和去中心化之间的平衡，以满足不同应用的需求。

5. 治理模型：区块链将探索不同的治理模型，以更好地解决决策和争议解决问题。

6. 环保：区块链将寻找更环保的共识算法，以减少其对能源的依赖。

区块链是一项革命性的技术，它将改变各行各业的方式运作，并提供了安全、去中心化和透明的解决方案。理解区块链的核心概念，包括分布式账本、区块、加密技术、共识算法和智能合约，对于更好地利用这一技术至关重要。

分布式账本使数据不再依赖于单一中央实体，具有不可篡改性、透明性和安全性。区块作为区块链的基本单位，包含交易数据、哈希值、时间戳和对前一个区块的引用，构建了一个安全的链。

加密技术保障了区块链的数据机密性和完整性，包括非对称加密、数字签名、哈希函数等。共识算法确保了网络中交易的一致性和可信性，有多种形式，如 PoW、PoS、DPoS 和 BFT。

智能合约使得自动执行合同成为可能，无须中介。它们包含条件、触发器和智能合约语言，用于自动化各种业务流程。

区块链的应用领域广泛，包括数字货币、供应链管理、金融服务、医疗保健、不动产登记、智能合同、选举和投票、知识产权、教育、能源管理等。未来，区块链技术将继续发展，提高扩展性、隐私保护、跨链互操作性、治理模型和环保性。

总之，区块链技术已经带来了革命性的变革，对于各行各业都有深远的影响。深入理解其核心概念是掌握这一技术的关键，帮助我们更好地应用它，实现更安全、透明和去中心化的业务流程。随着不断的发展和创新，区块链将继续影响我们的未来。

二、区块链在供应链管理中的应用

区块链技术是一种分布式账本技术，它已经在多个领域取得了广泛的应用，其中之一就是供应链管理。区块链在供应链管理中的应用可以提供更高的透明度、可追溯性和安全性，从而改善整个供应链的效率和可信度。下文将详细探讨区块链在供应链管理中的应用，包括其原理、优势、实际案例以及可能面临的挑战。

（一）区块链技术简介

在深入讨论区块链在供应链管理中的应用之前，让我们首先了解一下区块链技术的基本原理。区块链是一个去中心化的分布式账本，由多个节点组成，每个节点都包含了完整的账本信息。每个区块包含了一定数量的交易数据，这些区块按时间顺序链接在一起，形成了一个不断增长的链条。每个区块都包含了前一个区块的哈希值，从而确保了数据的完整性和安全性。

关键特点包括：

1. 去中心化：区块链没有中央权威，所有参与者都可以共同维护账本，从而消除了单一控制点。

2. 透明性：区块链上的数据是公开可见的，任何人都可以查看，确保了数据的透明性。

3. 不可篡改：一旦数据被记录到区块链上，不可能被修改或删除。这种不可篡改性确保了数据的安全性和可信度。

4. 智能合约：智能合约是一种自动执行的合同，可以编程化地规定交易的条件和执行方式。

（二）区块链在供应链管理中的应用

区块链技术在供应链管理中有许多应用，它们可以改善供应链的各个方面，包括采购、生产、物流、库存管理和质量控制。以下是一些主要的应用领域：

1. 产品追溯和认证：区块链可以帮助消费者追溯产品的原材料和生产过程。这对于验证产品的真实性和合规性非常重要，尤其是在食品和药品行业。消费者可以扫描产品上的条形码，查看产品的完整生产历史。

2. 库存管理：区块链可以提供实时的库存信息，帮助企业更好地管理库存。这可以减少库存过剩和短缺，从而提高效率并减少成本。

3. 智能合同：区块链的智能合同可以自动执行合同中的条件。例如，当货物到达目的地时，支付可以自动释放，减少了争议和延迟。

4. 供应链融资：通过将供应链数据记录在区块链上，金融机构可以更容易地评估供应链的风险和信用，为供应商提供更多的融资机会。

5. 质量控制：区块链可以用于记录产品的质量检验结果，确保产品符合标准。如果发现问题，可以快速追溯到问题的根本原因，从而减少召回成本。

6. 物流和运输：区块链可以提供实时的运输信息，跟踪货物的位置和状态。这对于提高物流的可见性和可控性非常重要。

7. 供应链可视化：通过将供应链数据存储在区块链上，各方可以实时查看整个供应链的状态。这有助于及时发现问题和采取措施，提高供应链的响应能力。

（三）区块链在供应链管理中的优势

区块链在供应链管理中的应用有许多优势，包括：

1. 透明度：区块链提供了实时的、可信的供应链数据，从而增加了供应链的透明度。各方可以共享相同的信息，减少信息不对称和争端。

2. 可追溯性：区块链记录了产品的完整历史，包括原材料来源、生产过程和物流信息。这使得产品追溯变得更容易，有助于解决食品安全问题和产品质量问题。

3. 安全性：区块链的不可篡改性确保了供应链数据的安全性。数据一旦被记录，不可能被篡改，从而减少了数据泄露和欺诈的风险。

4. 自动化：智能合同可以自动执行交易，减少了人为错误和延迟。这可以加快支付和货物交付过程。

5. 降低成本：通过提供更高的供应链可见性，区块链可以帮助企业降低库存成本、减少争端成本和提高效率。

6. 供应链融资：区块链为金融机构提供了更多的供应链融资机会，有助于提高供应链的资金流动性。

（四）区块链在供应链管理中的挑战

尽管区块链在供应链管理中具有巨大潜力，但它也面临一些挑战：

1. 成本：实施区块链技术可能需要大量的资金和资源。企业需要考虑投资和维护成本。

2. 标准化：缺乏区块链标准可能导致不同供应链中的数据不兼容。解决这个问题需要各方合作来建立通用标准。

3. 隐私：区块链是公开的，但供应链中的某些信息可能需要保持私密。如何平衡透明和隐私是一个挑战。

4. 采用：企业需要培训员工并逐步采用新技术，这可能需要时间和资源。

5. 网络效应：区块链的效益通常与网络规模成正比。因此，需要吸引足够多的参与者才能实现好处的最大化。

6. 法律和法规：不同国家和地区对区块链的法律和法规有不同的看法。企业需要遵守这些法律和法规。

区块链技术在供应链管理中具有巨大的潜力，可以提供更高的透明度、可追溯性和安全性。它已经在食品、物流、贵重物品和全球贸易等领域取得了成功的应用。尽管面临一些挑战，如高成本、隐私问题和标准化，但随着技术的不断发展和采用的增加，区块链将继续改善供应链管理的效率和可信度。企业应认真考虑如何在其供应链中应用区块链技术，以保持竞争力并满足消费者对透明和质量的需求。

三、区块链技术对企业创新的影响

区块链技术，最初是为支持加密货币而设计的，现已经成为各行各业的焦点。区块链是一个去中心化的、不可篡改的分布式账本技术，它的应用不仅限于数字货币，还在金融、供应链、医疗保健、能源、媒体、政府等领域产生了深刻的影响。下文将探讨区块链技术如何影响企业创新，并介绍它对企业的潜在机会和挑战。

（一）区块链技术的基本原理

在深入讨论区块链技术对企业创新的影响之前，首先需要了解区块链的基本原理。区块链是一个分布式账本，由多个节点组成，每个节点都包含了完整的账本信息。数据以区块的形式存储，并按照时间顺序链接在一起，形成一个链条。每个区块包含了前一个区块的哈希值，从而确保了数据的安全性和完整性。关键特点包括：

1. 去中心化：区块链没有中央控制机构，数据分散存储在多个节点上，消除了单一控制点。

2. 不可篡改：一旦数据被记录到区块链上，不可能被修改，确保数据的安全性和可信度。

3. 透明性：区块链上的数据是公开可见的，任何人都可以查看，增加了透明度。

4. 智能合同：区块链支持智能合同，这是一种自动执行的合同，可以编程化地规定交易的条件和执行方式。

5. 加密技术：区块链使用强大的加密技术来保护数据的隐私和安全。

（二）区块链对企业创新的影响

区块链技术对企业创新产生了深远的影响，以下是一些主要的方面：

1. 供应链管理创新：区块链可以提供更高的透明度和可追溯性，有助于改进供应链管理。企业可以实时跟踪产品的运输、库存和质量，减少库存浪费和供应链中断。此外，智能合同可以自动化供应链中的合同和支付过程，提高效率。

2. 跨境支付和汇款：传统的跨境支付和汇款通常需要多个中介和时间。区块链技术可以加速这一过程，减少交易成本，并提高支付的透明度和安全性。

3. 身份验证和数字身份创新：区块链可以用于建立数字身份系统，允许用户更好地控制他们的身份信息。这有助于改善身份验证、减少身份盗窃和增强隐私。

4. 物联网和数据共享：区块链可以与物联网集成，实现设备之间的可信互操作。这有助于创建智能城市、智能工厂和智能供应链等应用，提高效率和可持续性。

5. 艺术、媒体和知识产权：区块链可以用于保护知识产权和管理数字内容的分发。这为艺术家、媒体公司和创作者提供了更好的收入分享和版权保护机会。

6. 健康保健创新：区块链可以用于安全存储和共享患者的医疗记录，提高医疗数据的操作性和隐私性。此外，它还有助于药物追溯和临床试验管理。

7. 新兴市场金融：区块链可以帮助解决新兴市场中的金融问题，如信贷评分、金融包容性和访问银行服务。它为非银行用户提供了获得金融服务的途径。

8. 高效能源管理：区块链可以用于管理分布式能源网络，如太阳能和风能。它可以实现能源的跟踪、交易和分发，提高能源效率。

9. 数据隐私保护：企业可以使用区块链技术来更好地保护客户和员工的数据隐私。区块链提供了更好的数据所有权和控制机制。

10. 捐赠和慈善事业：区块链可以增加慈善捐赠的透明度，确保捐赠资金的去向，减少中介机构的费用。

11. 合同管理：智能合同可以自动执行合同条款，减少争议和法律纠纷。这有助于提高合同执行的效率。

12. 政府和公共服务：政府可以使用区块链来提高公共服务的透明度和效率，如选举、土地登记和社会福利发放。

（三）区块链创新的潜在机会

随着区块链技术的不断发展，企业在以下方面可以迎来潜在的机会：

1. 新商业模式：区块链技术使得新商业模式的出现成为可能，包括去中心化的应用、数字资产交易平台、以区块链为基础的金融服务等。企业可以通过创造独特的价值主张来探索新的商业机会。

2. 降低成本：区块链可以帮助企业降低交易和中介成本，尤其是跨境交易、金融交易和合同管理领域。这可以增加企业的利润率。

3. 增强竞争力：通过采用区块链技术，企业可以提供更高的透明度、可追溯性和安全性，从而获得竞争优势。这有助于增强市场地位和客户忠诚度。

4. 更好的客户体验：区块链可以改善客户体验，减少交易延迟、提高数据隐私保护和加速支付。这有助于吸引更多的客户和提高客户忠诚度。

5. 创新伙伴关系：区块链技术鼓励跨行业的伙伴关系。企业可以与其他组织合作，共同开发区块链解决方案，共享资源和知识。

6. 全球市场准入：区块链技术可以帮助企业进入全球市场，尤其是那些金融和跨境领域。这有助于扩大客户资源和提高国际影响力。

7. 风险管理：区块链可以帮助企业更好地管理风险，包括供应链风险、合同风险和数据泄露风险。这可以减少损失和法律争议。

8. 增加数据价值：企业可以利用区块链技术来更好地管理和分析数据，从而增加数据的价值。这有助于创造更多的商业机会。

9. 社会责任：通过区块链技术，企业可以更好地证明其社会责任和可持续性努力。这对于满足消费者的道德期望和法规要求非常重要。

10. 敏捷创新：区块链技术使得企业更容易进行创新，通过小规模试验来快速验证新想法，并根据市场反馈进行迭代。

（四）区块链创新的挑战

尽管区块链技术具有巨大的潜力，但它也面临着一些挑战，包括：

1. 技术挑战：区块链技术仍在不断发展，存在扩展性、性能和安全性等技术挑战。解决这些问题需要投入大量的研发资源。

2. 法规和合规性：不同国家和地区对区块链的法规和合规性要求不同，企业需要在复杂的法律环境中运营。

3. 隐私和安全：区块链上的数据是公开可见的，但有些数据需要保持私密。如何平衡透明度和隐私是一个挑战。此外，区块链也可能受到网络攻击和数据泄露的威胁。

4. 标准化：缺乏区块链标准可能导致不同区块链系统之间的数据不兼容。这使得数据交换和集成变得复杂。

5. 教育和培训：企业需要培训员工，以确保他们理解和有效地使用区块链技术。这需要时间和资源。

6. 网络效应：区块链的效益通常与网络规模成正比。企业需要吸引足够多的参与者才能实现好处的最大化。

7. 法律风险：智能合同的法律地位尚不清晰，可能引发法律争议。企业需要小心处理智能合同的法律方面。

区块链技术对企业创新产生了深刻的影响，提供了机会来改善各个行业的业务流程、增加透明度和可追溯性、降低成本、增强竞争力，以及创建新的商业模式。尽管面临一些挑战，如技术难题、法规问题和隐私关切，但随着技术的不断发展和采用的增加，区块链将继续推动企业创新，并改变商业世界的面貌。企业应认真考虑如何在其业务中应用区块链技术，以实现可持续竞争优势和满足客户的不断变化的需求。同时，政府、监管机构和行业协会也应积极参与，制订相关政策和标准，以确保区块链的健康发展和广泛应用。

第四章　创新管理与企业竞争力

第一节　创新管理的概念与重要性

一、创新管理的定义

创新管理是现代企业成功的关键要素之一，它在全球范围内受到广泛关注和应用。创新管理不仅仅是指企业如何推出新产品或服务，它更广泛地包括了如何在组织内部激发、培育和管理创新的过程。下文将深入探讨创新管理的定义、重要性、要素以及最佳实践。

（一）**创新管理的定义**

创新管理是一种组织或企业为推动创新而采取的策略和实践。它旨在促进新想法、新方法、新流程、新产品或新服务的开发和应用，以提高组织的竞争力、创造价值和实现可持续发展。

创新管理包括一系列活动和过程，涵盖以下关键方面：

1. 创新策略：制订明确的创新目标和愿景，将创新纳入组织的战略规划中。创新策略应与组织的愿景和使命相一致，为创新提供方向。

2. 创新文化：建立一种鼓励创新的组织文化，鼓励员工提出新想法、承担风险，并追求卓越。创新文化强调学习、适应性和开放性。

3. 创新过程：开发和实施一套系统性的创新过程，以帮助组织识别、评估和推进创新项目。这包括创意生成、筛选、开发、测试和推广。

4. 创新资源：分配适当的资源，包括资金、人力资源、时间和技术支持，以支持创新项目的开展。资源的分配应与创新策略一致。

5. 创新团队：建立多样化和跨职能的创新团队，以汇集不同的视角和能力。创新团队应具备创造力、协作和问题解决的能力。

6. 创新度量：制订创新绩效指标，以评估创新项目的成功和效率。创新度量应反映出项目的战略对组织的价值。

7. 创新合作：积极与外部合作伙伴、供应商、客户和创新生态系统合作，以获取外部创新资源和知识。

创新管理的目标是在组织内部和外部创造价值，提高竞争力，并实现长期成功。它强调了创新的系统性和可管理性，使组织能够更好地应对不断变化的市场和竞争环境。

（二）创新管理的重要性

创新管理在现代企业管理中具有至关重要的地位，因为它对组织的成功和竞争力产生深远影响。以下是创新管理的重要性：

1. 提高竞争力

创新管理可以帮助组织在竞争激烈的市场中脱颖而出。通过不断提出新产品、新服务或新流程，组织可以满足客户的需求，增强市场地位，并提高竞争力。

2. 创造价值

创新管理有助于创造价值，不仅仅是经济价值，还包括社会价值和环境价值。新的产品或服务可以满足客户需求，提高客户满意度，同时也有助于社会和环境可持续性。

3. 适应变化

全球经济和市场环境不断变化，创新管理有助于组织适应这些变化。

它使组织更具适应性，能够快速调整战略和业务模型，以满足新的需求和挑战。

4. 创新文化

创新管理有助于建立鼓励创新的组织文化。这种文化鼓励员工提出新想法、承担风险，同时也接受失败，从失败中学习。创新文化可以吸引和保留创新人才。

5. 提高效率

创新管理有助于提高组织的效率。通过创新流程和技术，组织可以减少浪费，提高生产效率。

6. 满足客户需求

创新管理可以帮助组织更好地满足客户需求。通过不断提出新产品和服务，组织可以提供更多选择，提高客户满意度。

7. 创新驱动收益

创新管理可以增加组织的收益。新的产品或服务可以吸引更多客户，提高销售额和市场份额。创新也有助于创造新的商业机会，增加收入来源。

8. 提高员工参与度

创新管理可以提高员工的参与度和积极性。员工参与创新项目，可以感到更有归属感，增强满足感，提高员工忠诚度。

9. 风险创新管理

风险创新管理有助于更好地管理风险。通过定期进行创新项目的评估和监测，组织可以识别潜在的风险，包括市场风险、技术风险和竞争风险。这使组织能够更好地应对风险不确定性。

10. 可持续发展

创新管理有助于实现可持续发展。它强调了不仅仅是经济可持续性，还包括社会和环境可持续性。通过创新，组织可以寻找解决方案，以平衡经济增长、社会责任和环境保护。

（三）创新管理的要素

成功的创新管理需要考虑多个要素，这些要素共同推动组织向创新的方向前进。以下是创新管理的关键要素：

1. 创新战略

明确的创新战略是创新管理的基础。战略应包括创新目标、重点领域规划和资源分配计划。创新战略应与组织的整体战略规划相一致。

2. 创新文化

建立鼓励创新的组织文化是至关重要的。这包括鼓励员工提出新想法、尊重不同的观点、勇于承担风险并接受失败。创新文化应贯穿整个组织，由领导层示范并倡导。

3. 创新过程

制订创新过程，包括创意生成、筛选、开发、测试和推广。过程应是系统性的，以确保创新项目得到全面管理。过程应根据不同类型的创新项目进行特别调整。

4. 创新资源

为创新项目分配适当的资源，包括资金、人力资源和技术支持。资源的分配应根据创新战略和项目的战略重要性来确定。

5. 创新团队

建立多样化和跨职能的创新团队，以汇集不同的视角和技能的人才。团队应具备创造力、协作和问题解决的能力。领导团队需要支持并提供必要的资源。

6. 创新度量

制订创新绩效指标，以评估创新项目的成功和效率。度量标准应与创新战略和目标一致。度量不仅关注项目结果，还关注过程和学习。

7. 创新合作

积极与外部合作伙伴、供应商、客户和创新生态系统合作。外部合作可以提供新的资源、知识和市场洞察，有助于加速创新。

8. 创新教育和培训

为员工提供必要的创新教育和培训，以提高其创新能力和知识储备。培训可以包括创意技巧、问题解决、创新流程等课程。

9. 创新度量

制订创新绩效指标，以评估创新项目的成功和效率。度量标准应与创新战略和目标一致。度量不仅关注项目结果，还关注过程和学习。

10. 创新合作

积极与外部合作伙伴、供应商、客户和创新生态系统合作。外部合作可以提供新的资源、知识和市场洞察，有助于加速创新。

（四）创新管理的最佳实践

为了构建一个成功的创新管理体系，组织可以采取以下最佳实践：

1. 制订清晰的创新战略

确保制订明确的创新战略，将创新纳入组织的战略规划中。战略应包括创新目标、重点领域和资源分配计划。战略应与组织的整体战略规划相一致。

2. 建立鼓励创新的文化

创建一种鼓励创新的组织文化。这包括鼓励员工提出新想法、尊重不同的观点、承担风险并接受失败。领导层应示范并倡导这种文化。

3. 制订系统性的创新过程

建立系统性的创新过程，包括创意生成、筛选、开发、测试和推广。过程应是有组织的，以确保创新项目得到全面管理。过程应根据不同类型的创新项目进行调整。

4. 分配适当的创新资源

为创新项目分配适当的资源，包括资金、人力资源和技术支持。资源的分配应根据创新战略和项目的战略重要性来确定。

5. 建立多样化和跨职能的创新团队

建立多样化和跨职能的创新团队，以汇集不同的视角和技能的人才。团队应具备创造力、协作和问题解决的能力。领导团队需要支持并提供必要的资源。

6. 制订创新绩效指标

制订创新绩效指标，以评估创新项目的成功和效率。度量标准应与创新战略和目标一致。度量不仅关注项目结果，还关注过程和学习。

7. 积极进行外部创新合作

积极与外部合作伙伴、供应商、客户和创新生态系统合作。外部合作可以提供新的资源、知识和市场洞察，有助于加速创新。

8. 为员工提供创新教育和培训

为员工提供必要的创新教育和培训，以提高其创新能力和知识储备。培训可以包括创意技巧、问题解决、创新流程等课程。

9. 鼓励创新实验

鼓励创新实验，允许员工尝试新的创新方法和思维方式。鼓励创新实验并敢于接受失败，从失败中学习，并不断改进。

10. 制订创新奖励体系

制订创新奖励体系，激励员工提出新想法和参与创新项目。奖励可以包括奖金、认可、晋升和其他激励措施。

创新管理是现代企业管理的关键组成部分，它有助于提高竞争力、创造价值、适应变化、建立创新文化和实现可持续发展。创新管理涵盖了多个要素，包括创新战略、创新文化、创新过程、创新资源、创新团队、创新度量、创新合作、创新教育和培训，以及创新奖励。

成功的创新管理需要组织建立明确的创新战略，同时鼓励创新文化的发展。它还需要制订系统性的创新过程，分配适当的创新资源，建立多样化的创新团队，制订创新绩效指标，积极进行外部创新合作，为员工提供创新教育和培训，鼓励创新实验，以及制订创新奖励体系。

最终，创新管理有助于组织实现长期成功和可持续性，使其能够在不断变化的市场和竞争环境中脱颖而出，不断满足客户需求，创造价值，并实现社会和环境可持续发展。创新管理不仅仅是企业的核心竞争力，也是社会进步和发展的推动力量。

二、创新与企业竞争力关系

在当今全球化和数字化的商业环境中，创新已成为企业成功的关键驱动力之一。创新不仅仅是推出新产品或服务，更是一种战略性的能力，它可以显著影响企业的竞争力。下文将深入探讨创新与企业竞争力之间的关系，以及创新对企业成功的影响。

（一）创新与企业竞争力的定义

1. 创新的定义

创新是指在产品、服务、流程、商业模式或组织结构等领域引入新的、更有效或更高效的方法、思维方式和实践。创新不仅仅包括技术创新，还包括市场创新、组织创新和社会创新。创新可以是渐进的，也可以是突破性的，它驱动着企业不断发展和前进。

2. 企业竞争力的定义

企业竞争力是企业在市场上取得成功并保持成功的能力。它涉及企业的产品或服务在质量、价格、创新、品牌、市场份额、市场渗透度和客户忠诚度等方面的相对优势。企业竞争力不仅仅是一时的成功，还包括长期可持续的竞争力。

（二）创新与企业竞争力的关系

1. 创新推动企业竞争力

创新是企业竞争力的推动力量之一。通过不断引入新的、更高效的产品、服务或流程，企业能够获得市场上的竞争优势。例如，新产品的推出可以吸引新客户，提高市场份额，提高竞争力。创新有助于企业不断发展，以适应市场的需求和变化。

2. 创新提高产品和服务质量

创新通常伴随着提高产品和服务质量的机会。新的技术和方法可以使产品更可靠、更安全，服务更高效、更满足客户需求。通过提供高质量的产品和服务，企业可以吸引更多的客户，提高客户满意度，从而提高竞争力。

3. 创新降低生产成本

创新也可以帮助企业降低生产成本。新的生产方法、材料和技术可以提高生产效率，减少废品率，降低能源消耗。这有助于企业确定更有竞争力的价格，吸引更多客户，并提高利润率。

4. 创新拓展市场份额

创新有助于企业扩展市场份额。新产品或服务可以帮助企业进入新市场或满足现有市场的未满足需求。这可以通过创新的特性、性能或定价来实现。创新有助于企业在竞争激烈的市场中获得更大的市场份额。

5. 创新提高客户忠诚度

创新可以提高客户忠诚度。客户通常更愿意与那些提供创新产品和服务的企业建立长期关系。创新有助于满足客户的不断变化的需求，并提供更好的用户体验。这有助于客户提高忠诚度，减少客户流失率。

6. 创新改善品牌声誉

创新可以提高企业的品牌声誉。企业通过持续创新，信守对客户和市场的承诺，稳固了其在市场上的地位。维护品牌声誉对于客户信任和忠诚度至关重要，可以在竞争激烈的市场中脱颖而出。

7. 创新增强战略灵活性

创新使企业更具战略灵活性。它允许企业快速调整战略，以适应市场的变化。通过不断创新，企业能够更好地应对竞争对手的挑战和市场变化，保持竞争力。

8. 创新提高员工参与度

创新可以提高员工的参与度和忠诚度。员工通常更愿意在鼓励创新的组织中工作，因为他们有机会提出新想法和参与创新项目。员工的参与度对于创新的成功至关重要。

9. 创新推动可持续发展

创新可以推动企业朝着可持续发展的方向前进。它有助于发现解决方案，以平衡经济增长、社会责任和环境保护。创新使企业能够在经济、社会和环境可持续性之间找到平衡，从而实现可持续发展。

10. 创新降低风险

创新有助于降低风险。通过不断创新，企业能够预测和应对潜在的市场和竞争风险。新的产品或服务可以帮助企业降低风险，因为它们可以在不同市场或产品线之间提供多样性。此外，创新也可以帮助企业更好地应对外部环境的不确定性，因为创新能力使企业更具适应性。

（三）创新对企业竞争力的影响

1. 提高竞争力

创新不仅可以提高企业的竞争力，还可以帮助企业在市场中脱颖而出。竞争力不仅仅是价格竞争力，还包括产品和服务的独特性、品质、性能、用户体验等方面。通过不断创新，企业可以不断提升这些方面，从而在竞争激烈的市场中占据有利地位。

2. 提高市场份额

创新可以帮助企业拓展市场份额。新产品或服务的推出可以吸引新的客户，同时也可以留住现有客户。这有助于企业增加销售额，提高市场份额。在市场份额较小的行业中，创新尤其重要，因为它可以帮助企业打破现有的壁垒，扩大市场。

3. 降低成本

创新通常伴随着成本降低的机会。新的生产方法、材料和技术可以提高生产效率，降低生产成本。这使企业能够提供更有竞争力的价格，吸引更多客户。降低成本也有助于提高企业的盈利能力。

4. 增加收益

创新可以增加企业的收益。新的产品或服务可以吸引更多客户，提高销售额。此外，创新也可以帮助企业发现新的商业机会，增加收入来源。通过不断创新，企业可以提高盈利能力。

5. 提高品牌声誉

创新可以提高企业的品牌声誉。企业通过持续创新，信守对客户和市场的承诺。这有助于建立强大的品牌，提高客户信任和忠诚度。品牌声誉对于企业的长期成功至关重要。

6. 提高客户忠诚度

创新可以提高客户忠诚度。客户通常更愿意与那些提供创新产品和服务的企业建立长期关系。创新有助于满足客户的不断变化的需求，并提供更好的用户体验。这有助于客户提高忠诚度，减少客户流失率。

7. 适应市场变化

市场不断变化，创新有助于企业适应这些变化。通过不断创新，企业可以调整战略，满足新的需求和挑战。这使企业更具适应性，能够快速调整业务模型和战略。

8. 提高战略灵活性

创新使企业更具战略灵活性。它允许企业快速调整战略，以适应市场的变化。通过不断创新，企业能够更好地应对竞争对手的挑战和市场变化，保持竞争力。

9. 提高员工满意度和参与度

创新可以提高员工满意度和参与度。员工通常更愿意在鼓励创新的组织中工作，因为他们有机会提出新想法和参与创新项目。员工的参与度对于创新的成功至关重要。

10. 实现可持续发展

创新可以推动企业朝着可持续发展的方向前进。它有助于发现解决方案，以平衡经济增长、社会责任和环境保护。创新使企业能够在经济、社会和环境可持续性之间找到平衡，从而实现可持续发展。

（四）创新的类型和影响

1. 产品创新

产品创新涉及开发新的产品或改进现有产品。产品创新可以提高产品的质量、性能、功能、外观等，从而吸引更多客户。它也可以提高客户的满意度和忠诚度，提高销售额。

2. 服务创新

服务创新涉及改进现有服务或引入新的服务。服务创新可以提高客户体验，减少等待时间，提高服务效率。它有助于提高客户满意度，提高市场份额。

3. 过程创新

过程创新涉及改进业务流程，以提高效率、降低成本。过程创新可以提高生产效率，减少浪费，提高盈利能力。它有助于企业保持竞争力。

4. 商业模式创新

商业模式创新涉及重新设计企业的商业模式，以提供新的价值主张和利润模式。商业模式创新可以帮助企业进入新的市场，吸引新客户，创造新的收入来源。它可以改变行业的格局，颠覆传统商业模式。

5. 市场创新

市场创新涉及开拓新市场、找到新的客户群体或满足现有市场的不同需求。市场创新可以帮助企业扩大市场份额，增加销售额，提高竞争力。它有助于企业发现新的商机。

6. 技术创新

技术创新涉及开发新的技术、工具或方法，以改进产品、服务或业务流程。技术创新可以提高产品性能、安全性，减少成本，提高效率。它有助于企业在技术领域保持竞争力。

7. 社会创新

社会创新涉及解决社会问题和改善人们的生活。社会创新可以提供新的解决方案，改善社会环境和生活质量。它有助于企业树立社会责任的形象，提高品牌声誉，吸引更多客户和员工。

（五）创新管理的关键要素

成功的创新管理需要考虑多个关键要素，包括：

1. 创新战略

制订明确的创新战略，将创新纳入企业的战略规划中。创新战略应包括创新目标、重点领域和资源分配计划。战略应与企业的整体战略规划相一致。

2. 创新文化

建立鼓励创新的企业文化。这包括鼓励员工提出新想法、尊重不同的观点、勇于承担风险并接受失败。领导层应示范并倡导这种文化。

3. 创新过程

制订创新过程，包括创意生成、筛选、开发、测试和推广。过程应是有组织的，以确保创新项目得到全面管理。过程应根据不同类型的创新项目进行调整。

4. 创新资源

为创新项目分配适当的资源，包括资金、人力资源和技术支持。资源的分配应根据创新战略和项目的战略重要性来确定。

5. 创新团队

建立多样化和跨职能的创新团队，以汇集不同的视角和技能的人才。

团队应具备创造力、协作和问题解决的能力。领导团队需要支持并提供必要的资源。

6. 创新度量

制订创新绩效指标，以评估创新项目的成功和效率。度量标准应与创新战略和目标一致。度量不仅关注项目结果，还关注过程和学习。

7. 创新合作

积极与外部合作伙伴、供应商、客户和创新生态系统合作。外部合作可以提供新的资源、知识和市场洞察，有助于加速创新。开放式创新合作也可以帮助企业打破技术和市场的壁垒。

8. 创新教育和培训

为员工提供必要的创新教育和培训，以提高其创新能力和知识。培训可以包括创意技巧、问题解决、创新流程等。培训可以帮助员工更好地理解创新的重要性，以及如何参与创新项目。

9. 创新实验

鼓励创新实验，允许员工尝试新的创新方法和思维方式。鼓励创新实验意味着接受失败，从失败中学习，并不断改进。企业应提供创新实验的环境和机会，以激励员工尝试新的想法和方法。

10. 创新奖励体系

制订创新奖励体系，激励员工提出新想法和参与创新项目。奖励可以包括奖金、认可、晋升和其他激励措施。奖励体系应公平、透明，并与创新绩效挂钩。

（六）创新管理的挑战

创新管理虽然具有许多优势，但也面临一些挑战，包括：

1. 风险管理

创新涉及风险，包括投资风险、市场风险和技术风险。企业需要能够管理和减轻这些风险，以确保创新项目的成功。

2. 资源限制

创新通常需要大量的资源，包括资金、人力资源和技术。企业可能面临资源有限的挑战，需要有效地分配资源以支持创新。

3. 组织文化

企业的组织文化可能不够开放和创新。一些企业可能面临抵制变化的文化，需要努力适应新文化，以支持创新。

4. 竞争压力

竞争激烈的市场可能需要更短的创新周期。企业需要能够应对竞争对手的挑战，以保持竞争力。

5. 管理复杂性

创新项目可能涉及复杂的管理，包括项目协调、资源分配和风险管理。企业需要具备有效的项目管理领导团队，以确保创新项目的成功。

6. 专利和知识产权

创新可能涉及专利和知识产权的问题。企业需要保护自己的创新成果，同时要遵守相关法律和规定避免侵权。

7. 市场接受度

创新产品或服务的市场接受度可能是一个挑战。企业需要了解市场需求和客户反馈，以确保创新项目能够成功。

创新与企业竞争力之间存在密切的关系。创新可以提高产品和服务质量，降低生产成本，拓展市场份额，提高客户忠诚度，提高品牌声誉，增加收益，提高战略灵活性，提高员工参与度，推动可持续发展，降低风险，从而提高企业竞争力。成功的创新管理需要考虑创新战略、创新文化、创新过程、创新资源、创新团队、创新度量、创新合作、创新教育和培训，以及创新奖励等多个要素。创新管理有助于企业在不断变化的商业环境中取得成功，满足客户需求，创造价值，并实现可持续发展。创新不仅仅是企业的竞争力，也是社会进步和发展的推动力量。

三、创新管理的核心任务

在今天的竞争激烈的商业环境中，创新被认为是推动企业成功的关键因素之一。创新管理是一项复杂且关键的任务，它涉及从创意的产生到最终产品或服务的交付整个过程。下文将深入探讨创新管理的核心任务，以帮助企业更好地理解如何有效地推动创新。

（一）创新管理的定义

创新管理是一种战略性的活动，旨在识别、开发和推广新的、创造性的思想和概念，以研发新产品、服务或流程，以提高企业的竞争力和长期成功。创新管理涉及整个创新周期的管理，从创意的孵化、概念开发、实施，到市场推广和维护。

创新管理不仅仅关注技术创新，还包括市场创新、组织创新和社会创新。它涉及资源的分配、风险管理、项目管理和战略规划，以确保创新能够为企业带来可持续的竞争优势。

（二）创新管理的核心任务

1. 创意的激发和捕获

创新的第一步是激发和捕获创意。这需要在组织内部创建一个创意友好的文化，鼓励员工提出新想法，尊重不同的观点，并提供激励机制来奖励创意。创意可以来自各个阶层的员工，包括高管、中层管理和基层员工。

创意的捕获也包括识别外部创新的机会，例如与供应商、合作伙伴和客户的合作。外部创新可以为组织带来新的视角和机会，有助于创新管理的成功。

2. 创新策略的制订

一旦创意被捕获，接下来的任务是制订创新战略。创新战略需要明确确定创新的目标和方向，以确保创新项目与组织的战略目标保持一致。创新战略还需要考虑资源的分配、风险管理和市场定位。

创新战略应该根据组织的独特情况来制订，包括行业、竞争环境和内部资源。创新战略的制订需要全面考虑，以确保创新项目能够取得成功。

3. 创新项目的管理

创新项目的管理是创新管理的核心任务之一。这包括项目的规划、执行和监控。创新项目需要明确定义项目的范围、时间表和预算，以确保项目按计划进行。

创新项目的执行需要有效地分配资源，包括人力资源、技术和资金。项目管理团队需要协调不同部门和团队，确保项目能够按计划进行。

4. 创新团队的建设

创新管理还涉及建设高效的创新团队。创新团队需要具备多样化的技能和背景，以能够应对各种不同类型的创新项目。团队成员需要有创造性思维、协作和解决问题的能力。

领导创新团队的领导者需要提供指导和支持，鼓励创新，并确保团队成员有足够的资源和支持来实现项目目标。

5. 创新度量和评估

创新管理还包括创新度量和评估。创新度量可以帮助组织了解创新项目的进展和成功度。创新度量标准可以包括项目的时间表、预算、市场表现、客户满意度等。

创新评估涉及项目的总结和学习。成功的创新管理需要从每个项目中汲取经验教训，以不断改进创新过程。评估也有助于分析是否继续支持特定项目或是否需要终止项目。

6. 创新文化的培养

创新文化是创新管理的重要组成部分。组织需要培养一种鼓励创新的文化，鼓励员工提出新想法、尝试新方法，并接受失败。创新文化需要由领导层示范和倡导，以确保整个组织都能够积极参与创新。

创新文化也包括奖励和认可机制，以激励员工提出新创意和参与创新项目。文化的培养虽然需要时间和努力，但对于创新管理的成功至关重要。

7. 创新资源的分配

创新项目需要资源的支持，包括资金、技术和人力资源。创新管理涉及资源的分配，以确保创新项目得到必要的支持。

资源的分配需要根据创新战略和项目的重要性来确定。创新项目需要适当的资金来支持研发、测试和市场推广。技术资源也是创新项目的关键因素，因为技术可以帮助实现创新的概念。此外，人力资源也是至关重要的，因为创新项目需要具有有不同技能和经验的团队成员。

资源的分配需要仔细规划，以确保资源的有效使用。同时，资源的分配还需要根据项目的不同阶段进行调整，以满足项目的需求。创新资源的合理分配对于创新项目的成功至关重要。

8. 创新项目的风险管理

创新项目通常伴随着风险，包括技术风险、市场风险和项目管理风险。创新管理需要有效的风险管理，以确保项目能够顺利进行。

风险管理包括识别潜在风险、评估风险的严重程度、制订风险缓解计划和监控风险的进展。风险管理有助于减少不确定性，提高项目的成功机会。

9. 创新项目的市场推广

创新项目的成功不仅仅取决于技术的创新，还需要有效的市场推广。市场推广涉及目标市场的确定、市场定位、定价策略、销售和宣传等。

市场推广需要根据创新项目的特点来制订相应的策略。市场推广还需要不断调整，以应对市场的变化和客户的需求。

10. 创新项目的维护和改进

创新项目的成功不意味着项目的交付，还需要对项目进行维护和改进。维护包括提供支持、维护产品或服务的质量、解决问题和回应客户的反馈。

改进涉及不断提升产品或服务的质量、性能和功能，以满足客户的需求。

改进也包括了解市场的变化和竞争对手的动态，以调整产品或服务的策略。

创新项目的维护和改进有助于保持竞争力，还可以延长产品或服务的寿命，提高客户满意度。

（三）创新管理的挑战

尽管创新管理是关键的任务，但它也面临着一些挑战，包括：

1. 领导挑战

创新管理需要领导层的积极支持和领导。领导层需要示范创新文化，倡导创新，提供资源和支持创新项目。而缺乏领导支持是创新管理的一个常见障碍。

2. 组织文化挑战

创新文化的培养是一个漫长且复杂的过程。一些组织可能有抵制变化的文化，需要努力接受新文化以支持创新。创新文化的建设需要时间和资源。

3. 资源挑战

创新项目通常需要大量的资源，包括资金、技术和人力资源。资源的分配需要仔细规划，以确保资源的有效使用。资源的有限性可能是创新管理的一个挑战。

4. 风险管理挑战

创新项目通常伴随着风险，包括技术风险、市场风险和项目管理风险。风险管理需要专业知识和有效的工具，以确保项目能够成功。

5. 市场推广挑战

市场推广是创新项目成功的关键因素之一。有效的市场推广需要市场定位、定价策略、销售和宣传等策略。市场推广需要不断调整，以应对市场的变化。

6. 持续改进挑战

创新项目的维护和改进需要资源和时间。组织需要确保项目得到足够的支持，以进行维护和改进。不进行持续改进可能导致产品或服务的吸引力和竞争力的丧失。

7. 人才挑战

吸引创新人才是创新管理的一个关键挑战。组织需要吸引和留住具有不同技能和背景的员工。培训和发展人才也是一个挑战，因为创新需要不断提高员工的技能和知识。

创新管理是企业成功的关键因素之一，它涉及从创意的激发到最终产品或服务的交付整个过程。创新管理的核心任务包括创意的激发和捕获、创新策略的制订、创新项目的管理、创新团队的建设、创新度量和评估、创新文化的培养、创新资源的分配、创新项目的风险管理、创新项目的市场推广、创新项目的维护和改进。

尽管创新管理是关键的任务，但它也面临一些挑战，包括领导挑战、组织文化挑战、资源挑战、风险管理挑战、市场推广挑战、持续改进挑战和人才挑战。克服这些挑战需要领导层的积极支持，建设鼓励创新的组织文化，有效分配资源，进行风险管理，制订有效的市场推广策略，进行持续改进，以及吸引和留住创新人才。

在竞争日益激烈的商业环境中，创新管理成为企业保持竞争力和实现可持续发展的关键。企业需要不断改进其创新管理实践，以适应不断变化的市场需求和技术进步。有效的创新管理有助于企业提供更有竞争力的产品和服务，提高客户满意度，降低成本，增加市场份额，并实现可持续发展。因此，创新管理的核心任务是至关重要的，它需要组织在不断学习和改进中不断发展。

总之，创新管理涵盖了创新的整个生命周期，从创意的激发到最终产品或服务的交付。创新管理的核心任务包括创意的激发和捕获、创新策略的制订、创新项目的管理、创新团队的建设、创新度量和评估、创新文化的培养、创新资源的分配、创新项目的风险管理、创新项目的市场推广、创新项目的维护和改进。克服领导挑战、组织文化挑战、资源挑战、风险管理挑战、市场推广挑战、持续改进挑战和人才挑战是创新管理所面临的挑战。通过有效的创新管理，企业可以提高竞争力，实现可持续发展。

第二节　创新环境与企业内部创新机制

一、外部环境对创新的影响

在当今快速发展的商业环境中，创新成为企业实现竞争优势和可持续发展的关键因素之一。然而，创新不是孤立存在的，它受到外部环境的广泛影响。外部环境包括政治、经济、社会、技术、法律和环境等多个因素，这些因素可以促进或阻碍创新的发展。下文将探讨外部环境对创新的影响，以帮助企业更好地理解如何应对外部环境的挑战和机会，以推动创新的成功。

（一）政治因素的影响

政治因素包括政府政策、法规和政治稳定性，对创新有着重要的影响。政府政策和法规可以影响企业的研发活动、知识产权保护和市场准入等方面。

1. 政府资助和补贴

政府可以通过提供资助和补贴来支持创新活动。政府的资助可以降低企业的研发成本，鼓励创新投入。

2. 知识产权保护

政府的知识产权保护政策对创新至关重要。强有力的知识产权保护可以鼓励企业进行创新，因为它保护了创新的成果，而且防止了知识的侵权和盗用。

3. 法规和准入

政府的法规和准入要求可以影响市场准入和新产品的推出。一些行业可能受到更严格的法规监管，这可能会增加创新的风险和成本。

政治因素的不稳定性和政策的变化也可能对创新产生负面影响。政府政策的不确定性可能使企业在投资和创新方面更加谨慎，因为它们不确定政策将来的变化会如何影响他们的业务。

（二）经济因素的影响

经济因素包括经济增长、通货膨胀、汇率和消费者信心等，对创新产生深远的影响。经济状况可以影响企业的资金可用性、市场需求和成本结构。

1. 资金可用性

经济状况可以影响企业的资金可用性。在经济增长期间，投资者和金融机构更愿意提供资金支持创新项目。然而，在经济不景气时，资金可能更为有限，企业可能需要更加谨慎地管理其创新投资。

2. 市场需求

经济状况也会影响市场需求。在经济增长时期，消费者通常更愿意尝试新产品和服务，这有助于推动创新。而在经济不景气时，市场需求可能减弱，这可能使企业更难以推广新产品和服务。

3. 成本结构

通货膨胀和汇率波动可以影响企业的成本结构。原材料价格的波动和货币贬值可能会增加生产成本，对创新项目的可行性产生负面影响。

经济因素的不稳定性和不确定性也可能对创新产生影响。企业可能需要在不同的经济情况下调整其创新策略，以适应不断变化的市场条件。

（三）社会因素的影响

社会因素包括人口结构、文化价值观和消费者行为等，对创新有着重要的影响。社会因素可以影响市场需求、产品设计和消费者接受度。

1. 人口结构

人口结构的变化可以影响市场需求。例如，老龄化人口可能会导致对特定类型的产品和服务的需求增加，如医疗保健和老年关怀。企业需要根据人口结构的变化来调整其产品和服务的创新方向。

2. 文化价值观

文化价值观对产品设计和市场推广有重要影响。不同文化背景的消费者可能对产品和服务有不同的需求和期望。因此，企业需要考虑文化因素来满足不同市场的需求。

3. 消费者行为

消费者行为的变化也可以影响创新。例如，消费者对可持续性和环保的关注可能会促使企业开发更环保的产品和服务。了解消费者行为的变化可以帮助企业更好地满足市场需求。

（四）技术因素的影响

技术因素包括科技发展、数字化转型和信息技术的进步，对创新产生深远的影响。技术的快速发展可以创造新的机会和挑战。

1. 科技发展

科技发展可以推动创新。例如，人工智能、大数据分析、云计算和物联网等新技术的出现为企业提供了发展机会，可以改进产品和服务，提高生产效率，创造新的商业模式。

2. 数字化转型

数字化转型是当前企业普遍面临的挑战和机会。数字化技术的应用可以改变业务流程，增加效率，提高客户体验，以及创建新的数字化产品和服务。企业需要积极应对数字化转型的趋势，以保持竞争力。

3. 信息技术的进步

信息技术的不断进步也影响着创新。互联网的普及和提速使企业能够更容易地与客户和合作伙伴进行协作，推广新产品和服务。同时，信息技术也提供了更多的数据分析工具，帮助企业更好地了解市场和客户需求。

（五）法律因素的影响

法律因素包括知识产权法律、竞争法律、劳动法和环境法律等，对创新产生深远的影响。法律法规可以促进或限制创新活动。

1. 知识产权法律

知识产权法律对创新的保护至关重要。知识产权包括专利、商标、版权和商业机密等，它们可以保护创新成果，激励企业进行研发和创新。

2. 竞争法律

竞争法律可以影响市场竞争和新产品的推广。一些竞争法规禁止垄断行为，鼓励竞争，有助于新企业进入市场。同时，竞争法规也可以限制某些竞争行为，对企业的市场活动产生影响。

3. 劳动法和环境法律

劳动法和环境法律也可能对创新产生影响。劳动法规定了雇佣关系和员工权益，它们可能会影响企业的研发团队和人才的管理。环境法律则规定了企业的环保责任，这可能会影响产品设计和生产过程。

（六）环境因素的影响

环境因素包括气候变化、可持续发展和社会责任等，对创新产生深远的影响。企业需要考虑环境因素来推动可持续发展并履行社会责任。

1. 气候变化

气候变化对一些行业和地区产生负面影响，例如能源、农业和旅游业。企业需要考虑气候变化的影响，寻找可持续的解决方案，如采用清洁能源和低碳生产。

2. 可持续发展

可持续发展是一个重要的创新方向。企业需要考虑如何在生产和供应链中减少资源消耗，减少废弃物和减少对环境影响。可持续发展的实践可以提高企业的声誉，吸引有环保意识的消费者，以及降低成本。

3. 社会责任

社会责任也对创新产生影响。企业越来越受到社会责任的压力，需要考虑如何回馈社会、支持社区和遵守道德与伦理规范。社会责任的实践可以提高企业的声誉，吸引有社会责任意识的消费者和投资者。

（七）竞争环境的影响

竞争环境对创新有着直接的影响。竞争的强度和竞争者的行为可以促进或阻碍创新。

1. 竞争强度

竞争环境的强度可以影响企业的创新策略。在竞争激烈的市场，企业可能需要不断创新来保持竞争力。竞争的强度可能会推动企业更加注重创新。

2. 竞争者行为

竞争者的行为也可以影响创新。竞争者的创新活动和市场动态可以影响企业的创新决策。了解竞争者的行为可以帮助企业制订更有效的创新策略。

（八）全球化的影响

全球化是现代商业环境中的一个重要趋势。全球化可以为企业提供更广阔的市场机会，但也带来了更大的竞争和复杂性。

1. 市场机会

全球化可以为企业提供更广泛的市场机会。企业可以扩展其产品和服务到不同的国家和地区，吸引新的客户群体。全球化也可以促使企业开发适应不同市场需求的产品和服务。

2. 竞争

全球化也增加了竞争的强度。企业需要面对来自全球范围内的竞争者，这可能会迫使它们更加注重创新，以在竞争激烈的全球市场中保持竞争力。同时，全球化还会引入新的投资者，可能来自不同文化和背景的企业，这需要企业更好地理解不同市场的需求和消费者行为。

3. 供应链管理

全球化也对供应链管理产生影响。企业可能依赖全球范围内的供应链，这意味着需要更复杂的物流和供应链管理。创新在供应链管理方面可以帮助企业更有效地管理全球供应链，提高生产效率和降低成本。

（九）消费者需求的影响

消费者需求是创新的重要驱动因素。了解消费者需求和趋势对于开发成功的创新产品和服务至关重要。

1. 个性化需求

消费者越来越寻求个性化的产品和服务。企业需要满足不同消费者群体的需求，提供个性化的解决方案。这可能需要创新产品制订、多元化营销策略和更好的服务交付。

2. 可持续性需求

消费者对可持续性和环保越来越关注。这对企业来说是一个创新机会，可以开发更环保的产品和服务，减少资源浪费，增加可持续表现。

3. 技术驱动的需求

消费者对新技术的需求也在推动创新。企业需要不断引入新技术，以满足消费者的期望。这可能包括智能设备、数字化解决方案和创新的数字体验。

（十）社会文化因素的影响

社会文化因素包括价值观、习惯、媒体和社交趋势等，对创新产生重要的影响。

1. 媒体和社交趋势

媒体和社交媒体的发展可以快速传播信息和发展趋势。企业需要了解社交媒体上的反馈和趋势，以更好地了解消费者的需求和反应。社交媒体也可以用于市场推广和获得产品反馈。

2. 文化价值观

文化价值观对产品设计和市场推广有着深远的影响。企业需要考虑不同文化和社会背景的消费者需求，以确保产品和服务的接受度。

3. 生活方式和习惯

社会文化因素还包括生活方式和习惯的变化。例如，养生和健康意识的兴起可能会影响食品和医疗保健领域的创新。了解生活方式和习惯的变化可以帮助企业满足新的需求。

外部环境对创新的影响是复杂而多样的。政治、经济、社会、技术、法律、环境、竞争、全球化、消费者需求和社会文化等因素都可以影响创新活动。企业需要认识到这些外部环境因素，以更好地应对挑战和利用机会。

成功的创新管理需要企业在不断变化的外部环境中灵活适应，制订创新策略，并积极与外部环境互动。了解外部环境的趋势和变化，积极参与政府政策和行业标准的制订，与合作伙伴和竞争者建立合作关系，以及不断满足消费者需求，都是创新管理的重要组成部分。

总之，外部环境对创新的影响是不可忽视的。企业需要在外部环境的影响下发展创新战略，以保持竞争力并实现可持续发展。创新不仅仅是内部努力的结果，它也受到外部环境的塑造和影响。因此，企业需要全面考虑内外部环境因素，以取得创新的成功。

二、创新文化与组织氛围

在当今充满竞争和不断变化的商业环境中，创新已经成为企业取得竞争优势和实现可持续成功的关键要素之一。创新不仅仅是产品和技术的创新，还包括组织的创新、业务模式的创新和服务的创新。为了实现创新，企业需要建立一种创新文化并营造积极的组织氛围，这将激发员工的创新潜力，促进新思维的涌现，并鼓励团队协作。下文将探讨创新文化和组织氛围的概念，以及它们对企业创新成功的重要性。

（一）创新文化的重要性

创新文化是指企业内部的价值观和行为模式，它强调创新、变革和不断学习。创新文化鼓励员工思考新的方法、转变传统观念，以及寻找创新解决方案。以下是创新文化的重要性：

1. 创新文化激发创造力

创新文化鼓励员工展开创造性思考，推动他们提出新的想法和解决方案。这种文化认为每个员工都可以是创新者，从而激发了组织中的潜在创造力。

2. 创新文化提高员工参与度

当员工感到他们的想法和建议受到尊重并被采纳时，他们更有可能积极参与组织的创新活动。创新文化建立了一种积极的工作环境，促使员工分享他们的见解和经验。

3. 创新文化推动业务增长

创新文化有助于企业推动业务增长。通过不断创新产品、服务和业务模式，企业可以满足不断变化的市场需求，增加市场份额，提高竞争力。

4. 创新文化增强组织适应性

在快速变化的商业环境中，适应性是成功的关键。创新文化使组织更容易适应变化，因为员工更愿意尝试新的方法和适应新的挑战。

5. 创新文化改善员工满意度

创新文化通常与更理想的工作环境和更高的员工满意度相关。员工通常更愿意在一个鼓励创新和尊重员工的组织中工作。

（二）创新文化的要素

创新文化包括多个要素，它们共同塑造了组织的创新氛围。以下是创新文化的主要要素：

1. 鼓励创新思维

创新文化鼓励员工拥有创新思维。这意味着组织鼓励员工提出新的想法、挑战传统观念，以及寻找创新解决方案。创新思维需要开放的思维方式，包括批判性思考、探索未知领域和接受失败。

2. 容忍失败

创新文化容忍失败。创新时，不是每个尝试都会成功，失败是创新过程的一部分。组织需要视失败为学习的机会，而不是惩罚失败。这将鼓励员工更加勇敢地尝试新的想法。

3. 开放沟通

开放和透明的沟通是创新文化的关键。员工需要感到他们可以自由表达他们的意见和建议，而不必担心受到惩罚。开放沟通也有助于不同部门之间的合作，促进知识共享和跨领域的创新。

4. 赋予权力

创新文化赋予员工权力，使他们能够影响决策和实施创新项目。员工需要知道他们的工作对组织的成功有重要影响，而且他们有责任和义务推动创新。

5. 持续学习

创新文化强调持续学习。员工需要不断更新他们的知识和技能，以跟上技术和市场的发展。组织可以鼓励员工参与培训、研讨会和学习机会，以提高他们的创新能力。

6. 鼓励多样性

多样性是创新的关键。有不同背景、经验和观点的员工可以带来不同的思维方式，有助于创新多样性。因此，创新文化鼓励多样性，包括性别、种族、文化和思维方式的多样性。

7. 激励奖励

创新文化应该激励和奖励创新。奖励可以包括奖金、晋升、认可和专利权。这将鼓励员工继续不断追求创新，因为他们知道他们的创新努力会得到认可和回报。

8. 长期视角

创新文化通常采取长期视角。创新不是一时的努力，而是一个长期的过程。组织需要认识到创新可能需要时间才能取得成果，同时也需要持续关注长期目标。

9. 创新战略

创新文化需要与创新战略相结合。创新战略确定了组织的创新目标、优先事项和资源分配。它将创新与组织的战略目标相一致，确保创新不仅仅是一种临时的行为，而是一个有目标的过程。

（三）组织氛围的重要性

组织氛围是指员工在工作环境中的感觉。积极的组织氛围可以促进创新，而消极的组织氛围可能会抑制创新。以下是组织氛围的重要性：

1. 影响员工态度

组织氛围对员工的态度产生深远影响。积极的组织氛围可以使员工感到受到尊重、支持和鼓励，提高他们的积极性和投入度。相反，消极的组织氛围可能导致员工疲惫、不满和不积极。

2. 影响员工表现

组织氛围也对员工的表现产生影响。在积极的组织氛围中，员工更有动力努力工作，寻求创新解决方案，提高绩效。相反，消极的组织氛围可能导致员工的表现下降。

3. 影响员工创新

创新通常需要员工有积极的心态和情感投入。积极的组织氛围可以激发员工的创新潜力，鼓励他们提出新的想法和解决方案。消极的组织氛围可能会扼杀创新，使员工感到不受欢迎或受到打压。

4. 影响员工满意度

员工满意度通常与组织氛围密切相关。积极的组织氛围可以提高员工满意度，因为员工感到他们的需求得到了满足，并且工作在一个愉快的环境中。相反，消极的组织氛围可能会降低员工满意度，导致员工流失和高员工离职率。

5. 影响员工留存

积极的组织氛围有助于留存员工。员工更愿意留在一个鼓励创新、支持员工发展和提供职业发展机会的组织中。相反，消极的组织氛围可能会导致员工流失，增加员工招聘和培训的成本。

（四）组织氛围的要素

组织氛围是由多个要素构成的，这些要素共同影响了员工在组织中的体验。以下是组织氛围的主要要素：

1. 领导风格

领导风格对组织氛围产生深远影响。领导者的行为和态度可以影响员工的情感投入和表现。积极的领导风格包括鼓励、支持和赞扬员工，而消极的领导风格可能包括压力、批评和控制。

2. 沟通方式

沟通方式对组织氛围也有重要影响。开放和透明的沟通可以增强员工对组织的信任，鼓励员工分享他们的想法和建议。相反，缺乏沟通或不明确的沟通可能会导致员工感到被隔离和不受欢迎。

3. 价值观和文化

组织的价值观和文化对组织氛围产生深远影响。积极的文化强调创新、尊重和协作，而消极的文化可能包括独裁、竞争和冲突。组织需要建立一种积极的文化，以促进创新。

4. 奖励和认可

奖励和认可是组织氛围的重要组成部分。奖励和认可员工的贡献可以激励员工更努力工作，并使员工感到受到尊重。奖励可以包括晋升、奖金、奖项、表扬和其他形式。积极的奖励和认可制度可以鼓励员工参与创新活动并感到满足。

5. 学习和发展机会

提供学习和发展机会对组织氛围也有积极影响。员工希望能够不断提升自己的技能和知识，以便更好地应对挑战和机会。组织可以提供培训、学习资源和职业发展机会，以支持员工的学习和成长。

6. 多样性和包容性

多样性和包容性是现代组织的关键价值观。多样性包括性别、种族、文化、经验和背景的多样性。包容性意味着每个员工都受到平等对待，并有机会为组织做出贡献。多样性和包容性鼓励不同背景和观点的员工参与创新活动。

7. 员工参与

员工参与是组织氛围的重要组成部分。员工需要有机会参与决策、提出建议和共同制订创新战略。积极的员工参与可以增强员工的积极性，使他们感到自己对组织的未来有影响力。

8. 领导示范

领导者的示范行为对组织氛围产生重要影响。领导者的行为和价值观通常会被员工模仿。因此，领导者需要以身作则，展示积极的创新行为，以鼓励员工效仿。

（五）建立创新文化和积极组织氛围的步骤

建立创新文化和积极组织氛围需要一系列的步骤和措施。以下是建立创新文化和积极组织氛围的关键步骤：

1. 制订明确的愿景和价值观

组织需要制订明确的愿景和价值观，以指导创新文化的发展。这些愿景和价值观应该强调创新、协作、尊重和持续学习。

2. 建立开放沟通渠道

开放和透明的沟通是建立积极组织氛围的关键。组织应该建立多种沟通渠道，以鼓励员工分享他们的想法和建议，并与领导者或同事进行积极互动。

3. 奖励和认可制度

建立奖励和认可制度可以鼓励员工参与创新活动。奖励制度应该与组织的创新目标相一致，同时鼓励员工提出新的想法和解决方案。

4. 提供学习和发展机会

组织应该提供学习和发展机会，以支持员工的个人和职业发展。这包括培训、研讨会、导师计划和其他学习资源。

5. 鼓励员工参与

员工参与是组织氛围的关键要素。组织应该鼓励员工参与决策、提出建议和共同制订创新战略。员工的参与可以增强他们的积极性，使他们感到自己对组织的未来有影响力。

6. 提供多样性和包容性

多样性和包容性是组织氛围的重要组成部分。组织应该鼓励多样性，并确保每个员工都受到平等对待，有机会为组织做出贡献。

7. 培养创新领导力

创新领导力是建立创新文化和积极组织氛围的关键。领导者需要示范创新行为，鼓励员工思考新的方法，并支持创新项目的推动。

8. 持之以恒

建立创新文化和积极组织氛围需要时间和持之以恒的努力。这不是一次性的任务，而是一个持续的过程。组织需要坚持不懈地追求创新，以确保创新文化和积极组织氛围的持续存在。

创新文化和积极组织氛围是成功创新的关键。它们可以激发员工的创新潜力，促进新思维的涌现，鼓励团队协作，提高员工满意度，促进业务增长，增强组织的竞争力。通过制订明确的愿景和价值观，建立开放的沟通渠道，奖励和认可员工，提供学习和发展机会，鼓励员工参与，提供多样性和包容性，培养创新领导力，以及持之以恒地追求创新，组织可以建立创新文化并营造积极组织氛围。这将有助于组织实现创新的目标，适应不断变化的商业环境，并吸引和留住有创新精神的员工。

最终，创新文化和积极组织氛围不仅仅是创新成功的关键，它们也有助于组织实现可持续发展和长期成功。通过建立创新文化并营造积极组织氛围，组织可以更好地应对未来的挑战，不断改进和创新，成为市场领导者，并为员工提供更好的工作体验。

建立创新文化并营造积极组织氛围是一个需要时间和精力的过程，但它将为组织带来长期的回报。随着全球商业环境的不断演变，创新将继续成为成功的关键要素，因此组织应该积极努力构建这样的文化和氛围，以确保组织能够在竞争激烈的市场中脱颖而出。

因此，企业领导者和管理者应该认识到创新文化和积极组织氛围的价值，采取积极措施来建立和维护这些要素。通过创新文化和积极组织氛围的建设，企业将能够更好地适应不断变化的商业环境，实现创新并在竞争激烈的市场中脱颖而出，实现长期成功。

第三节　研发投入与技术创新

一、研发战略与资源分配

研发战略与资源分配是任何组织成功实现创新和发展的关键要素。无论是大型跨国企业还是初创公司，有效的研发战略和资源分配都可以推动组织取得竞争优势，创造更有价值的产品和服务。下文将深入探讨研发战略的重要性以及如何在资源有限的情况下进行有效的资源分配，以支持创新和发展。

（一）研发战略的重要性

1. 提高竞争力

研发战略可以帮助组织提高其竞争力。在不断变化的市场中，创新是保持竞争优势的关键因素之一。通过制订明晰的研发战略，组织可以更好地理解市场趋势和客户需求，从而开发出更具竞争力的产品和服务。这不仅可以帮助组织在市场上占据一席之地，还可以降低被竞争对手赶超的风险。

2. 促进长期发展

研发战略也有助于组织实现长期发展目标。通过对研发资源的有序分配，组织可以保持创新的连续性，不仅在当前市场状况下取得成功，还在未来保持竞争力。长期发展需要坚定的决心和大量资源投入，而研发战略可以确保这些资源得以有效配置，以支持组织的长期愿景。

3. 提高资源利用效率

研发战略还可以帮助组织更有效地利用资源。有限的资源是组织面临的常见问题，因此必须合理地将这些资源投入到最有价值的研发项目中。研发战略可以帮助组织确定哪些项目具有最高的潜在回报，从而避免资源浪费。这种资源利用效率的提高将有助于降低成本，提高效益。

4. 适应变化

市场和技术的快速变化要求组织能够及时调整其研发战略。灵活的研发战略可以帮助组织更好地适应变化，确保其能够在不断变化的环境中生存和繁荣。无论是新的竞争对手的崛起，还是技术取得突破性进展，研发战略的灵活性都是至关重要的。

（二）资源分配的挑战

尽管研发战略的制订至关重要，但有效的资源分配同样重要，因为资源的有限性意味着必须做出艰难的决策。以下是资源分配面临的一些挑战：

1. 有限的资金

资金是研发活动的基本需求之一。组织通常需要投入大量的资金来支持研发项目，包括人员成本、设备和材料成本。然而，资金往往是有限的资源，因此必须谨慎分配，以确保合理使用。

2. 人才和技能

研发项目需要具备特定技能和知识的人才。招募、培训和保留这些人是一个挑战，因为市场竞争激烈，优秀的研发人员往往稀缺。资源分配需要考虑如何最好地利用有限的人才资源，以支持组织的研发战略。

3. 时间限制

时间是另一个重要的资源，尤其是在市场竞争激烈的情况下。组织必须在竞争对手之前推出新产品或服务，因此时间限制是一个常见的挑战。资源的有效分配需要考虑如何在有限的时间内完成项目，以满足市场需求。

4. 不确定性

研发项目充满不确定性，包括技术可行性、市场接受度和竞争情况等。在不确定的环境中进行资源分配需要谨慎考虑风险，并准备好应对可能的危机。

（三）有效的资源分配策略

为了克服资源分配的挑战，组织可以制订以下有效的资源分配策略：

1. 优先级管理

确定哪些研发项目对于组织的长期目标最为关键，然后将资源优先分配给这些项目。这可以通过制订明确的优先级标准来实现，例如项目的战略重要性、市场需求、技术可行性等。将有限的资源投入到最重要的项目上，以确保组织的长期成功。

2. 投资组合管理

通过构建投资组合管理框架，组织可以更好地平衡风险和回报。这意味着不应该把所有资源都投入到一个项目中，而应该分散投资，以降低失败的风险。投资组合管理有助于确保组织在多个项目之间分配资源，以便在某些项目失败时，其他项目仍然能够支持组织的发展。

3. 灵活性和调整

资源分配策略必须具有一定的灵活性，以适应变化的情况。如果市场条件或技术突然发生了变化，组织应能够迅速调整资源分配以满足新的需求。这可能需要建立畅通的决策过程，以便快速做出调整。

4. 绩效评估和监测

组织应建立有效的绩效评估和监测机制，以确保资源分配策略的实施。通过定期评估项目的进展和成果，组织可以及时发现问题并采取纠正措施。这有助于确保资源得到有效利用，项目按计划进行。

5. 创新和风险管理

在资源分配时，组织应考虑创新和风险管理。一些项目可能涉及更高的风险，但也可能带来更大的回报。在资源分配中，必须平衡这两者，确保组织在风险可控的情况下追求创新。

6. 多元化资源引入

资源分配不仅限于内部资金和人员。组织还可以考虑多元化的资源引入，如合作伙伴的支持、外部投资和研发补贴等。这可以帮助组织获得额外的资源，以支持其研发战略。

7. 沟通和参与

资源分配策略需要与组织内部的各个部门和利益相关者进行有效的沟通和参与。确保各方都理解战略的重要性，以及如何研讨资源分配决策，有助于建立共识。

研发战略和资源分配是组织取得成功的关键要素。通过制订明晰的研发战略，组织可以提高竞争力，促进长期发展，提高资源利用效率，并适应变化。同时，资源分配策略必须面对有限资源的挑战，包括资金、人才、时间和不确定性。通过优先级管理、投资组合管理、灵活性和调整、绩效评估、创新和风险管理、多元化资源引入以及沟通和参与，组织可以更好地应对这些挑战，确保资源得以有效分配，以支持研发战略的实施。最终，有效的研发战略和资源分配将有助于组织实现创新和发展，取得竞争优势，并在不断变化的市场中取得成功。

二、技术创新与产品开发

技术创新与产品开发是现代企业成功的关键因素之一。随着科技不断进步和市场竞争日益激烈，企业必须不断寻求新的技术和创新方法，以推动产品和服务的发展。下文将深入探讨技术创新与产品开发的重要性，以及如何有效地将技术创新与产品开发结合，以满足市场需求和获得竞争优势。

（一）技术创新的重要性

1. 提高竞争力

技术创新有助于提高企业的竞争力。在今天的商业环境中，市场竞争激烈，客户需求不断变化。通过引入新技术，企业可以开发出更具吸引力的产品和服务，从而在竞争中脱颖而出。技术创新有助于满足客户需求，提高产品质量，降低成本，以及加强市场地位。

2. 拓展市场份额

技术创新可以帮助企业进入新的市场领域。通过开发新产品或服务，企业可以拓展其市场份额，吸引新客户群体，增加销售额。例如，智能手机技术的不断创新使得传统手机制造商能够进一步扩展到智能设备市场。

3. 降低风险

技术创新有助于企业降低风险。通过不断改进和创新，企业可以更好地应对市场变化和竞争挑战。技术创新使企业能够适应不断变化的商业环境，提前发现潜在问题，并采取相应的措施。

4. 增加效率

技术创新也可以提高企业的生产效率。新技术和自动化流程可以减少人力成本，提高生产速度，并降低资源浪费。这有助于企业提高盈利能力，为未来投资和发展储备更多资金。

5. 增加可持续性

技术创新有助于企业实现可持续性目标。许多新技术和创新方法可以降低对环境的影响，减少能源消耗，减少废物排放。这不仅有益于环境，还有助于满足消费者对可持续产品和服务的需求。

（二）产品开发的重要性

1. 满足市场需求

产品开发是为了满足市场需求的关键过程。市场需求不断变化，因此企业必须不断开发新产品以满足客户的期望。通过产品开发，企业可以更好地理解客户需求，提供创新的解决方案，并实现市场份额的增长。

2. 增加收入

产品开发可以直接增加企业的收入。新产品通常会吸引新客户，增加销售额，提高市场份额。此外，创新的产品通常能够以更高的价格销售，从而提高利润率。

3. 塑造品牌形象

成功的产品开发有助于塑造企业的品牌形象。通过提供高质量、创新的产品，企业可以建立良好的声誉，并在客户中提高自身品牌形象。品牌形象的提升有助于长期成功和持续的市场存在。

4. 骨干竞争力

产品开发是企业维持竞争优势的关键。不断更新和改进产品有助于企业在竞争激烈的市场中保持竞争力。企业必须不断追求新的产品功能、性能提升和成本降低来满足市场要求。

5. 持续改进

产品开发也包括持续改进和升级。通过收集用户反馈和市场数据，企业可以不断改进现有产品，以满足客户需求。这有助于延长产品的生命周期，并得到长期的销售机会。

（三）技术创新与产品开发的结合

技术创新与产品开发是相辅相成的，它们共同推动企业的发展。以下是如何有效结合这两个方面的一些建议：

1. 定义清晰的战略

企业应制订明确的技术创新和产品开发战略，以确保二者紧密协同工作。这些战略应该与企业的长期愿景和市场需求相一致，明确目标和方向。

2. 持续的市场调研

企业应不断进行市场调研，以了解客户需求和竞争情况。这将有助于确定技术创新的方向，并指导产品开发的重点。

3. 创新文化

鼓励创新文化对于成功的技术创新和产品开发至关重要。员工应被鼓励提出新的创意和想法，以促进新技术的开发和新产品的设计。企业可以建立创新团队，提供培训和奖励机制，以激励员工参与创新活动。

4. 联合开发

技术创新和产品开发可以通过合作伙伴关系得到支持。与技术提供商、研究机构或其他企业合作可以加速技术的开发和产品的上市。这种合作可以共享资源、知识和经验，以提高创新的效率和质量。

5. 敏捷开发方法

采用敏捷开发方法可以加速产品开发过程，使其更加灵活和适应市场变化。敏捷方法强调快速反馈、小规模试验和不断改进，有助于在不断变化的市场中迅速推出创新产品。

6. 风险管理

技术创新和产品开发都伴随着一定的风险。企业应建立风险管理机制，以识别潜在的问题并采取措施来减轻风险。这包括技术风险、市场风险和竞争风险等。

7. 测试和评估

在将新技术应用到产品开发中之前，企业应进行充分的测试和评估。这有助于保证技术的可行性和产品的质量。测试可以包括原型测试、市场测试和用户反馈。

8. 持续改进

技术创新和产品开发是一个持续改进的过程。企业应建立反馈循环，不断改进产品和技术。这有助于满足不断变化的市场需求，并保持竞争力。

技术创新与产品开发是现代企业成功的关键。技术创新有助于提高竞争力、满足市场需求、拓展市场份额和提高效率。产品开发有助于满足市场需求、增加收入、塑造品牌形象和提高竞争力。有效结合技术创新和产品开发，需要明确的战略、市场调研、创新文化、联合开发、敏捷开发、风险管理、测试和评估、以及持续改进。通过这些方法，企业可以不断创新，推动产品和服务的发展，取得竞争优势，并在不断变化的市场中取得成功。技术创新和产品开发是实现企业可持续增长的关键，值得企业不断关注和投资。

三、知识产权保护与竞争优势

知识产权保护是现代商业环境中的一个重要议题。企业不仅需要在市场中保持竞争优势，还需要确保其创新和知识资产受到适当的法律保护。下文将深入探讨知识产权保护与竞争优势之间的关系，以及如何有效地管理知识产权，以实现竞争优势。

（一）知识产权的概念与类型

1. 知识产权定义

知识产权是指与知识、创新和创造性工作相关的法律权益，它们授予创作者、发明家和持有人特定的权利，以鼓励创新和保护知识资产。知识产权包括多种类型，如专利、商标、著作权、商业机密和工业设计权，等等。

2. 主要类型

专利：专利权保护发明的独特性，授予发明家对其发明的独占权，通常在一定时间内。

商标：商标是用于标识商品或服务的标志，用于保护品牌的独特性和识别性。

著作权：著作权保护创作者的原创文学、艺术和音乐作品，以及软件、图像和音视频内容。

商业机密：商业机密是对企业的机密信息（如制造方法、客户列表、销售计划等）进行保护，通常通过合同和法律措施。

工业设计权：工业设计权保护产品的外观设计，确保产品的外观独特性。

（二）知识产权与竞争优势

1. 知识产权保护的重要性

知识产权保护对企业具有重要意义，它可以为企业提供以下竞争优势：

创新保护：知识产权保护鼓励企业进行创新和研发，因为它确保了他们能够在市场上知识产权不受侵犯。

市场差异化：拥有知识产权可以帮助企业在市场上建立独特的产品或服务，使其与竞争对手有所区别。

品牌价值：商标和著作权保护有助于构建品牌价值，提高品牌识别度，从而吸引更多客户。

投资吸引力：拥有知识产权可以提高企业的投资吸引力，因为它表明企业有潜力创造有吸引力的产品或服务。

法律保护：知识产权可以在法律上维护企业的权益，允许企业起诉侵犯知识产权的行为，保护其知识资产。

2. 知识产权与创新

知识产权保护与创新之间存在密切关系。知识产权制度鼓励企业投资于研究和开发，因为它们可以在创新方面获得法律保护。企业知道，他们的创新努力将在未来有机会转化为竞争优势，因此他们愿意承担风险并进行投资。

创新又增强了知识产权的价值。新的发明、设计、文学作品或商标标志可以在市场上创造新的机会，进一步加强了企业的竞争地位。

3. 知识产权与市场竞争

知识产权保护在市场竞争中发挥重要作用。企业可以利用知识产权来打击不正当竞争行为，如侵权复制和盗窃商业机密。这种法律保护可以降低竞争对手复制产品或服务的风险，从而帮助企业维护其市场地位。

此外，知识产权还可以用于谈判和合作，通过许可协议或合作开发项目，帮助企业扩展其市场份额。这种合作形式可以使多方企业共享知识资产，共同推动创新，提高市场竞争力。

4. 知识产权与国际市场

知识产权保护对企业在国际市场上的成功至关重要。在国际竞争中，知识产权可以帮助企业防止其创新在其他国家被不正当复制，确保他们能够收回研发成本。此外，知识产权也可以用作国际合作的谈判工具，通过与国际合作伙伴分享技术和知识，进一步扩展市场。

（三）知识产权的管理与保护策略

1. 知识产权策略

企业需要制订清晰的知识产权战略，包括哪些知识资产需要保护、如何保护它们以及如何应对侵权行为。这需要综合考虑企业的商业目标、市场需求和竞争环境。以下是一些常见的知识产权管理策略：

专利战略：企业应确定哪些技术或创新值得申请专利，以保护其独特性。这可以包括核心产品或关键技术。

商标战略：企业需要建立商标，以保护其品牌价值。这包括注册商标和积极保护商标免受侵权行为的威胁。

著作权战略：企业应考虑如何保护其文学、艺术和音乐作品，以及软件和其他数字内容不受侵犯。

商业机密战略：保护商业机密的策略包括制订访问控制、保密协议和员工培训等。

风险管理：企业需要定期评估知识产权风险，采取措施减轻侵权风险。这包括审查合同、监测市场和与竞争对手的争端解决。

2. 教育与培训

企业需要确保员工了解知识产权的重要性和如何保护知识资产。教育与培训计划可以帮助员工识别和处理知识产权问题，从而减少侵权风险。

3. 监测与执行

企业需要建立监测机制，以追踪潜在的侵权行为。一旦发现侵权，必须采取适当的法律行动，以保护知识产权。这可能包括提起专利侵权诉讼、发送停止侵权通知、与侵权方谈判或采取其他法律手段。

4. 合作与许可

知识产权需要保护，还可以用于合作和许可。企业可以与其他企业合作，共享知识资产，加速创新，拓展市场。许可协议允许企业将其知识资产授权给其他公司，并从中获得收益。

5. 国际战略

对于国际业务，企业需要考虑如何在不同国家和地区保护其知识产权。这可能需要申请国际专利、注册国际商标或与国际律师事务所合作，以确保知识产权在全球范围内受到保护。

知识产权保护与竞争优势之间存在密切关系。知识产权不仅有助于保护企业的创新和知识资产，还可以为企业提供市场差异化、法律保护和合作机会，从而增强竞争力。企业需要明确的知识产权战略、教育与培训、监测与执行、合作与许可，以及国际战略，以有效地管理和保护其知识资产。知识产权的管理和保护不仅是企业成功的关键，也是在不断变化的商业环境中维持竞争优势的关键。

第四节　开放创新与合作伙伴关系

一、开放创新的概念与优势

开放创新是一种现代商业模式，它强调了企业与外部合作伙伴、创新生态系统和社区的合作，以共同推动创新和发展。这一模式与传统的封闭创新相比，更加灵活、开放，有助于企业更好地适应快速变化的市场和技术环境。下文将深入探讨开放创新的概念、优势以及如何成功应用开放创新模式。

（一）开放创新的概念

1. 开放创新的定义

开放创新（Open Innovation）是由企业学者亨利·切萨博夫斯基（Henry Chesbrough）于 2003 年首次提出的概念。它强调了企业与外部环境的开放性互动，包括与客户、供应商、竞争对手、研究机构和社会的协作。开放创新认为，创新不再仅限于企业内部，而是通过联合创新、知识共享和开放平台与外部利益相关者互动。

2. 核心原则

开放创新的核心原则包括：

创新不仅限于企业内部，也来自外部合作伙伴。

外部知识和资源可以用于加速内部创新。

开放创新需要有效的知识流动和合作。

开放创新可以采用不同的模式，包括合作、竞争和共享。

（二）开放创新的优势

1. 提高创新效率

开放创新模式可以加速创新过程，因为企业可以利用外部合作伙伴的知识、资源和经验。这有助于减少内部研发的时间和成本，使创新更高效。

2. 扩大创新资源

开放创新允许企业从更广泛的资源池中受益，资源池包括供应商、合作伙伴、研究机构和社区。这增加了创新的可能性，使企业能够获得新的创新机会。

3. 提高市场导向

开放创新鼓励企业更加关注市场需求和客户反馈。与客户和合作伙伴的互动有助于了解市场动态，使产品和服务更符合市场需求。

4. 降低风险

开放创新可以帮助企业分担风险。通过与多个合作伙伴合作，企业可以分散风险，避免完全依赖内部资源和能力。

5. 增加竞争力

开放创新可以帮助企业保持竞争优势。通过与外部合作伙伴合作，企业可以更快地推出新产品和服务，加强品牌价值，并在市场中保持竞争力。

6. 拓展市场和商业模式

开放创新有助于企业拓展市场和建立新的商业模式。企业可以与不同领域的合作伙伴合作，共同开发新的产品和服务，进入新的市场领域。

（三）开放创新的实施方式

成功实施开放创新模式需要以下关键要素：

1. 制订开放创新战略

企业需要明确定义开放创新的战略目标和重点领域。这包括确定哪些方面的创新将开放给外部合作伙伴，以及如何与这些合作伙伴合作。

2. 构建创新生态系统

企业应建立创新生态系统，包括合作伙伴、供应商、客户和研究机构。这些合作伙伴可以为企业提供不同类型的知识和资源，促进创新。

3. 促进知识流动

知识流动是开放创新的核心。企业需要建立有效的知识共享机制，以确保知识能够自由流动，不受组织内部界限的限制。

4. 建立开放创新文化

企业需要鼓励员工参与开放创新，并提供相应的培训和支持。开放创新文化鼓励员工与外部合作伙伴互动，分享知识和经验。

5. 制定知识产权政策

企业需要明确知识产权政策，包括如何保护内部知识资产，如何与外部合作伙伴共享知识，以及如何处理知识产权问题。

6. 测量和评估

企业应制订绩效指标，以评估开放创新的效果。这包括创新产出、合作伙伴关系和市场表现等方面的指标。

（七）开放创新的挑战

尽管开放创新具有许多优势，但它也面临一些挑战：

1. 知识产权保护：在与外部合作伙伴共享知识和技术时，企业需要确保其知识产权受到适当的保护。知识产权纠纷可能会对合作关系产生负面影响。

2. 管理复杂性：与多个合作伙伴合作可能会增加管理复杂性。企业需要建立有效的合作伙伴关系管理系统，以确保合作伙伴之间的有效协作。

3. 文化差异：不同的组织和合作伙伴可能有不同的文化和价值观。这可能导致沟通和合作方面的挑战，需要处理文化差异。

4. 安全风险：开放创新模式可能会引入安全风险，如数据泄露和网络攻击。企业需要采取适当的安全措施，以保护其知识资产和数据。

5. 组织变革：实施开放创新可能需要组织内部的变革，包括文化、流程和结构的调整。这可能会引发内部冲突和挑战。

开放创新是一个强大的商业模式，有助于企业在竞争激烈的市场中取得竞争优势。它通过与外部合作伙伴、创新生态系统和社区的协作，加速创新、提高效率、降低风险、扩大市场和拓展商业模式。成功应用开放创新模式需要清晰的战略、有效的合作伙伴关系管理、知识产权保护、文化适应、安全措施和组织变革。只有在克服这些挑战的情况下，企业才能受益于开放创新，并实现长期的竞争优势。开放创新将继续在未来的商业环境中扮演重要角色，为创新和发展提供新的机会和可能性。

二、合作伙伴选择与管理

在现代商业环境中，合作伙伴关系已经成为企业成功的重要因素之一。企业需要选择和管理合作伙伴，以共同实现业务目标、创新和增长。下文将深入探讨合作伙伴选择与管理的重要性，以及如何在合作伙伴关系中取得成功。

（一）合作伙伴选择的重要性

1. 市场拓展

选择适当的合作伙伴可以帮助企业进入新市场，拓展客户群，增加销售机会。合作伙伴通常具有本地知识和市场洞察力，有助于企业更好地了解目标市场。

2. 共享资源和成本分担

合作伙伴可以共享资源，包括资金、设施、技术和人力资源，从而降低成本。合作伙伴还可以共同承担风险，减轻企业的压力。

3. 创新和技术提升

与合作伙伴合作可以加速创新和技术提升。合作伙伴通常拥有不同领域的专业知识和经验，可以为企业带来新的思路和创新机会。

4. 提高竞争力

通过与合作伙伴合作，企业可以增强竞争力。合作伙伴关系可以帮助企业更好地满足客户需求，提供更全面的解决方案，并更好地应对竞争对手。

5. 加速发展

合作伙伴关系可以加速企业的发展。与合作伙伴合作可以使企业更快地推出新产品和服务，进入新市场，扩大业务规模。

（二）合作伙伴选择的关键要素

选择合作伙伴是一个关键决策，以下是一些关键要素，帮助企业做出明智的选择：

1. 目标一致性

选择的合作伙伴应与企业的目标和愿景保持一致。合作伙伴应该有共同的商业目标和价值观，以确保合作的顺利进行。

2. 互补性

合作伙伴关系应具有互补性，即双方应该在技能、资源和市场方面互相补充。这可以确保合作的协同效应，从而取得更好的业务成果。

3. 可信度和声誉

合作伙伴的可信度和声誉是选择的关键因素。企业应评估合作伙伴的商业记录、道德价值观和可靠性，以确保他们是可信赖的合作伙伴。

4. 专业知识和经验

合作伙伴应具有所需的专业知识和经验，以支持合作项目的成功实施。这可以包括行业专业知识、技术能力和市场了解。

5. 沟通和协作能力

有效的沟通和协作是合作伙伴关系成功的关键。合作伙伴应具备良好的沟通和协作能力，以确保双方能够有效地合作。

6. 法律和合规性

企业应确保与合作伙伴建立的合作关系在法律和合规方面是合法的。

这可能涉及合同、法规遵守和知识产权等方面的审查。

（三）合作伙伴选择的不同类型

合作伙伴关系可以采用不同的形式，根据合作的性质和目标选择合适的类型：

1. 联盟

联盟是一种长期的合作关系，通常涉及多个合作伙伴，共同合作以实现共同的目标。

2. 合资企业

合资企业是两个或多个企业共同投资和管理的企业。这种合作形式通常涉及股权分配和决策权的共享。

3. 供应商合作

供应商合作涉及与供应商建立战略性合作伙伴关系，以确保供应链的稳定性和质量。

4. 客户合作

客户合作涉及与客户建立紧密关系，以更好地满足其需求，提供个性化的服务和发展方案。

5. 技术合作

技术合作涉及与技术提供商或研究机构合作，以共同开发新技术、产品或服务。

6. 跨行业合作

跨行业合作涉及与不同行业的合作伙伴合作，以进入新市场或创造创新的发展方案。

（四）合作伙伴关系的管理

成功的合作伙伴关系需要有效的管理和维护。以下是一些关键的管理实践：

1. 设立清晰的目标和期望

双方合作伙伴应明确制订共同的目标和期望，以确保合作关系的方向一致。这包括明确的业务目标、时间表和责任分配。

2. 建立有效的沟通渠道

良好的沟通是合作伙伴关系成功的关键。合作伙伴之间应建立有效的沟通渠道，包括定期会议、报告和在线协作。

3. 管理冲突

合作伙伴关系可能会出现冲突和分歧。企业需要具备解决冲突的能力，包括协商、调解和妥协，以确保合作伙伴关系不受影响。

4. 监测和评估

企业应定期监测和评估合作伙伴关系的绩效。这包括评估目标的达成情况、资源使用情况和客户满意度。

5. 知识共享和学习

合作伙伴关系应鼓励知识共享和学习。合作伙伴之间应共同学习和发展，以不断提高合作伙伴的价值。

6. 保护知识产权

在合作伙伴关系中，保护知识产权是至关重要的。企业应注意合同中包括知识产权的保护条款，以防止知识产权侵权。

7. 灵活应对变化

商业环境不断变化，合作伙伴关系也需要相应地调整。企业应具备灵活性，以适应新的市场条件和机会。

（五）合作伙伴选择与管理的挑战

尽管合作伙伴关系带来了许多好处，但它们也面临一些挑战：

1. 互信问题：建立互信关系需要时间，有时合作伙伴之间可能存在信任问题，这可能影响合作的顺利进行。

2. 资源不足：合作伙伴关系可能需要额外的资源，包括时间、资金和人力资源，以确保合作的成功。

3. 战略不一致：合作伙伴之间的战略目标和方向可能不一致，这可能导致冲突和合作失败。

4. 管理复杂性：管理多个合作伙伴关系可能会增加管理复杂性，需要有效的合作伙伴关系管理和资源分配。

5. 法律和合规性问题：合作伙伴关系可能涉及法律和合规性问题，包括合同和知识产权的保护，需要专业法律支持。

合作伙伴选择与管理对企业成功至关重要。选择适当的合作伙伴可以帮助企业拓展市场、共享资源、提高竞争力和加速创新。成功的合作伙伴关系需要明确的目标、互信、有效的沟通和管理、灵活性、知识产权保护和法律合规性。企业应谨慎选择合作伙伴，并不断努力维护和加强合作伙伴关系，以实现长期的商业成功。在不断变化的商业环境中，合作伙伴关系的选择与管理将继续扮演重要的角色，为企业带来增长和竞争优势的机会。

为了成功选择和管理合作伙伴，企业需要始终保持战略明智，从长远的角度考虑合作伙伴的选择，确保合作伙伴具有相互补充的能力和资源，实现共同的目标。此外，建立明确的合作伙伴关系管理流程和沟通机制，以确保合作伙伴之间的协作和知识共享。监测和评估合作伙伴的绩效，并不断改进和适应市场变化，以确保合作伙伴关系可以长期发展。

最重要的是，合作伙伴选择与管理应该始终以共同利益为中心，建立互信和尊重的关系，以实现双赢的局面。合作伙伴关系的成功需要企业不断投入时间和资源，但这些投入通常会在长期内带来丰富的回报，包括创新、成本节约、市场拓展和发展机会。

在全球化和数字化的时代，合作伙伴关系将继续成为企业成功的关键因素。企业需要适应市场的快速变化，积极寻找适合的合作伙伴，共同实现商业目标。通过合适的合作伙伴选择，企业可以不断提高其竞争力，实现长期的商业成功。因此，合作伙伴选择与管理是企业发展战略中不可或缺的一部分。

第五章　企业社会责任与可持续发展

第一节　企业社会责任的理念与实践

一、社会责任的定义

社会责任（Corporate Social Responsibility，CSR）是一种广泛讨论和不断演变的概念，它涵盖了企业、组织或个人在商业和社会交往中承担的义务和责任。社会责任的核心理念是，企业不仅仅是为了谋取经济利益而存在，还应该对社会和环境负有一定程度的责任。社会责任涵盖了许多领域，包括经济、环境、社会、文化和道德等，旨在促进可持续发展、社会公平和道德行为。下文将探讨社会责任的定义、历史演变、原则和实践，以及它在当今商业环境中的重要性。

（一）社会责任的定义

社会责任可以从不同的角度和领域定义。以下是几种不同层面的定义：

1. 经济角度：从经济学的角度来看，社会责任是企业在经济运作中应承担的义务。这包括合法税收的缴纳、按照合同履行责任、提供就业机会和支持经济增长等方面。

2. 环境角度：社会责任也包括企业在环境方面的责任，即降低环境影响、减少废物排放、采用可持续资源和保护生态系统。这是企业对环境可持续性的责任。

3. 社会角度：社会责任还关注企业对社会的影响，包括提供社会服务、支持社区项目、促进教育和文化、维护人权和支持弱势群体。

4. 道德角度：社会责任也涉及企业在道德和道德方面的行为。这包括遵守道德准则、维护诚信、反腐败和不从事不道德行为。

5. 全球角度：社会责任不仅限于本国，还包括企业在国际社会中的角色。这包括在国际贸易、国际人权和国际环境保护方面的责任。

总的来说，社会责任是一种多维度的概念，它要求企业在经济、环境、社会和道德方面都承担责任。这种综合性的定义反映了企业在现代社会中的角色，不仅是营利机构，还是社会的一部分。

（二）社会责任的历史演变

社会责任的概念并非一夜之间形成，它经历了漫长的历史演变过程。以下是社会责任的主要历史阶段：

慈善主义时代（19 世纪早期）：19 世纪早期，社会责任的最早表现之一是慈善活动，由富有的企业家和个人提供，用于援助贫困人群和不幸的人。

慈善主义和社区参与（20 世纪早期）：20 世纪早期，企业开始更多地参与社区活动，并提供员工福利。这标志着企业社会责任的逐渐扩展，不仅限于慈善，还包括社区服务。

法定责任（20 世纪中期）：在 20 世纪中期，许多国家制定了法律法规，规定了企业的法定责任，包括环境法、劳工法和消费者权益保护法。企业不仅需要遵守这些法律，还需要履行社会义务。

社会责任运动（20 世纪后期）：20 世纪后期，兴起了社会责任运动，呼吁企业在经济、环境和社会方面承担更多责任。企业社会责任开始被视为一种商业战略，而不仅仅是道德义务。

可持续发展（21 世纪）：随着全球问题的不断增多，如气候变化、资源枯竭和社会不平等，可持续发展成为社会责任的重要组成部分。企业越来越关注如何在可持续性原则下运营，以满足当前需求而不损害未来发展的需求。

社会责任的演变表明，它不断适应社会、经济和环境的变化。从最初的慈善到更加全面的可持续发展，社会责任在现代商业中扮演着越来越重要的角色。

（三）社会责任的原则

社会责任的实践通常基于一些核心原则，这些原则有助于指导企业在各个领域履行其责任。以下是一些社会责任的基本原则：

1. 经济责任：企业首先应该追求经济可持续性，即实现盈利，以确保企业的生存和发展。这包括提供股东合理的回报，管理财务风险，并创造就业机会。

2. 法律责任：企业必须遵守法律和法规，包括劳工法、环境法、消费者权益法等。合法合规是企业社会责任的基本要求。

3. 道德责任：企业应该在其经营活动中秉持道德和伦理原则，避免不道德行为，如贿赂、腐败和欺诈。道德责任要求企业为员工、客户和社会创造正面影响。

4. 环境责任：企业应该采取措施来降低其环境影响，包括减少废物排放、资源可持续利用和采用环保技术。履行环境责任有助于维护生态平衡和可持续发展。

5. 社会责任：企业在社会领域应承担一定的责任，包括支持社区项目、提供社会服务、关注员工福祉和支持弱势群体。社会责任有助于改善社会公平和提高社会福祉。

6. 透明度和问责制：企业应该保持透明度，向利益相关者报告其社会责任活动和绩效。同时，应建立问责机制，确保履行社会责任的持续性和有效性。

这些原则构成了企业社会责任的基础，帮助企业在商业决策中综合考虑经济、法律、道德、环境和社会因素。

（四）社会责任的实践

社会责任的实践体现在企业的日常经营和战略决策中，它不仅有助于企业满足社会期望，还有助于创造长期价值。以下是一些社会责任的实践领域：

1. 可持续经营：企业应采取可持续经营实践，包括减少资源浪费、提高能源效率、降低碳排放等。这有助于降低成本、提高品牌声誉和满足环境要求。

2. 社区投资：企业可以通过支持社区项目、提供教育和培训、赞助文化活动等方式回馈社会。社区投资有助于建立积极的企业形象，加强社会和企业的联系。

3. 员工福祉：企业应该提供良好的工作环境、员工福利和职业发展机会。这有助于吸引和保留优秀员工，提高生产力和员工忠诚度。

4. 产品和服务质量：企业应该提供安全和高质量的产品和服务，满足客户需求，遵守消费者权益法规，确保消费者的权益得到保护。

5. 道德商业实践：企业应避免不道德行为，如欺诈、腐败和不公平竞争。良好的道德商业实践有助于维护声誉和信任。

6. 多元化和包容性：企业应鼓励多元化和包容性，包括性别平等、种族多样性和员工的多元化背景。这有助于创建包容性文化，吸引各种人才。

7. 全球供应链管理：企业应在全球供应链中推动社会责任实践，确保供应商也遵守相关责任标准。

8. 环境保护：企业应采取措施减少环境影响，如节能、资源回收、采用清洁能源和减少废物排放。这有助于提高可持续性和符合环境法规。

社会责任的实践不仅有助于满足社会期望，还可以为企业带来商业利益，如降低成本、增加市场份额、提高员工忠诚度和提高品牌声誉。

（五）社会责任在当今商业环境中的重要性

社会责任在当今商业环境中变得越来越重要，原因如下：

1. 消费者要求：现代消费者更加关注企业的社会责任，他们更愿意支持那些在环保、社区支持和道德商业实践方面表现出色的企业。因此，社会责任成为消费者的购买影响因素。

2. 法律法规：越来越多的国家和地区颁布了相关法律法规，要求企业履行社会责任。企业需要遵守这些法律，否则可能面临罚款和法律诉讼。

3. 投资者要求：投资者越来越注重企业的社会责任表现，他们认为有良好社会的责任实践的企业可以降低投资风险，并在长期内实现可持续发展。因此，越来越多的投资者要求企业向他们报告其社会责任绩效。

4. 竞争优势：通过实践社会责任，企业可以获得竞争优势。积极的社会责任表现有助于提高品牌声誉，吸引更多客户，降低市场风险，并吸引优秀员工。

5. 员工招聘和保留：员工越来越关注企业的社会责任，他们更愿意在有着积极社会责任表现的企业工作。社会责任实践有助于吸引和留住优秀员工，提高员工忠诚度。

6. 可持续发展：社会责任有助于企业实现可持续发展，通过降低环境影响、提高资源利用效率和支持社区，企业可以更好地满足当前需求而不损害未来发展的需求。

7. 公众关系：积极的社会责任实践有助于改善企业与政府、媒体和社会的关系。这有助于企业收获更多的支持者，减少公众负面声音。

8. 风险管理：社会责任实践有助于降低商业风险，包括环境风险、法律风险和声誉风险。企业通过遵守法规、采取环保措施和与社会互动，可以更好地管控风险。

总的来说，社会责任在当今商业环境中已经成为一个不可或缺的组成部分。企业不仅需要履行其经济责任，还需要在社会、环境和道德方面承担责任，以实现可持续发展、满足利益相关者的期望，并取得商业成功。社会责任已经从企业的义务演变为商业战略的一部分，可以创造更多的价值和机会。

社会责任是企业、组织和个人在商业和社会互动中承担的义务和责任。它包括经济、环境、社会和道德责任，旨在促进可持续发展、社会公平和道德行为。社会责任的定义和实践在不断演变，它已经成为现代商业环境中的重要组成部分。

社会责任不仅有助于满足社会期望，还有助于企业创造价值、降低风险、提高竞争力和实现可持续发展。它已经成为消费者、投资者、员工和政府的关注焦点，企业需要积极履行社会责任，以建立积极的声誉和实现商业成功。

最终，社会责任不仅是一种道德义务，还是一种商业机会。通过积极履行社会责任，企业可以在经济、环境、社会和道德方面取得收益，为社会和企业创造更加可持续的未来。

二、企业社会责任的实践范围

企业社会责任（Corporate Social Responsibility，CSR）是一种广泛讨论的概念，它强调企业不仅仅是为了追求经济利益而存在，还应该承担一定的社会和环境责任。企业社会责任的实践范围涵盖了多个领域，包括经济、环境、社会和文化等。下文将探讨企业社会责任的实践范围，并详细讨论在这些领域中的具体实践。

（一）经济责任

经济责任是企业社会责任的核心之一，它强调企业的经济角色和义务。在经济责任范围内，企业需要履行以下职责：

1. 盈利：企业的首要责任是盈利，以确保其生存和可持续发展。盈利是企业经济责任的基础，它可以通过提供有竞争力的产品和服务、降低成本和提高生产力来实现。

2. 合法税收缴纳：企业应遵守税法，按法律规定缴纳税款。合法税收缴纳是维护社会经济秩序的一部分，企业应避免逃税和税务欺诈。

3. 创造就业机会：企业在社会中发挥着创造就业机会的重要作用。通过提供工作岗位，企业可以帮助改善社会的就业状况，减少失业率。

4. 经济增长：企业通过投资、创新和市场扩展来推动经济增长。积极参与经济活动有助于社会的繁荣和发展。

经济责任是企业社会责任的基础，确保了企业的发展可持续性，同时也为社会创造了价值。这意味着企业应合法合规运营，创造就业机会，促进经济增长，并为社会和政府创造财富。

（二）环境责任

环境责任强调企业在其经营活动中应采取措施来降低对环境的不利影响，保护生态系统和资源。在环境责任范围内，企业需要履行以下职责：

1. 减少碳排放：企业应采取措施来减少二氧化碳排放，包括采用清洁能源、改善能源效率和减少运输排放。

2. 资源可持续利用：企业应推动资源的可持续利用，包括节约能源、减少废物产生、提高资源回收和减少用水。

3. 采用环保技术：企业可以采用环保技术，如废物处理设备、减少排放技术和环保产品，以减少对环境的不利影响。

4. 生态系统保护：企业应关注生态系统的保护，包括森林、湿地、海洋和野生动植物。这可以通过采取可持续的保护和生产实践来实现。

环境责任要求企业采取积极的措施来减少其对自然环境的负面影响，以确保可持续的资源和生态系统。这不仅符合社会责任要求，还有助于降低环境风险和提高环境可持续性。

（三）社会责任

社会责任涵盖了企业在社会领域的责任，它强调企业应该积极参与社会发展和改善社会福祉。在社会责任范围内，企业需要履行以下职责：

1. 社区支持：企业可以支持社区项目和社区组织，为社区提供资金、资源和志愿者。这有助于改善社区生活质量。

2. 教育支持：企业可以提供教育支持，包括奖学金、改善学校设施和教育项目。教育是促进社会进步的重要组成部分。

3. 支持弱势群体：企业应关注弱势群体，如残疾人、儿童和老年人。提供支持和机会，帮助他们融入社会。

4. 人权和劳工权益：企业应尊重人权和劳工权益，包括工作条件、工资和工时。不歧视和不剥削员工是社会责任的一部分。

5. 文化支持：企业可以发展文化和艺术活动，如文化节、艺术展览和文化遗产保护。这有助于传承文化和促进文化多样性。

社会责任强调企业的社会作用和价值，它有助于改善社会公平、社会福祉和社区发展。企业通过社会责任实践可以建立积极的社会形象，并积极参与社会问题的解决。

（四）道德责任

道德责任是企业社会责任的一个重要组成部分，它涉及企业在其经营活动中应遵守道德和伦理原则，避免不道德行为。在道德责任范围内，企业需要履行以下职责：

1. 诚信和透明度：企业应秉持诚信原则，向股东、客户和利益相关者提供真实、准确和透明的信息。不应从事欺诈、虚假广告或不正当竞争。

2. 反腐败：企业应采取措施来防止腐败和贪污，包括建立反腐败制度和程序，培训员工，监督供应链，以确保诚实和公平的经营。

3. 社会伦理：企业应遵守社会伦理原则，包括尊重人权、平等对待员工和客户，避免种族、性别和宗教歧视。

4. 负责任的产品和服务：企业应提供安全和高质量的产品和服务，确保不会对消费者、员工或社会造成伤害。

道德责任有助于建立企业的声誉和信任，确保企业在其经营活动中秉持高道德标准。道德责任还有助于降低法律风险并维护企业的道德声誉。

（五）文化责任

文化责任涉及企业对文化和文化多样性的支持和保护。在文化责任范围内，企业需要履行以下职责：

1. 文化遗产保护：企业可以参与文化遗产保护活动，保护历史建筑、传统技艺和文化景观。

2. 文化教育和推广：企业可以支持文化教育和文化活动，以促进文化传承和创新。

3. 文化多样性：企业应支持文化多样性，包括多元文化的融合和跨文化交流。

文化责任有助于保护和传承文化遗产，促进文化多样性，并促进文化创新。企业通过文化责任实践可以积极参与社会和文化活动，建立良好的形象，同时也满足了社会和政府的期望。

（六）投资和社会责任

投资和社会责任是企业社会责任的一个重要方面，它涉及企业在投资决策中考虑社会和环境因素。在投资和社会责任范围内，企业需要履行以下职责：

1. 社会投资：企业可以选择投资于社会责任项目和社会企业，以解决社会问题和增加社会福祉。

2. 环境投资：企业可以投资于环保和可持续项目，如清洁能源、可持续农业和水资源管理。

3. 可持续金融：企业可以推动可持续金融，如绿色债券、社会债券和可持续投资基金。

投资和社会责任有助于企业在其投资决策中综合考虑社会和环境因素，推动社会可持续发展。这也有助于企业获得社会投资者和利益相关者的支持。

（七）供应链和社会责任

供应链和社会责任涉及企业在其供应链管理中考虑社会和环境因素。在供应链和社会责任范围内，企业需要履行以下职责：

1. 供应链透明度：企业应提高供应链透明度，了解供应链中的社会和环境风险，确保供应商遵守社会责任标准。

2. 供应链可持续性：企业应推动供应链的可持续性发展，鼓励供应商采取环保和社会负责任的实践。

3. 供应链监督：企业可以建立供应链监督机制，确保供应链中没有违反社会责任的行为。

供应链和社会责任有助于降低供应链风险，提高供应链可持续性发展，并确保企业的供应链活动不会对社会和环境造成负面影响。

（八）全球社会责任

全球社会责任强调企业在国际社会中的责任和作用。在全球社会责任范围内，企业需要履行以下职责：

1. 跨国公司行为准则：企业应遵守国际社会和环境准则，确保其在全球范围内的经营活动不会对社会和环境造成负面影响。

2. 国际人权：企业应尊重国际人权准则，确保其经营活动不侵犯人权，包括劳工权益、社会权益和文化权益。

3. 全球可持续发展：企业应推动全球可持续发展，积极参与全球环境和社会问题的解决，包括气候变化、保护环境和社会公平。

4. 全球社会投资：企业可以在全球范围内进行社会投资，支持国际社会责任项目和组织，以解决全球性问题。

全球社会责任要求企业在国际舞台上扮演积极的角色，促进全球合作和可持续发展。企业通过全球社会责任实践可以建立国际声誉，同时也为全球社会问题的解决提供支持。

（九）技术和社会责任

技术和社会责任强调企业在科技领域中的道德和社会责任。在技术和社会责任范围内，企业需要履行以下职责：

1. 数据隐私：企业应保护客户和员工的数据隐私，遵守相关隐私法规，并确保数据不被滥用。

2. 人工智能和伦理：企业在开发和使用人工智能和自动化技术时应考虑伦理和社会影响，避免不道德的应用。

3. 数字包容性：企业应促进数字包容性，确保技术和数字化的好处可普及到所有社会群体。

4. 网络安全：企业应加强网络安全措施，确保其技术系统不容易受到网络攻击和数据泄露。

技术和社会责任有助于确保科技进步不会对社会造成负面影响，保护数据隐私，推动数字包容性，以及维护网络安全。

（十）企业社会责任的报告和透明度

企业社会责任的实践需要透明度和报告，以确保企业的利益相关者能够了解其实践和绩效。企业应当履行以下职责：

1. 社会责任报告：企业应定期发布社会责任报告，详细描述其在经济、环境、社会和文化责任领域的实践和绩效。

2. 透明度和问责制：企业应建立透明度和问责制度，确保其社会责任实践得到有效监督和反馈。

3. 利益相关者参与：企业应积极与利益相关者合作，包括消费者、员工、社区和非政府组织，以共同推动社会责任实践。

4. 全球标准和框架：企业可以遵循国际社会责任标准和框架，如联合国全球契约、国际劳工组织准则和环境管理标准。

企业社会责任的报告和透明度有助于建立信任，确保企业的社会责任实践得到监督和反馈，并鼓励持续改进。

企业社会责任的实践范围是多元化的，涵盖了经济、环境、社会、文化和道德等多个领域。企业在这些领域内承担各种责任，以满足社会期望、维护声誉和促进可持续发展。企业社会责任不仅仅是一种道德义务，还可以为企业带来商业利益，包括提高品牌声誉、降低风险、吸引投资者和员工。

在全球化和数字化的时代，企业社会责任变得更加重要，企业需要在全球范围内履行其责任，确保其经营活动不会对社会和环境造成负面影响。透明度和报告是企业社会责任的关键组成部分，有助于建立信任和持续改进。

最终，企业社会责任不仅是企业的道德责任，也是企业的竞争优势和可持续发展的关键因素。通过积极履行社会责任，企业可以取得社会支持，建立良好声誉，并为社会和环境问题的解决提供支持，创造更加可持续的未来。

三、社会责任报告与透明度

社会责任报告和透明度是企业社会责任（Corporate Social Responsibility，CSR）实践的重要组成部分。社会责任报告是企业向外界公开披露其在经济、环境、社会和文化等领域的责任履行情况的文档，而透明度则强调企业应该秉持开放、诚实和公开的原则，以建立信任、促进可持续发展和满足利益相关者的期望。下文将探讨社会责任报告和透明度的概念、重要性、实践以及未来趋势。

（一）社会责任报告的概念

社会责任报告，也被称为可持续发展报告、非财务报告或可持续性报告，是企业向外界公开披露其在经济、环境、社会和文化领域的责任履行情况的文档。这些报告通常包括以下内容：

1. 经济责任：报告企业的财务绩效，包括盈利状况、财务风险管理和税收缴纳。

2. 环境责任：报告企业在环境保护方面的实践，包括能源效率、碳排放、资源可持续利用和废物管理。

3. 社会责任：报告企业在社会领域的实践，包括社区支持、员工权益、教育支持和人权保护。

4. 文化责任：报告企业对文化和文化多样性的支持和保护，包括文化遗产保护和文化教育。

社会责任报告的目的是向利益相关者，如投资者、消费者、员工、政府和社会组织，提供关于企业责任履行的信息，以帮助他们了解企业的社会影响、可持续性实践和道德标准。这些报告通常包括详细的数据、指标、案例和未来计划，以提供全面的信息。

（二）透明度的概念

透明度是一种原则，强调企业应该秉持开放、诚实和公开的原则，向外界披露与其经营活动相关的信息，包括财务信息、经营决策、社会责任实践和风险管理。透明度是建立信任、满足利益相关者期望以及维护声誉的关键因素。

透明度的核心要素包括：

1. 信息公开：企业应该公开披露关于其经营活动的信息，确保信息为利益相关者可获得。

2. 真实性：企业应提供真实和准确的信息，避免虚假陈述或误导性信息。

3. 全面性：企业应提供全面的信息，包括正面和负面信息，以确保信息不是选择性披露。

4. 及时性：企业应及时向外界公开信息，以便利益相关者能够在合适的时候了解情况。

5. 易理解性：企业应以易理解的方式呈现信息，避免使用专业术语或复杂的语言。

透明度有助于建立信任，提高企业声誉，满足政府和法规要求，以及满足利益相关者的期望。透明度还有助于降低风险，提高公司治理和社会责任实践的有效性。

（三）社会责任报告和透明度的重要性

社会责任报告和透明度对企业和社会都具有重要意义，它们有多方面的重要性：

1. 建立信任：社会责任报告和透明度有助于建立信任，使利益相关者能够了解企业的实践和绩效。透明的信息披露建立了对企业的信任，有助于吸引投资者、客户和员工。

2. 满足法规要求：许多国家和地区制定了法规，要求企业公开披露其社会责任实践。社会责任报告和透明度要求企业遵守这些法规，避免法律纠纷和罚款。

3. 维护声誉：社会责任报告和透明度有助于企业维护声誉。通过公开披露社会责任实践，企业可以证明其在社会和环境方面的承诺，防止声誉受损。

4. 满足利益相关者期望：社会责任报告和透明度有助于满足利益相关者的期望，包括客户、员工、供应商和社会组织。这有助于维护关系和加深合作。

5. 提高公司治理水平：社会责任报告和透明度有助于提高公司治理水平。它们使公司决策更加透明和负责，减少腐败和不道德行为的风险。

6. 提高竞争力：社会责任报告和透明度可以成为企业的竞争优势。越来越多的消费者和投资者倾向于支持社会和环保员责任的企业，因此这可以帮助企业在市场上脱颖而出。

7. 推动可持续发展：社会责任报告和透明度有助于推动可持续发展。它们鼓励企业采取环保和社会负责任的实践，有助于减少环境影响，改善社会福祉，实现可持续性目标。

8. 提高内部意识：社会责任报告和透明度可以促使企业内部加强对社会责任的关注。员工更容易参与企业的社会责任倡议，因为他们支持企业的承诺和实践。

社会责任报告和透明度的重要性不断增加，特别是在全球化和数字化的时代。企业需要积极履行其社会责任，通过透明的信息披露来展示其责任履行情况，满足社会期望，维护声誉，以及实现可持续发展的目标。

（四）社会责任报告的实践

社会责任报告的实践包括以下关键步骤：

1. 确定关键利益相关者：企业首先需要确定其关键利益相关者，包括投资者、消费者、员工、社会组织等。了解这些相关方的期望是社会责任报告的基础。

2. 收集数据和信息：企业需要收集与其经济、环境、社会和文化责任有关的数据和信息。这包括财务数据、环境绩效、社会项目和文化支持等。

3. 设定目标和指标：企业应该为社会责任设定明确的目标和指标。这有助于度量绩效，并确定改进的方向。

4. 编制报告：企业应编制社会责任报告，包括对其实践和绩效的详细描述。报告通常包括经济、环境、社会和文化责任的部分，以及数据、案例研究和未来计划。

5. 审核和验证：社会责任报告通常需要经过外部审核和验证，以确保信息的准确性和可信度。外部审计机构或认证组织可以参与这一过程。

6. 公开披露：企业应该向外界公开披露社会责任报告。这可以通过企业网站、社交媒体、新闻发布、可持续发展报告或专门的平台来实现。

7. 反馈和改进：企业应该接受来自利益相关者的反馈，并采取措施改进其社会责任实践。反馈有助于持续发展和满足期望。

社会责任报告的实践需要企业的承诺和资源投入，但它们可以为企业带来诸多好处，包括建立信任、维护声誉和提高竞争力。

（五）透明度的实践

透明度的实践包括以下关键步骤：

1. 信息公开：企业应积极公开披露与其经营活动相关的信息，包括财务信息、社会责任实践、经营决策和风险管理。

2. 真实性：企业应提供真实和准确的信息，避免虚假陈述或误导性信息。不诚实的信息公开可能对企业信任和声誉造成损害。

3. 全面性：企业应提供全面的信息，包括正面和负面信息。选择性披露可能导致信息不完整，利益相关者可能错失关键信息。

4. 及时性：企业应及时向外界公开信息，以便利益相关者能够在合适的时候了解情况。延迟的信息公开可能导致问题恶化或信任流失。

5. 易理解性：企业应以易理解的方式呈现信息，避免使用专业术语或复杂的语言。

6. 反馈机制：企业可以建立反馈机制，以便利益相关者提供反馈和意见。这有助于改进信息披露并满足期望。

7. 独立审计：一些企业选择接受独立审计，以验证其信息的准确性和可信度。独立审计可以提高信息的可信度。

8. 社交媒体和数字化平台：企业可以利用社交媒体和数字化平台来进行信息披露，与利益相关者互动，并传达信息。这些渠道可以增强透明度。

透明度的实践要求企业秉持开放和诚实的原则，主动与利益相关者分享信息，并接受他们的反馈。这有助于建立信任、满足期望，维护声誉，以及提高公司治理水平。

（六）未来趋势

社会责任报告和透明度在未来将继续发展和演进。以下是一些未来趋势：

1. 整合性报告：越来越多的企业将经济、环境、社会和治理信息整合到一个综合性报告中。这有助于提供更全面的信息，满足利益相关者的需求。

2. 数字化报告：数字化技术将推动社会责任报告的创新。交互式报告、可视化数据和数字平台将成为未来的趋势，使信息更易理解并增强互动。

3. 标准化和认证：国际社会责任报告的标准化和认证将越来越重要。这有助于确保信息的可比性和准确性，以及提高报告的可信度。

4. 强化透明度法规：许多国家和地区将加强透明度法规，要求企业更详细地披露非财务信息。这将促使企业更加积极地履行社会责任并增加透明度。

5. 利益相关者参与：越来越多的企业将积极与利益相关者合作，包括消费者、员工和社会组织。这将有助于满足不断增长的期望和需求。

6. 重视人权和社会正义：企业将更加重视人权和社会正义问题，包括劳工权益、社会平等和种族公平。这将在社会责任报告中得到更多的关注。

7. 可持续发展目标对齐：企业将越来越多地与可持续发展目标对齐其进行社会责任实践。这有助于解决全球性问题，如气候变化和不平等。

未来的趋势将推动社会责任报告和透明度向更高水平发展，以满足不断增长的社会期望和需求，促进可持续发展，建立信任，维护声誉，以及提高公司治理水平。

社会责任报告和透明度是企业社会责任实践的关键组成部分。它们有助于建立信任、满足利益相关者期望、维护声誉和提高公司治理水平。未来的趋势将进一步推动社会责任报告和透明度的发展，以应对不断增长的社会和环境挑战。企业应积极履行其责任，通过透明的信息披露来展示其社会责任实践，推动可持续发展，满足社会期望，建立信任，维护声誉，以及提高公司治理水平。

第二节　环境保护与企业可持续经营

一、环保意识与可持续经营

随着全球社会对气候变化、环境污染和资源枯竭等问题的日益关注，环保意识与可持续经营已成为企业经营和发展的理念。在现代社会，企业不仅需要考虑盈利，还必须积极履行其环保责任，以实现可持续经营。下文将深入探讨环保意识与可持续经营之间的紧密联系，以及它们如何影响企业、社会和环境。

（一）环保意识的重要性

气候变化和环境挑战：全球气温上升、极端气候事件增多、生态恶化等问题已经引起了广泛的关注。气候变化和环境挑战威胁着全球的可持续发展，需要采取行动减缓其影响。

社会要求和期望：消费者、投资者和社会组织对企业的环保行动提出了更高的期望。企业的环保表现已经成为评估企业声誉和品牌形象的关键标准。

法律法规和政府政策：越来越多的国家和地区出台法律法规和政策，要求企业降低碳排放、减少废物排放、改善资源管理等。不遵守这些法规可能会导致法律责任和罚款。

资源可持续性：随着资源稀缺性的增加，企业必须更加谨慎地管理资源，以确保资源供应的可持续性。这包括能源、水资源、原材料等。

竞争优势：环保意识不仅可以减少环境风险，还可以为企业创造竞争优势。可持续经营实践可以提高效率、降低成本，吸引投资者和客户。

（二）可持续经营的概念

可持续经营是指企业在追求经济利润的同时，积极考虑社会和环境因素，以确保其经营活动对未来发展不会造成不可逆转的影响。可持续经营的关键要素包括：

1. 经济绩效：企业需要确保其经济绩效可持续，包括盈利、资金管理和财务稳定性。这是可持续经营的基础。

2. 环境绩效：企业应该积极降低环境影响，包括减少碳排放、资源节约、废物管理和生态系统保护。

3. 社会绩效：企业需要重视社会责任，包括员工权益、社区支持、人权保护和社会平等。

4. 治理和透明度：企业应加强公司治理，确保管理结构和决策过程是透明和负责任的。

可持续经营的目标是实现经济、社会和环境的平衡，以满足当前需求，同时不损害未来发展的权益。

（三）环保意识与可持续经营的联系

环境管理：环保意识激励企业采取措施来管理和减少环境影响。这包括降低碳排放、减少废物排放、改善资源管理和生态系统保护。这些环境管理实践有助于实现可持续经营，减少环境风险，提高效率，并降低成本。例如，减少能源和资源的浪费不仅降低了环境影响，还减少了能源和原材料的开支，从而增加了企业的经济绩效。

创新和竞争优势：环保意识可以激发创新，推动企业开发环保友好的产品和技术。这不仅满足了不断增长的环保市场需求，还为企业带来竞争优势。可持续经营意味着在创新方面更具竞争力，因为它要求企业寻找更高效、更环保的解决方案。

社会责任：环保意识与社会责任紧密相关。企业积极履行环保责任，通过减少环境污染和改善社区环境，有助于提高社会绩效。这包括社区支持、人权保护、员工权益和社会平等。社会责任是可持续经营的核心组成部分，因为它关注的是企业与社会之间的关系。

风险管理：环保意识有助于企业降低环境风险。通过主动管理环境问题，企业可以减少潜在的法律风险和声誉风险。环保管理不仅可以降低罚款和诉讼的风险，还可以防止声誉受损，提高利益相关者对企业的信任。

长期可持续性：环保意识促使企业考虑长期可持续性。企业要确保其经营活动不会耗尽资源，也不会对生态系统造成不可逆转的破坏。可持续经营追求的目标是实现经济、社会和环境的平衡，以确保企业的长期可持续性。

利益相关者需求：环保意识与可持续经营之间的联系还体现在对利益相关者需求的响应上。消费者、投资者和政府机构要求企业更加环保，可持续经营是回应这些需求的方式。企业需要关注利益相关者的期望，并积极采取行动来满足这些期望。

可持续经营需要企业在经济、社会和环境领域取得平衡，以满足现今和未来的需求。环保意识推动企业朝着这个目标前进，有助于企业降低风险、提高效率、创新、提高声誉，满足社会期望，以及推动可持续发展。

（四）可持续经营的实践

要实践可持续经营，企业可以采取以下关键措施：

1. 设定可持续目标：企业应明确可持续发展的目标，包括经济、环境和社会维度。这些目标应与企业的愿景和价值观一致。

2. 环境管理：企业应采取措施来管理和降低其环境影响。这包括减少碳排放、资源节约、废物管理和生态系统保护。

3. 社会责任：企业应积极履行社会责任，包括员工权益、社区支持、人权保护和社会平等。社会责任实践可以增强企业的社会绩效。

4. 创新和研发：创新可以帮助企业开发环保友好的产品和技术。企业应鼓励研发团队寻找更高效、更环保的方案。

5. 透明度和报告：企业应提供透明的信息披露，向利益相关者公开其可持续经营实践和绩效。这有助于建立信任和满足期望。

6. 培训和教育：企业可以为员工提供培训和教育，以提高他们的环保意识，并帮助他们更好地理解可持续经营的重要性。

7. 监测和评估：企业应定期监测和评估其可持续经营绩效。这有助于发现问题并采取改进措施。

可持续经营需要企业的承诺和资源投入，但它不仅有助于降低环境和社会风险，还可以为企业带来商业机会和竞争优势。

（五）环保意识和可持续经营的影响

经济影响：环保意识和可持续经营可以提高企业的经济绩效。减少能源消耗、资源浪费和废物排放，可以降低生产成本，提高效率，增加盈利。此外，环保友好的产品和服务也可以满足不断增长的环保市场需求，为企业带来新增收入。

社会影响：环保意识和可持续经营有助于提高企业的社会绩效。积极履行社会责任，包括支持社区、保护员工权益和关注人权问题，有助于改善社会关系，增强企业的声誉。这有助于建立更健康、更和谐的社会环境。

环境影响：可持续经营的实践可以显著减少企业对环境的负面影响。降低碳排放、减少废物排放和资源节约有助于保护生态系统，减少生态破坏，降低气候变化的风险。这有助于维护地球自然资源的可持续性。

政策和法律影响：环保意识和可持续经营已经影响了政策和法律环境。越来越多的国家和地区出台法规，要求企业降低碳排放、减少废物排放、改善资源管理等。不遵守这些法规可能会导致法律责任和罚款，对企业产生负面影响。

投资者和股东影响：环保意识对投资者和股东的影响不容忽视。越来越多的投资者考虑环境、社会和治理因素，作为投资决策的一部分。可持续经营实践有助于吸引那些重视环保因素的投资者和股东，增加企业的融资和股价。

消费者和客户影响：环保意识和可持续经营对消费者和客户的吸引力

也越来越大。越来越多的消费者愿意支持环保友好的企业，购买绿色产品和服务。企业积极履行环保责任可以增加客户忠诚度，扩大市场份额。

员工影响：环保意识和可持续经营可以影响员工的参与度和忠诚度。员工更愿意为关注社会和环保问题的企业工作，他们可能更有干劲，更满意工作，从而提高生产力。

创新和竞争优势：可持续经营激发企业创新，寻找更环保友好的解决方案。这种创新可以帮助企业获得竞争优势，满足不断增长的环保市场需求。

长期可持续性：可持续经营的目标是实现经济、社会和环境的平衡，以确保企业的长期可持续性。环保意识激励企业考虑未来发展的权益，确保资源的可持续性。

环保意识和可持续经营之间的联系是显而易见的。环保意识激发企业采取可持续经营实践，这有助于提高经济、社会和环境绩效，减少风险，提高竞争优势，满足利益相关者需求，以及推动社会和环境改进。

环保意识与可持续经营之间的联系是现代企业经营和发展的重要组成部分。随着社会对气候变化、环境污染和资源枯竭的关注增加，企业越来越多地将环保和可持续性视为发展目标。环保意识激发企业采取行动，降低环境和社会风险，提高经济绩效，吸引投资者和客户，维护声誉，满足政策法规，以及推动社会和环境改进。

环保意识与可持续经营的联系对企业、社会和环境产生了积极影响。它有助于改善经济绩效、社会绩效和环境绩效，降低风险，提高竞争优势，满足利益相关者需求，以及推动社会和环境的可持续发展。环保意识和可持续经营已经成为企业成功的关键要素，应被积极采纳和推广，以创造更加可持续和繁荣的未来。

二、绿色技术与创新

随着全球气候变化、资源枯竭和环境污染等问题的不断恶化，绿色技术与创新变得至关重要。这些技术不仅有助于减少对环境的不良影响，还可以为企业创造商机、提高效率、降低成本，并推动可持续发展。下文将深入探讨绿色技术与创新之间的关系，以及它们如何塑造未来的可持续经济。

（一）绿色技术的概念

绿色技术，也被称为清洁技术或环保技术，是指那些旨在减少负面环境影响、减缓气候变化、降低资源消耗以及提高资源利用效率的技术和创新。这些技术通常以可持续性为目标，可以帮助减少温室气体排放、减少废物产生、改善环境质量，同时提高生产效率和经济竞争力。

绿色技术的范围非常广泛，包括但不限于以下领域：

1. 可再生能源：如太阳能、风能、水能和生物能源等。这些能源替代了传统的化石燃料，减少了碳排放。

2. 能源效率：包括节能技术、智能能源管理系统和高效设备，旨在减少能源消耗，提高能源利用效率。

3. 清洁交通：如电动汽车、混合动力汽车和公共交通系统，以减少汽车尾气排放。

4. 循环经济：通过材料回收和再利用来减少资源消耗。

5. 水资源管理：包括节水技术、水资源循环利用和水质监测，以减少淡水资源的浪费和水污染。

6. 污染控制：包括空气污染控制、水污染控制和废物管理技术，以改善环境质量。

7. 绿色建筑：采用可持续材料和设计，减少能源消耗和废物产生。

8. 生态系统保护：保护和恢复生态系统，包括森林、湿地、海洋和野生动植物。

这些领域中的技术和创新旨在实现可持续发展目标，满足当前需求，同时不损害未来发展的权益。

（二）绿色技术与创新的联系

绿色技术与创新之间存在密切联系，相互促进。以下是它们之间关系的几个关键方面：

1. 技术创新：绿色技术本身是一种创新。它代表了科学和工程的最新进展，以解决环境和可持续性挑战。例如，太阳能电池和风能涡轮机等可再生能源技术就是科学和工程创新的产物。

2. 解决环境问题：绿色技术是为解决环境问题而创新的产物。它们提供了减少污染、减少温室气体排放和改善资源管理的方法。这些技术通过创新帮助我们更好地保护环境。

3. 经济机会：绿色技术创新创造了经济机会。企业可以通过开发和采用绿色技术来满足不断增长的环保市场需求。这些技术不仅可以减少环境风险，还可以为企业创造商机。

4. 提高效率：绿色技术有助于提高资源利用效率。通过创新，企业可以降低能源和原材料的浪费，提高生产效率，从而降低成本。

5. 竞争优势：企业采用绿色技术可以获得竞争优势。它们可以提供更环保的产品和服务，满足环保意识不断增强的客户需求。

6. 可持续发展：绿色技术有助于实现可持续发展目标。它们通过创新提供了资源节约和环境友好的解决方案，有助于平衡经济、社会和环境的需求。

7. 科学和工程创新：绿色技术的发展需要深入的科学和工程研究。科学家和工程师不断努力寻找新的方法来减少对环境的不良影响，以及更高效的资源管理方法。这些创新驱动了绿色技术的进步。

8. 市场竞争和投资：市场竞争推动企业不断寻求创新，以提供更具竞争力的绿色产品和方案。投资者也越来越关注环保和可持续性，鼓励企业在绿色技术领域进行创新。

9. 政策和法规：政府政策和法规可以激励企业绿色技术创新。通过设定环保标准、提供财政刺激措施和奖励，政府可以鼓励企业投资于绿色技术研发。

10. 教育和意识：教育和意识也是创新的推动力。培养年轻一代的环保意识，教育他们关于环境问题的重要性，可以激发未来创新者的兴趣，促使他们寻找环保的解决方案。

11. 国际合作：国际合作在绿色技术创新中起着重要作用。国家和组织之间的合作可以促进技术的共享和知识传递，加速绿色技术的发展。

绿色技术创新的影响不仅在科技领域显著，也在商业、政治和社会层面有重大影响。绿色技术的发展有助于改变产业结构，促进绿色经济的崛起，创造就业机会，降低环境风险，改善环境质量，并提高全球可持续性。

（三）绿色技术创新的领域

可再生能源：太阳能、风能、水能和生物能源等可再生能源技术一直处于绿色技术创新的前沿。太阳能电池的效率不断提高，风力涡轮机的设计更加高效，生物质能源的生产和利用变得更具可行性。

电动交通：电动汽车和混合动力汽车的快速发展代表了绿色技术在交通领域的创新。电池技术不断改进，充电基础设施的建设也在不断完善，为清洁交通的发展铺平道路。

循环经济：循环经济技术的创新旨在减少资源浪费，通过回收和再利用材料来降低环境影响。3D 打印技术、可再制造技术和废物管理技术都在循环经济方面发挥作用。

水资源管理：水资源管理技术的创新包括智能水表、水质监测传感器和水资源循环利用技术。这有助于更好地管理淡水资源，减少浪费和水污染。

清洁生产：清洁生产技术的创新旨在降低生产过程中的环境影响。包括更高效的生产方法、更低的废物排放和更有效的资源管理。

环境监测：环境监测技术的创新使我们能够更好地了解环境质量和污染水平。传感器技术和大数据分析有助于实时监测环境参数。

生态系统保护：生态系统保护技术的创新包括采用遥感技术来监测森林覆盖和野生动迁徙，以支持生态系统的保护和恢复。

空气质量改善：改善空气质量的技术创新包括污染控制设备、电动交通、智能城市规划和使用清洁能源。这些技术旨在减少大气中的污染物，改善空气质量，保护人类健康。

（四）绿色技术与可持续发展

绿色技术与可持续发展之间存在深刻的联系。绿色技术的创新可以推动可持续发展的实现，这是一种旨在满足当前需求，同时不损害未来发展的能力。以下是绿色技术如何促进可持续发展的几个方面：

1. 降低温室气体排放：绿色技术，尤其是可再生能源技术，有助于减少对化石燃料的依赖，从而减少温室气体的排放。这有助于应对气候变化，减缓全球变暖的趋势。

2. 资源保护和循环利用：绿色技术推动资源的更加有效利用和回收。循环经济技术减少了资源消耗，降低了废物产生，有助于延长自然资源的寿命。

3. 改善环境质量：清洁生产技术、污染控制技术和水资源管理技术有助于改善环境质量。它们减少了污染物排放，保护了生态系统的健康。

4. 经济增长：绿色技术创新可以促进经济增长。它增加了就业机会，提高了生产效率，增加了企业的竞争力。同时，可持续经济也为长期的经济增长提供了支持。

5. 社会包容性：绿色技术的采用可以提高社会包容性。它可以提供可持续的就业机会，改善社区环境，改善生活质量，确保每个人都能享受可持续发展的好处。

6. 减少生态系统破坏：生态系统保护技术有助于保护自然资源，减少生态系统破坏。这有助于维护生态平衡，确保生物多样性的保存。

7. 提高可持续性意识：绿色技术的创新有助于提高人们的可持续性意识。通过更多地了解环保技术的好处，人们更有可能采用可持续生活方式。

绿色技术的发展有助于实现可持续发展的各个方面，包括环境、社会和经济。它们为解决全球性问题提供了关键的工具，例如气候变化、资源枯竭、污染和生态系统崩溃。绿色技术不仅有助于减少环境问题，还可以为人们带来更健康、更富庶的未来。

（五）挑战

尽管绿色技术的潜力巨大，但它们也面临一些挑战。以下是一些主要的挑战：

1. 成本和资金：绿色技术的初期成本通常较高，这可能会阻碍一些企业和个人采用这些技术。然而，随着技术的发展，成本会逐渐下降。政府激励措施和私人部门的投资也可以帮助克服这一挑战。

2. 技术不成熟：一些绿色技术仍然不够成熟，需要进一步的研发和测试，以确保其可靠性和效率。这需要大量的时间和资源来推动技术从实验室到市场的转化。

3. 市场壁垒：传统能源行业和产业部门通常拥有较高的市场地位和利益，他们可能对绿色技术的发展提出问题。政策支持和法规变革可能需要克服这些市场壁垒。

4. 资源限制：一些绿色技术依赖于有限的资源，如稀土元素等。为了确保可持续性，需要寻找替代资源或开发更有效的资源管理方法。

5. 社会接受度：一些绿色技术可能受到社会接受度的挑战。人们可能会对新技术的安全性和可行性提出疑虑。因此，教育和沟通是克服这一挑战的关键。

6. 全球协作：气候变化和环境问题是全球性挑战，需要国际合作来解决。国家和组织之间需要共同努力，共享技术和知识，以实现可持续发展目标。

（六）机遇

尽管面临这些挑战，绿色技术也带来了巨大的机遇。以下是一些主要的机遇：

1. 经济增长：绿色技术创新将为经济增长提供新机会。它可以创造就业机会、提高生产效率，吸引投资，开发新兴市场。

2. 减少环境风险：采用绿色技术可以减少环境风险，减少自然灾害和生态系统崩溃的可能性。这有助于保护人类和生态系统的健康。

3. 改善能源安全：减少对进口石油和天然气的依赖，提高能源安全性。可再生能源技术减少了对不稳定地区的能源供应的依赖。

4. 提高社会福祉：绿色技术的创新可以改善环境质量，提高人们的生活质量。清洁空气、清洁水和健康食品都有益于人们的健康和福祉。

5. 减缓气候变化：绿色技术有助于减少温室气体排放，减缓气候变化的影响。这对全球气候稳定至关重要。

6. 可持续性：绿色技术是实现可持续发展的关键工具。它们有助于满足当前需求，同时不损害未来发展的能力。

绿色技术与创新是塑造未来可持续经济的关键因素。它们减少对环境的不良影响、提高资源利用效率、推动经济增长和改善社会福祉。政府、企业、研究机构和公民都有责任共同推动绿色技术的发展和应用，以应对全球性环境挑战，创造更加可持续和繁荣的未来。

三、碳中和与减排策略

随着全球气温升高、气候变化问题愈加突出，碳中和和减排策略成为当今世界各国政府、企业和社会团体所关注的热点话题。这两个领域的发展对于实现可持续未来至关重要。下文将深入探讨碳中和和减排策略的概念、原则以及它们在全球应对气候变化挑战中的作用。

（一）碳中和的概念

碳中和是指通过各种措施来抵消或平衡产生的碳排放，以减少温室气体在大气中的累积，从而降低全球气温升高的速度。这一概念的核心思想是确保碳排放不会对气候系统造成进一步的不可逆破坏。

实现碳中和通常涉及以下步骤和方法：

1. 减排：首要任务是减少碳排放，通过提高能源效率、采用清洁能源、改进工业和农业生产等途径来降低温室气体排放。这需要减少使用化石燃料，增加能源的可再生性，并改善生产和消费方式。

2. 碳抵消：当无法完全消除碳排放时，可以采用碳抵消措施，如植树造林、生态恢复和碳汇项目等。这些措施可以帮助抵销部分碳排放，实现碳中和。

3. 碳捕获和储存：碳捕获和储存技术是一种通过捕获工业和能源生产过程中的碳排放并将其永久储存在地下的方法。这有助于减少二氧化碳的释放，但需要高昂的成本和技术支持。

4. 碳交易和碳市场：碳交易允许企业和国家在碳市场上交易排放配额，鼓励更多的减排措施。碳定价也可以为碳中和提供经济激励。

碳中和的目标是在未来一段时间内实现净零碳排放，从而减缓气候变化并降低全球变暖的影响。

（二）减排策略的重要性

减排策略是碳中和的基础，它们是实现气候目标的必要步骤。减排策略的关键在于减少温室气体的排放，从而降低气候变化的速度和严重程度。以下是减排策略的重要性：

1. 气候保护：减排策略是应对气候变化最有效的方式之一。通过降低温室气体排放，可以减缓全球变暖的速度，降低气温升高对环境、社会和经济的影响。

2. 生态平衡：减排有助于保持生态平衡。不良的气候变化对生态系统和生物多样性造成严重威胁，减排可以减轻这些威胁，维护生态系统的健康。

3. 健康保护：减排策略还有助于改善空气质量，减少污染物的排放，从而保护人类健康。减少空气污染和有害颗粒物对呼吸系统的影响，降低人类患慢性疾病的风险。

4. 资源保护：减排也涉及资源保护，尤其是能源资源。减少化石燃料的使用有助于延长自然资源的使用寿命，减少对有限资源的依赖。

5. 经济竞争力：通过提高能源效率和采用清洁技术，企业可以降低成本，提高竞争力。减排策略可以为企业创造商机，开拓新市场。

6. 社会公平：减排策略应该以社会公平为原则。这意味着应该平衡各个社会群体的需求，确保减排措施不会加重社会不平等。

减排策略是应对气候变化挑战的紧迫任务。各国政府、企业和社会团体都需要采取积极措施，通过技术创新、政策支持和社会行动来减少碳排放。

（三）减排策略的关键领域

实现减排目标涉及多个关键领域，以下是其中一些主要的减排策略领域：

1. 能源部门：能源部门是温室气体排放的主要来源之一。减排策略包括增加可再生能源的使用，提高能源利用效率，减少化石燃料的使用，采用清洁燃料和技术，以及发展碳捕获和储存技术。

2. 交通：交通部门也是重要的气体排放来源。减排策略包括推广电动汽车、改进燃油效率、改善公共交通系统、鼓励非机动交通，以及推动可持续城市规划。

3. 工业生产：工业生产部门碳排放主要来自工业生产。减排策略包括采用清洁生产技术、提高能源效率、减少废物排放，以及改进生产流程。

4. 农业和土地利用：农业和土地利用也对碳排放贡献较大。减排策略包括可持续农业实践、森林保护和恢复、土地复垦和碳汇项目。

5. 建筑和城市规划：建筑和城市规划可以采用能源使用效率高的建筑设计，推广绿色建筑标准，改进城市交通规划，以减少碳排放。

6. 废物管理：废物管理是另一个重要的减排领域。通过提高废物回收率、减少废物产生、采用生物分解技术和垃圾填埋气体回收，可以降低废物相关的排放。

7. 技术创新：技术创新对于减排策略至关重要。新技术如碳捕获和储存、清洁能源和电池技术等可以加速减排过程。

这些领域中的减排策略需要政府、企业、社会团体和个人的合作，以实现全面的碳减排目标。

（四）碳中和与减排策略的挑战

尽管碳中和和减排策略有巨大的潜力，但它们面临一些挑战：

1. 成本：一些减排技术和措施可能需要高昂的成本，尤其是在初期阶段。这可能对企业和个人的资金造成负担。

2. 技术不成熟：一些减排技术仍然不够成熟，需要进一步的研发和测试，以确保其可行性。

3. 社会接受度：一些减排措施可能受到社会接受度的挑战。人们可能对新技术的安全性和可行性提出疑虑，或者担心其影响社会和经济。

4. 政策和法规：缺乏明确的政策和法规支持可能阻碍减排措施的实施。政府需要制订鼓励减排的政策和法规，以激励企业和个人采取行动。

5. 国际合作：国际合作是实现全球减排目标的关键，但不同国家之间的环境和文化可能存在差异。需要解决协调和合作的挑战。

6. 产业利益：传统能源产业和其他高碳产业可能会暂缓减排措施的实施，因为这可能损害它们的经济利益。

7. 技术限制：一些减排技术可能受到技术限制，例如碳捕获和储存技术的可行性。

解决这些挑战需要协调和合作，政府、企业、研究机构和公民都应承担责任，推动碳中和和减排策略的实施。

（五）碳中和和减排策略的未来

碳中和和减排策略是实现可持续未来的关键步骤。未来的发展应着重以下方向：

1. 加强全球合作：国际社会需要加强合作，共同应对气候变化挑战。各国应加快履行减排承诺，并在国际层面分享技术和资源，以推动碳中和的实现。

2. 技术创新和研发：技术创新是减排策略的关键。政府和企业应投资于新技术的研发，以降低成本、提高效率，并促进技术的推广和采用。

3. 政策和法规支持：政府需要制定明确的政策和法规，以鼓励减排措施的实施。这包括碳定价、减排目标、环境法规和激励措施。

4. 教育和公众参与：教育和公众参与是推动减排的关键因素。人们需要了解气候变化的影响，以及他们自身在减排中的角色。教育和信息传播可以激发行动和意识的提高。

5. 多样化的能源来源：减排策略应包括能源部门的转型，增加可再生能源的比重，减少化石燃料的使用，并推动清洁能源技术的发展。

6. 气候适应措施：除了减排，还需要加强气候适应措施，以应对气候变化造成的影响。这包括改进基础设施、水资源管理、林业和生态系统保护。

7. 社会公平：减排策略应以社会公平为原则，确保减排措施不会加剧社会不平等。

8. 企业和个人参与：企业和应积极参与减排，采用可持续经营模式，改进生产过程，并推动清洁技术的发展。

碳中和和减排策略是实现可持续的基础。它们是为了减缓气候变化的不良影响，降低全球变暖的速度，保护生态系统和人类健康而采取的关键措施。在全球范围内，政府、企业和个人都有责任参与，并采取积极的行动，以实现碳中和和减排目标，确保子孙后代的可持续未来。

第三节　社会参与与公益项目

一、社会参与公益项目的方式

社会参与是公益事业的核心。无论是在社区发展、环境保护、教育支持还是其他领域，社会参与是实现可持续变革和社会改善的关键。下文将探讨不同的社会参与方式，以鼓励更多人积极投身公益事业，并共同创造美好的社会。

（一）什么是社会参与?

社会参与是指个人、团体、组织和企业积极参与社会、环境和经济问题的过程。这种积极参与可以通过各种方式来实现，包括时间、资源、知识和技能的投入，以及在公益项目中的直接参与。社会参与的目标通常是改善社会的某一方面，解决问题或推动社会变革。

社会参与的好处包括：

1. 社会改善：通过社会参与，个人和组织可以积极参与社会问题的解决，从而改善社会的某一方面，如教育、卫生、环保等。

2. 个人成长：参与公益项目有助于提高自我意识、领导力、沟通和解决问题的能力。这有助于个人的成长和发展。

3. 社区建设：社会参与有助于建设更强大、更团结的社区。它可以凝聚人们的力量，实现共同的目标。

4. 满足感：参与公益事业可以带来满足感和成就感。知道自己对社会有所贡献，可以提高幸福感。

5. 推动变革：社会参与可以推动社会变革和政策改革。通过集体行动，人们可以争取权益，推动社会公平和正义。

6. 建立关系：社会参与也有助于建立社交关系。与志同道合的人一起工作，可以建立深厚的友谊。

（二）不同的社会参与方式

社会参与有多种方式，每个人都可以根据自己的兴趣、时间和资源来选择最适合自己的方式。以下是一些常见的社会参与方式：

1. 志愿服务：志愿服务是最常见的社会参与方式之一。人们可以选择加入志愿组织，为社区、环境或其他慈善事业提供时间和劳动力。志愿者可以从事各种活动，如义务教育、环保行动、食物分发、医疗援助等。

2. 捐款：捐款是一种常见的社会参与方式。个人可以捐赠资金，支持各种公益项目和组织。这可以包括定期捐款、一次性捐款、遗赠等方式。

3. 技能分享：个人可以分享自己的专业技能和知识，为非营利组织和社区提供帮助。这包括提供培训、咨询、法律援助、医疗服务等。

4. 社会倡导：通过社会倡导，人们可以影响政策和法规，推动社会变革。这可以包括签名请愿书、写信给政府官员、发表评论等。

5. 社会企业：社会企业是一种商业模式，旨在解决社会和环境问题。通过创办或支持社会企业，个人可以将商业和社会目标相结合，产生积极的社会影响。

6. 教育和宣传：通过教育和宣传，人们可以提高社会意识，激发行动。这可以通过教育项目、社交媒体、文化活动等方式实现。

7. 参与决策：参与政府和社会决策是一种重要的社会参与方式。这可以包括参加公共听证会、政府咨询会议、社区讨论会等。

8. 在线参与：互联网和社交媒体使在线参与变得更加容易。人们可以在线签署请愿书、捐款、参与线上活动、分享社会问题等。

9.亲身体验：通过亲身体验，人们可以更好地了解社会问题。这可以包括参观社会服务机构、参加社区活动、亲自了解问题。

10.捐赠物品：人们可以通过捐赠物品来支持社会组织，如食物、衣物、医疗用品、书籍等。

不同的社会参与方式都有其价值和重要性。个人可以根据自己的兴趣和能力来选择最适合自己的方式，无论是通过时间、资源、知识还是技能来支持公益事业。

（三）**如何选择合适的社会参与方式？**

选择合适的社会参与方式是重要的，因为它需要考虑个人兴趣、时间、资源和能力。以下是一些指导原则，可以帮助个人选择合适的社会参与方式：

了解自己的兴趣和价值观：首先，考虑自己的兴趣和价值观。想一想自己对哪些社会问题特别关心，以及自己认为哪些问题是最重要的。这将有助于找到与个人价值观相符的公益项目。

评估可用的时间和资源：确定自己能够投入多少时间和资源是重要的。一些社会参与方式可能需要更多的时间，而选择其他方式可能更加灵活。根据个人的时间和财务状况来选择适当的方式。

了解社会问题：了解自己关心的社会问题，包括根本原因、现状和可能的解决方案。这有助于更好地理解如何参与以及如何最有效地支持相关的公益项目。

与组织和志愿者沟通：与慈善组织、志愿者团体或社区组织联系，了解他们的需求和如何支持他们的工作。这种亲自沟通有助于找到适合自己的项目和支持方法。

设定明确的目标：明确自己想要实现的目标和期望。这可以是具体的目标，如每月志愿几小时，或者宽泛的目标，如为特定社会问题提供支持。

持续学习和适应：社会参与是一个学习和成长的过程。不断学习和适应新情况是重要的，以提高自己的社会参与效率和影响力。

与其他人分享经验：与其他有经验的社会参与者交流，分享经验和教训。这可以帮助解决问题，并建立社会参与者团队。

（四）公益项目的实施

一旦选择了适合自己的社会参与方式，接下来是项目的实施。以下是一些执行公益项目的关键步骤：

计划和目标：制定明确的计划和目标，包括项目的时间表、资源需求和期望的成果。确保目标具体、可衡量和可实现。

寻找合作伙伴：在实施项目时，寻找志愿者、合作伙伴或组织，共同合作完成任务。团队合作通常可以提高效率和影响力。

筹集资金：如果项目需要资金支持，考虑筹集资金的途径，包括捐款、赞助和资助。

推广项目：通过社交媒体、活动宣传、媒体报道等方式，宣传项目并吸引更多人参与。公共宣传有助于提高项目的知名度和吸引力。

实施和监测：根据计划开始实施项目，确保按照设订的目标和时间表进行。同时，不断监测项目的进展，进行及时的调整。

评估和反馈：在项目完成后，进行评估，分析项目的成果和效果。这有助于了解项目的成功之处，以及如何改进未来的社会参与项目。

分享经验：将项目经验分享给其他人，提供建议和培训，以便其他人从中学习和受益。

（五）结语

社会参与是每个人都可以参与的活动，它不仅使社会更加美好，还有助于个人的成长和提高满足感。在一个人们日益关注社会责任和可持续发展的世界中，社会参与是实现积极变革的关键。

选择适合自己的社会参与方式并不是一成不变的，个人可以根据兴趣和生活情况做出调整。无论是志愿服务、捐赠、技能分享还是社会倡导，每一种方式都有其独特的价值。重要的是积极参与，根据自己的能力和资源为社会和环境问题提供帮助。

社会参与还可以激励其他人效仿，形成良性循环，推动社会变革。当越来越多的人积极参与时，社会问题将变得更容易解决，社会将更加公平和可持续。

最后，社会参与不仅是一种责任，也是一种机会。它可以让个人感到自己对社会的贡献，提高幸福感。因此，鼓励更多人积极参与公益项目，共同创造更美好的世界。

二、公益项目的选择与管理

公益项目的选择与管理是一个关乎社会福祉和可持续发展的重要议题。在现代社会，越来越多的个人、组织和政府机构关注并参与公益事业，以改善社会问题、促进社会公平和促进社会进步。下文将探讨公益项目的选择与管理，重点关注如何选择适当的项目、项目设计和执行，以及如何确保项目的可持续性。

（一）公益项目的选择

1. 项目选择的重要性

公益项目的选择是一个重要的决策，它决定了资源的分配和项目的效果。一个好的项目可以解决社会问题，提升社会福祉，而一个不合适的项目可能会浪费有限的资源，甚至产生负面影响。因此，项目选择需要谨慎，需要充分考虑社会需求、组织使命和项目可行性。

2. 项目选择的原则

在选择公益项目时，应遵循以下原则：

社会需求：项目应该针对社会需求，解决实际问题。这可以通过市场调研、社会调查和需求分析来确定。

组织使命：项目应与组织的使命和价值观相一致。确保项目与组织的愿景和目标保持一致，以提高项目的影响力和可持续性。

可行性分析：项目选择时要进行可行性分析，考虑项目的资源需求、风险和预期结果。项目应该在财务、技术和组织上可行。

创新性：鼓励创新项目，以解决复杂问题。创新项目可能会带来更积极的社会影响和可持续性。

3. 项目评估和筛选

一旦确定了项目候选项，需要进行项目评估和筛选。这包括制订评估标准、收集信息、制订评估方法，并最终选择最合适的项目。

评估标准：明确项目评估的标准，包括社会影响、可持续性、可行性、组织使命一致性等。

数据收集：收集关于候选项目的数据，包括市场调查、社会调查、成本估算和潜在风险。

评估方法：制订评估方法，以定量和定性的方式来评估项目的各个方面。这可以包括成本－效益分析、社会影响评估和可行性分析。

项目选择：基于评估结果，选择最合适的项目。可能需要将项目候选项排名，以便做出最终决策。

（二）公益项目的管理

1. 项目设计

项目设计是确保项目成功的关键步骤。在项目设计阶段，需要明确项目的目标、计划、资源需求和实施方法。

项目目标：明确定义项目的目标和预期结果。目标应该是明确的、可实现的，以便后续的评估和监测。

项目计划：制定详细的项目计划，包括时间表、账务预算和资源分配。确保项目按计划进行，以避免延迟和超支。

资源需求：确定项目所需的资源，包括人力资源、财务资源和技术资源。确保有足够的资源支持项目的实施。

实施方法：制定明确的实施方法，包括项目管理、监测和评估机制。确保项目能够按计划进行，并实现预期的结果。

2. 项目执行

项目的执行阶段是将项目计划付诸实践的阶段。在项目执行过程中，需要管理项目的各个方面，包括资源、团队、沟通和风险。

资源管理：确保项目的资源得到有效管理，包括预算控制、时间管理和资源分配。

团队管理：建立一个高效的项目团队，确保团队成员具有适当的技能和培训。

沟通管理：建立有效的沟通机制，与项目干系人、团队成员和利益相关者进行及时沟通。

风险管理：识别和管理项目的潜在风险，采取措施降低风险的发生率和不良影响。

3. 项目监测和评估

项目的监测和评估是确保项目成功的关键步骤。这包括对项目进展和结果进行定期监测，以便及时做出调整和改进。

监测进展：定期监测项目的进展，比较实际结果与预期结果。这有助于及时发现问题和采取调整措施。

评估效果：对项目的社会影响进行评估，以确定项目是否达到了预期的社会效果。

学习和改进：在项目的监测和评估过程中，需要将所获得的信息用于学习和改进。这包括分析项目的成功和失败因素，并提出改进建议。通过学习和改进，项目可以更好地适应不断变化的环境和需求。

4. 可持续性管理

项目的可持续性管理是确保项目能够持续发展和产生长期积极影响的重要因素。以下是一些关于可持续性管理的关键考虑因素：

资金筹措：确保项目有足够的资金支持项目的运行和发展。这可能包括多元化筹款、捐赠者关系管理和财务规划。

社区参与：积极与社区和利益相关者互动，建立合作关系，确保项目与社区需求保持一致。

持续的监测和评估：持续进行项目监测和评估，以确保项目达到预期的社会效果，并能够及时调整项目方向。

机构发展：不断提升组织能力，包括领导力发展、员工培训和战略规划，以支持项目的可持续性。

合作伙伴关系：建立和维护与其他组织的合作伙伴关系，以共同推动公益事业。

（三）公益项目的成功案例

以下是一些成功的公益项目案例，这些案例提供了有关项目选择和管理的实际经验和启示：

1. 环保项目：可持续能源推广

环保项目一直是重要的公益领域之一。一个成功的例子是可持续能源推广项目。这个项目针对社会需求，解决了环境问题，通过推广太阳能和风能等可持续能源，减少了温室气体排放，提高了能源效率。项目选择符合组织期望，关注环境可持续性。项目设计包括太阳能电池板的安装，资源需求的合理规划和社区参与。项目执行中，团队有效管理资源，与当地社区合作，进行定期监测和评估。项目的成功体现在减少了碳排放、提供清洁能源和改善当地社区的生活质量。

2. 教育项目：远程教育计划

教育项目是一个关键的公益领域。远程教育计划是一个成功的案例。这个项目针对社会需求，提供了教育资源，帮助那些无法更好获得传统教育的人。项目选择符合组织期望，强调教育的普及。项目设计包括在线课程的开发，资源需求的合理规划和技术支持。项目执行中，团队有效管理课程内容、学生支持和技术基础设施。项目的成功体现在提供了教育机会，帮助学生提升技能，提高就业机会。

3. 社区发展项目：城市绿化和社区园艺

社区发展项目可以改善社区居民的生活质量。城市绿化和社区园艺项目是一个成功的案例。这个项目针对社区需求，提高城市环境质量，鼓励社区互动。项目选择符合组织期望，强调社区的可持续发展。项目设计包括公园和绿化区的建设，资源需求的合理规划和社区参与。项目执行中，团队有效管理项目和社区参与。项目的成功体现在提供了美丽的城市环境，促进了社区团结。

公益项目的选择与管理对社会福祉和可持续发展至关重要。通过遵循项目选择的原则，进行项目评估和筛选，以及有效地进行项目设计、执行、监测、评估和可持续性管理，可以确保项目的成功。成功的公益项目案例提供了有关项目选择和管理的实际经验和启示，鼓励更多的组织和个人参与公益事业，共同改善社会和环境。公益项目的选择与管理是一个需要不断学习和改进的过程，需要不断适应社会变化和需求，以取得长期的社会影响。

三、社会参与的效益与回报

社会参与是指个人、组织或社群积极参与社会事务和活动的过程，以促进社会进步、改善社会问题和增加社区福祉。社会参与不仅是一种道德行为，还可以带来广泛的效益和回报，不仅对个人，也对社会和组织都具有重要意义。下文将探讨社会参与的效益与回报，包括个人层面、社会层面和组织层面的影响。

（一）个人层面的效益与回报

1. 个人成长与发展

社会参与为个人提供了宝贵的机会，以增强各种技能和能力。参与志愿活动、社区服务或非营利组织工作可以促进领导力、团队合作、沟通和问题解决等方面的能力。个人成长和发展是社会参与的一大回报，可以帮助个体在职业和个人生活中取得更大的成功。

2. 增强社交网络

参与社会活动和组织可以帮助个人建立广泛的社交网络。这些社交网络不仅可以建立友情和支持，还可以提供职业机会和资源共享的平台。通过社交网络，个人可以更好地了解社会问题，寻求合作伙伴，以及获得信息和资源。

3. 增强社会意识和责任感

社会参与有助于个人增强社会意识和责任感。通过参与社会事务，个人可以更好地理解社会问题，认识到自己的作用和责任。这种社会意识和责任感可以促使个人参与更多的社会活动，以改善社会问题和促进社会公平。

4. 提高幸福感和满足感

研究表明，社会参与与幸福感和满足感之间存在正相关关系。参与社会活动和帮助他人可以带来内在满足感和成就感。这种满足感可以提高个人的幸福感和生活满足度，有助于心理健康。

5. 职业发展和就业机会

社会参与也对个人的职业发展和就业机会产生积极影响。通过志愿活动和社区服务，个人可以展示他们的技能和领导能力，这可能会吸引雇主提供更多的职业机会。此外，许多组织重视员工的社会参与，这可能导致升职和薪酬的提高。

6. 心理健康和幸福感

社会参与对个人的心理健康和幸福感有积极影响。积极的社交互动和对他人的帮助可以减轻孤独感、焦虑和抑郁心理。参与社会活动还可以提供情感支持和社交联系，有助于维持健康的心理状态。

（二）社会层面的效益与回报

1. 社会问题解决

社会参与有助于解决社会问题。志愿者工作、社区服务和非营利组织的活动可以影响社会问题，如贫困、教育不平等、环境保护等。通过集体努力，社会可以更好地应对各种挑战和问题。

2. 社会凝聚力

社会参与有助于增强社会凝聚力。参与社会活动和组织可以促进社区团结，增加社交活动，减少社会分裂和冲突。社会凝聚力有助于建立更稳定和和谐的社会。

3. 社会公平

社会参与可以促进社会公平。通过积极参与社会事务，个人和组织可以推动政策变革、法律改革和社会变革，以减轻社会不平等和不公正。社会公平是社会参与的一个重要目标，可以促进更加包容和平等的社会。

4. 社会教育和意识

社会参与有助于社会教育和意识的提高。通过参与社会活动，个人可以更深入地了解社会问题和挑战，了解社会多样性，培养同情心和理解。这有助于提高社会的教育水平和社会意识。

5. 社会创新

社会参与也可以促进社会创新。参与社会活动的个体和组织通常具有创新的精神，他们寻求新的方法来解决社会问题，提高社会效率。社会创新可以带来新的解决方案，提高社会的可持续性。

6. 社会资本

社会参与有助于建立社会资本。社会资本是指社会网络、信任关系和合作精神，它有助于社会的发展和稳定。社会参与可以帮助个体和组织建立社会资本，通过积极参与社会活动，个体和组织可以建立更广泛的社交网络，增强信任关系，并促进合作。社会资本是社会参与的一个重要回报，有助于社会的发展和应对挑战。

7. 社会影响力

社会参与可以产生持久的社会影响力。通过参与志愿活动、捐赠和社区服务，个人和组织可以改善社区、促进社会进步和解决社会问题。这种社会影响力可以持续多年，对社会产生深远的影响。

（三）组织层面的效益与回报

1. 品牌建设

社会参与对组织的品牌建设具有重要作用。积极参与社会活动和支持社会事务可以提升组织的声誉和形象。这有助于吸引客户、员工和投资者，提高组织的可信度和吸引力。

2. 创新和竞争力

社会参与可以促进组织的创新和竞争力。通过解决社会问题和满足社会需求，组织可以开发新产品、改善服务和业务模式，从而增强竞争力。社会参与可以激发组织内部的创新文化和创新精神。

3. 员工忠诚度和满意度

组织积极参与社会活动和社会责任倡议，可以提高员工的忠诚度和满意度。员工通常更愿意为有社会使命和价值观的组织工作，并感到自豪和满足。这有助于减少员工流失和提高员工绩效。

4. 风险管理

社会参与可以帮助组织管理风险。通过积极参与社会活动，组织可以建立更强大的社会网络和加深利益相关者关系，这在危机时期可以提供支持和资源。社会参与还可以帮助组织更好地预测和应对社会问题和发展趋势，降低潜在的负面影响。

5. 战略伙伴关系

社会参与有助于建立战略伙伴关系。组织可以与非营利组织、政府机构和其他企业合作，共同解决社会问题和实现共同的目标。这些战略伙伴关系可以为组织带来资源、机会和支持，促进可持续发展。

6. 法规合规

社会参与也有助于组织的法规合规。通过积极履行社会责任和参与社会活动，组织可以避免法律问题和法规违规。这有助于维护组织的声誉和降低法律风险。

社会参与的效益与回报是多层面的，既对个人、社会，也对组织产生积极影响。在个人层面，社会参与有助于个人成长和发展、建立社交网络、增强社会意识和责任感，提高幸福感和满足感，促进职业发展和就业机会。在社会层面，社会参与有助于解决社会问题、增强社会凝聚力、促进社会公平、提高社会教育和意识，推动社会创新，建立社会资本，产生社会影响力。在组织层面，社会参与有助于品牌建设、创新和竞争力，提高员工忠诚度和满意度，管理风险，建立战略伙伴关系，保持法规合规。

综合而言，社会参与不仅是一种道德行为，还是一个可持续发展的策略。通过积极参与社会事务，个人和组织可以实现多重效益，促进个人、社会和组织的共同繁荣和进步。社会参与是建设更加包容、公平和可持续社会的关键驱动力之一。因此，鼓励和支持社会参与是个人和组织的共同责任，有助于创造更美好的未来。

第四节　企业与利益相关方的合作

一、利益相关方的识别

在任何组织或项目中，利益相关方都起着关键的作用。他们是可能受到组织或项目决策和行动影响的人或实体。识别和了解这些利益相关方对于组织或项目的成功至关重要，因为它有助于建立积极的关系、提高透明度、降低风险，以及确保决策符合各方的期望和需求。下文将探讨利益相关方的识别，包括定义、识别的方法、利益相关方分析的工具以及为什么这是一个关键的管理实践。

（一）什么是利益相关方？

利益相关方是指可能受到组织或项目决策和行动影响的各种人或实体。这些人或实体可能包括以下类型：

1. 内部利益相关方：包括组织内部的员工、管理层、董事会成员和股东。他们对组织的运营和绩效具有直接的权益。

2. 外部利益相关方：包括客户、供应商、竞争对手、政府机构、非政府组织、媒体、社会团体和社区居民。他们可能会受到组织或项目的决策和行动的影响，但不一定具有组织内部的权益。

3. 利益相关方群体：有时一组相关方会联合在一起，以共同代表他们的利益。这些群体可以由行业协会、社会组织或其他形式的集体代表组成。

（二）识别利益相关方的影响

识别利益相关方之所以至关重要，是因为它对于组织和项目的成功有着深远的影响。以下是一些重要原因：

1. 确保满足各方期望

识别利益相关方有助于了解他们的期望和需求。这可以帮助组织或项目制定更合适的策略和决策，以满足各方的期望，从而建立更积极的关系。

2. 提高透明度

透明度是建立信任的关键。通过与利益相关方积极沟通，并向他们提供信息，提高透明度，可以减少误解和疑虑。

3. 降低风险

未能识别和满足关键利益相关方的需求可能会引发风险和潜在的问题。通过了解他们的需求，组织或项目可以采取措施降低风险。

4. 提高决策质量

了解各方的期望和需求有助于制定更明智的决策。这可以减少误导决策并提高决策质量。

5. 促进可持续性

满足利益相关方的需求和期望有助于组织或项目的可持续性。通过与各方合作，可以更好地应对社会和环境挑战，推动可持续发展。

（三）如何识别利益相关方

如何识别利益相关方?

识别利益相关方是一个系统性的过程，涉及以下步骤:

1. 制订计划

首先，组织或项目需要制订一个计划，以确定如何识别利益相关方。这包括明确识别的目标、方法和时间表。

2. 收集信息

接下来，组织或项目需要收集信息，以识别潜在的利益相关方。这可以包括内部文档审查、外部调查、利益相关方访谈和利益相关方调查等。

3. 确定关键利益相关方

一旦信息收集完毕，组织或项目可以确定哪些是关键的利益相关方。这通常涉及对他们的权益、权力和影响力进行评估。

4. 与利益相关方互动

一旦确定了关键的利益相关方，组织或项目应积极与他们互动。这可以包括与他们进行电话交流、面对面会议，以了解他们的期望和需求。

5. 分析和分类

根据所获得的信息，组织或项目可以对利益相关方进行分析和分类。这有助于分析各方的关切和需求。

6. 制订计划

最后，组织或项目可以制订计划，以满足各方的期望和需求。这可能包括制订策略、政策、沟通计划和利益相关方参与计划。

（四）利益相关方分析的工具

利益相关方分析的工具有哪些?

利益相关方分析是一种有助于了解各方需求和期望的工具。以下是一些常用的利益相关方分析工具:

1. 利益相关方地图

利益相关方地图是一种可视化工具，帮助组织或项目将各方按照其权益、权力和影响力进行分类。这有助于了解各方的相互关系和相对重要性。

2. 利益相关方矩阵

利益相关方矩阵是一个矩阵，用于将各方的权益与组织或项目的决策和行动相关联。这有助于确定哪些决策可能对各方产生重大影响，以及如何满足他们的期望。

3. 利益相关方调查

利益相关方调查是一种定量方法，用于收集各方的意见和反馈。这可以帮助组织或项目了解各方的需求和偏好，以指导决策和行动。

4. 利益相关方访谈

利益相关方访谈是一种定性方法，用于与各方进行深入的交流和对话。这可以提供更详细的理解和洞察，帮助组织或项目更好地满足各方的期望。

利益相关方分析工具的选择取决于组织或项目的具体需求和资源。通常，多种工具可以结合使用，以获得更全面的利益相关方分析。

（五）利益相关方最佳实践

一旦识别了关键的利益相关方，下面是一些最佳实践，有助于有效管理与他们的关系:

1. 保持透明度

透明度是建立信任的关键。组织或项目应向各方提供相关信息，包括决策过程、决策结果和绩效数据。这有助于确保各方了解决策的依据和影响。

2. 积极沟通

积极的沟通对于建立积极的关系至关重要。组织或项目应定期与各方进行沟通，包括会议、报告、新闻稿和社交媒体等。这有助于传递信息、解释决策和回应关切。

3. 听取反馈

各方的反馈是宝贵的资源。组织或项目应倾听各方的意见和反馈，并采取措施以解决问题。这有助于建立更积极的关系。

4. 识别和应对冲突

利益相关方之间可能会出现冲突。组织或项目应及时识别和应对这些冲突，以确保各方的需求和期望得到妥善处理。

5. 制订明智的政策和策略

组织或项目应制订明智的政策和策略，以满足各方的期望。这包括考虑各方的关切、需求和权益，以制订符合最佳利益的决策。

6. 定期审查和更新

利益相关方的需求和期望可能会随时间发生变化。因此，组织或项目应定期审查和更新其利益相关方需求和管理计划，以确保其仍然符合各方的期望。

识别利益相关方是组织和项目管理的一个关键实践。通过了解各方的权益、权力和影响力，组织或项目可以更好地满足他们的需求和期望，建立积极的关系，提高透明度，降低风险，促进可持续发展。利益相关方管理不仅是一种道德责任，还是一个战略决策，可以对组织和项目的成功产生深远的影响。因此，组织和项目应积极投资时间和资源，以有效地识别、分析和服务其利益相关方。这有助于建设更加包容、公平和可持续的社会和组织。

二、利益相关方的合作方式

在组织和项目的管理中，与利益相关方进行合作是确保成功的关键因素之一。利益相关方可以包括内部成员、外部合作伙伴、政府机构、社会团体等多种实体。合作方式的选择和实施对于建立积极的关系、实现共同目标、提高透明度和减少冲突都至关重要。下文将探讨不同层面上的利益相关方的合作方式，包括内部合作、外部合作以及社会与组织之间的合作。

（一）内部合作方式

内部合作是指组织内部不同部门、团队或个体之间的协作和协同工作。在内部合作中，各方通常共享组织的使命、愿景和目标，但可能有不同的职能、责任和利益。以下是一些内部合作方式的例子：

1. 跨部门合作

跨部门合作是不同部门之间的协作，以实现组织的共同目标。这可以通过共享资源和最佳实践来实现。跨部门合作有助于提高效率，加强内部协同。

2. 跨团队合作

跨团队合作是不同团队或小组之间的协作。这种合作有助于解决复杂的问题，推动创新，促进知识共享。

3. 内部委员会和工作组

内部委员会和工作组通常由组织内部的成员组成，专门处理特定问题或项目。这些委员会和工作组可以促进决策制定、问题解决和项目管理。

4. 内部培训和发展

内部培训和发展是一种有助于提高员工技能和知识的方式。通过培训和发展计划，组织可以确保员工具备必要的能力，以应对变化和挑战。

5. 内部沟通

内部沟通是组织内部各方之间信息共享的关键方式。通过有效的内部沟通，组织可以确保各方都了解组织的目标、策略和进展状态。

（二）外部合作方式

外部合作是指组织与外部实体之间的协作。这些外部实体可以包括供应商、客户、合作伙伴、政府机构、社会团体等。外部合作有助于扩展组织的资源、知识和影响力，以实现共同的目标。以下是一些外部合作方式的例子：

1. 合作伙伴关系

合作伙伴关系是组织与其他组织或实体之间的战略合作。这种合作可以涵盖多个领域，包括共同研发产品、共享资源、开展市场推广、提供服务等。合作伙伴关系有助于实现互惠互利的目标。

2. 供应链合作

供应链合作是指组织与供应商之间的合作。这种合作可以帮助组织确保供应链的稳定性和效率。通过与供应商共同解决问题，提高质量和降低成本，组织可以实现预期的业务绩效。

3. 客户合作

客户合作是指组织与客户之间的协作。这包括与客户建立长期关系、提供增值服务、获取反馈等。客户合作有助于提高客户忠诚度、满意度和口碑。

4. 社会责任合作

社会责任合作是指组织与社会团体、非政府组织或社会企业之间的合作。这种合作通常涉及解决社会问题、环境保护、慈善捐赠等。社会责任合作有助于组织履行其社会责任，建立良好的声誉。

5. 政府合作

政府合作是指组织与政府机构之间的协作。这种合作可以涉及政府提供资金、资源、政策支持或监管。政府合作有助于组织在法规合规、政府政策变化等方面获得支持。

6. 跨界合作

跨界合作是指组织与不同行业或领域的实体之间的协作。这种合作有助于推动创新、跨界共享知识和技术，并解决复杂的问题。

（三）社会与组织的合作方式

社会与组织之间的合作方式通常涉及组织与社会团体、社区、非政府组织等社会实体之间的协作。这种合作有助于组织履行其社会责任、推动可持续发展并提高社会影响力。以下是一些社会与组织的合作方式的例子：

1. 社会投资

社会投资是指组织向社会团体、非政府组织或社区提供资源或支持。这有助于解决社会问题、提高社区福祉，以及提升组织的社会声誉。

2. 与政府合作

政府、企业和社会团体之间的合作，可以共同解决复杂的社会问题。这种合作可以涉及公私伙伴关系、政府采购、社会企业等，助于共同应对挑战，提高效率和取得更好效果。

3. 社会企业合作

社会企业合作是指组织与社会企业之间的协作。这可以包括组织与社会企业购买产品或服务，支持社会企业的发展，或与社会企业合作解决社会问题。

4. 社区参与

社区参与是指组织与社区居民、社区组织等社会实体之间的协作。这有助于组织了解社区需求、解决社区问题，以及建立积极的社区关系。

5. 社会创新

社会创新是指组织与社会创新者、创业者等之间的协作。这种合作可以帮助组织推动创新、解决社会问题，以及提供新的解决方案。

6. 可持续发展合作

可持续发展合作是指组织与相关领域的实体之间的协作，以实现可持续发展目标。这种合作有助于组织履行其社会和环境责任，推动可持续性。

（四）最佳实践和挑战

在与利益相关方进行合作时，有一些最佳实践和挑战需要考虑：

1. 最佳实践

清晰的沟通：确保双方之间的沟通明确、及时和透明。双方应理解对方的期望和责任。

共同目标：确保合作双方拥有共同的目标和价值观，以确保合作是有意义的。

互惠互利：合作应为双方带来互惠互利的好处，而不是单方面受益。

负责管理：建立负责合作的管理结构和流程，以确保合作的有效开展。

2. 挑战

利益冲突：不同利益相关方可能有不同的期望和需求，可能会导致冲突。管理冲突时需要谨慎和妥善处理。

合作管理：合作需要专门的管理，如果管理不善，可能会导致合作失败。

可持续性：保持合作的可持续性需要双方的努力和投入，以维护长期的合作关系。

文化差异：不同组织和社会实体可能有不同的文化和价值观，可能会导致理解和沟通上的问题。

与利益相关方进行合作是组织和项目成功的关键因素之一。合作可以发生在内部、外部和社会层面，有助于实现共同目标、提高透明度、减少冲突和推动可持续发展。然而，合作需要谨慎的管理和注意解决挑战，以确保其成功实施。最佳实践包括清晰的沟通、共同目标、互惠互利和负责管理。同时，必须注意潜在的挑战，如利益冲突、管理难题、可持续性问题和文化差异。

在选择合作方式时，组织和项目应根据其具体情况、目标和资源来确定最适合的合作伙伴。不同类型的合作方式可以在不同情况下产生不同的效果，因此需要谨慎选择和管理。总之，与利益相关方的合作是建立积极关系、实现共同目标、提高绩效和推动社会变革的关键实践，应得到充分的重视和投入。只有通过共同努力和合作，我们才能更好地解决复杂的社会和组织问题，创造更加可持续和繁荣的未来。

三、利益相关方管理的最佳实践

在现代商业和组织管理中，利益相关方管理已经成为一个至关重要的实践。利益相关方是可能受到组织决策和行动影响的各种人或实体，包括内部员工、外部供应商、客户、股东、政府机构、社区和社会团体等。有效的利益相关方管理有助于建立积极的关系、提高组织绩效、降低风险、推动可持续发展，以及确保组织的决策符合各方的期望和需求。下文将讨论利益相关方管理的最佳实践，包括识别、参与、沟通、满足需求和评估。

（一）利益相关方识别

1. 定义和分类

首先，有效的利益相关方管理从识别和分类开始。这包括明确定义谁是组织的利益相关方，并将他们分类为内部和外部利益相关方。内部利益相关方可能包括员工、管理层和股东，而外部利益相关方可能包括客户、供应商、政府机构、社会团体和社区居民。

2. 利益相关方框图

一种有助于识别和分类利益相关方的工具是利益相关方框图。这是一个可视化工具，通过将利益相关方其权益、权力和影响力进行分类，帮助组织更好地理解他们之间的关系和相对重要性。通过绘制框图，组织可以更清晰地看到各方的相互关系和交互作用。

3. 利益相关方分析

一旦识别了利益相关方，下一步是进行利益相关方分析。这包括评估各方的权益、权力和影响力，以确定哪些利益相关方对组织的决策和行动具有重大影响。这种分析可以帮助组织更有针对性地与关键利益相关方互动，以满足其需求和期望。

（二）利益相关方参与

1. 制订参与计划

一旦识别了关键的利益相关方，组织应制订参与计划，以明确如何与他们互动。这包括确定互动的形式、频率和内容。参与计划应根据各方的需求和期望来制订，以确保互动是有意义的。

2. 创造参与机会

组织应积极创造参与机会，以鼓励利益相关方参与决策和行动。这可以包括会议、工作坊、在线平台和社区活动。通过提供多样化的参与机会，组织可以吸引各方的参与并进行反馈。

3. 倾听和反馈

倾听和反馈是有效的利益相关方参与的关键要素。组织应倾听各方的声音，接受他们的反馈，并采取措施以解决问题和改进决策。通过积极倾听和回应，组织可以建立更加积极的关系。

4. 共同决策

在某些情况下，组织可以与利益相关方一起制定决策。这被称为共同决策，它有助于确保各方的权益得到尊重，决策更具可持续性。共同决策需要建立信任和协作的关系。

（三）利益相关方沟通

1. 透明度

透明度是建立信任的关键。组织应确保其决策和行动的透明度，并向利益相关方提供相关信息，包括决策的理由、过程和结果。透明度有助于减少对方的误解和疑虑。

2. 定制沟通

不同利益相关方可能需要不同类型的沟通。组织应根据各方的需求和期望，定制沟通策略。这可能包括选择适当的沟通渠道、语言和内容，以确保信息能够被理解和接受。

3. 双向沟通

双向沟通是指与利益相关方建立双向对话的机会，使他们可以提出问题、提供反馈和获得回应。双向沟通有助于建立互信关系，确保各方的声音被听到。

4. 应对危机沟通

在危机情况下，有效的沟通尤为重要。组织应制定应对危机的沟通计划，以应对问题并提供透明的信息。及时的危机沟通有助于减轻危机的影响，维护组织的声誉。

（四）满足需求

1. 确保需求满足

满足利益相关方的需求是利益相关方管理的核心目标。组织应确保其决策和行动不仅满足内部利益相关方的期望，还要考虑外部利益相关方的需求。这可能需要权衡不同需求之间的利益冲突，以找到可行的解决方案。

2. 持续改进

满足利益相关方的需求是一个不断改进的过程。组织应定期审查其决策和行动，以确定是否满足各方的期望，并采取措施以改进。持续改进是确保长期合作和关系的关键。

3. 社会和环境责任

组织应履行其社会和环境责任，以满足社会的期望。这包括采取可持续的商业实践、关心环境、支持社会项目和慈善事业。履行社会和环境责任有助于提高组织的声誉，建立可持续的关系。

（五）评估与改进

1. 制定指标和目标

组织应制定明确的指标和目标，以评估其利益相关方管理的绩效。这可以包括客户满意度、员工参与度、社会影响等各种指标。指标和目标有助于衡量绩效，确定改进的方向。

2. 定期评估

组织应定期评估其利益相关方管理实践的效果。这可能包括定期的绩效评估、利益相关方反馈、社会责任报告等。评估有助于衡量成功和不足之处，并确定改进的方向。

3. 持续改进

基于评估的结果，组织应采取措施以改进其利益相关方管理实践。这可能包括制定新的政策、流程和计划，以确保更好地满足各方的期望。持续改进是确保组织与利益相关方之间关系的关键。

（六）挑战和策略

虽然利益相关方管理的最佳实践可以为组织带来众多益处，但也面临一些挑战。以下是一些常见挑战以及应对策略：

1. 利益冲突：不同利益相关方可能有不同的需求和期望，甚至可能发生冲突。组织应积极处理冲突，采取解决冲突的措施，以寻求共赢的解决方案。

2. 信息过载：管理众多利益相关方的信息需求可能会导致信息过载。组织应确保信息的适度，以满足各方的需求，同时减少冗余信息。

3. 双向沟通难度：建立双向沟通渠道可能会面临困难，特别是当接触不同文化、语言和背景的利益相关方时。组织应投资于跨文化沟通培训和多样化的沟通工具，以克服这些难题。

4. 共同决策的复杂性：与利益相关方共同制订决策可能会增加复杂性，特别是在涉及多方利益冲突的情况下。组织应建立适当的决策流程和机制，以便有效管理和协调共同决策的过程。

5. 可持续性挑战：持续满足利益相关方的需求和期望可能需要大量资源和努力。组织应制订长期可持续的战略和计划，以确保能够持续地满足各方的期望。

6. 社会和环境责任：履行社会和环境责任可能需要组织承担额外的成本和义务。组织应将社会和环境责任纳入其战略规划中，以确保可持续发展和社会责任得到充分考虑。

利益相关方管理是组织和项目管理的关键要素，对于实现共同目标、建立积极关系、提高绩效、降低风险和推动可持续发展至关重要。最佳实践包括识别、参与、沟通、满足需求和评估与改进。尽管面临一些挑战，如利益冲突、信息过载和共同决策的复杂性，但通过积极的管理和战略规划，组织可以克服这些挑战，建立更加包容、透明和可持续的关系。

继续改进利益相关方管理实践是一个不断发展的过程，需要组织不断学习和适应不断变化的环境。通过积极倾听利益相关方的声音、定期评估绩效、制定明确的指标和目标，以及采取适当的改进措施，组织可以确保其利益相关方管理实践的不断提高，以满足不断变化的需求和期望。

最终，有效的利益相关方管理不仅有助于组织实现商业成功，还有助于可持续发展。也有助于建立更加包容和公平的社会，推动社会和环境责任，以及提高社会影响力。因此，组织应将利益相关方管理视为一项核心实践，将其纳入其战略规划和业务运营中，以确保长期的成功和可持续性。

第五节　道德经营与企业公信力

一、道德经营的重要性

道德经营，亦称道德经济、伦理经营，是一种基于道德和伦理原则的商业实践。在道德经营中，组织和企业不仅仅关注经济利润，还注重社会责任、可持续性、诚信和道德价值观的实践。道德经营的理念认为，商业成功与社会价值可以相辅相成，而非相互排斥。下文将探讨道德经营的重要性，以及其对组织、社会和经济的影响。

（一）道德经营的核心原则

道德经营以一系列核心原则为基础，这些原则有助于塑造组织的行为和决策，包括：

1. 诚信：诚实和正直是道德经营的基石。组织应始终遵守承诺，坚守道德原则，不欺骗或误导客户、不损害员工和其他利益相关方。

2. 社会责任：道德经营强调组织的社会责任，包括对社区、环境和社会的贡献。组织应积极参与慈善事业、环境保护和社会项目。

3. 可持续性：可持续性是道德经营的关键要素。组织应考虑其经济活动对环境、资源和社会的影响，寻求可持续的经营模式。

4. 尊重和多样性：道德经营鼓励尊重所有人的权益和多样性。组织应创造包容和多元化的工作环境，尊重员工、客户和合作伙伴的多样性。

5. 利益相关方参与：道德经营强调与各种利益相关方的互动和参与。组织应倾听他们的声音，满足其需求，建立积极的合作关系。

（二）道德经营的重要性

1. 建立信任

道德经营有助于建立信任。在一个由诚信和道德原则引导的组织中，员工、客户和合作伙伴更容易相信其承诺。信任是商业成功的关键，它有助于吸引客户、保持员工忠诚，促进长期的合作关系。

2. 提高声誉

道德经营有助于提高组织的声誉。一个致力于社会责任、可持续性和多样性的组织通常会受到更多人的尊重和认可。声誉是企业的无形资产，它可以影响消费者购买决策、员工的招聘和业务合作伙伴的选择。

3. 长期成功

道德经营有助于实现长期成功。虽然一些企业可能通过不道德的行为迅速获得短期利润，但这种成功通常是短暂的。道德经营强调可持续性和长期价值的创造，有助于组织在长期内保持竞争力。

4. 创新和竞争优势

道德经营鼓励创新。通过关注社会责任和可持续性，组织可以激发创新，开发新产品和服务，提高效率，减少成本。这些创新可以为组织带来竞争优势。

5. 吸引人才

道德经营有助于吸引和保留人才。许多员工愿意在以道德和社会责任为导向的组织工作，因为他们认为这样的组织更有价值，更具吸引力。道德经营可以吸引高素质的员工，提高员工满意度。

6. 社会价值

道德经营强调不仅仅追求经济利润，还要为社会创造价值。组织在履行社会责任、支持社会项目和环境保护方面可以对组织产生积极影响。这有助于社会的可持续发展，增加社会福祉。

7. 法规合规

道德经营有助于确保法规合规。遵守道德和伦理原则有助于避免不当行为，减少法律风险。组织可以建立更好的声誉，降低受到法律制裁的风险。

（三）道德经营的实际应用

1. 社会责任

社会责任是道德经营的核心组成部分。组织应积极参与社会项目、慈善事业、环境保护和社区支持。这可以包括捐款、志愿者活动、可持续的经营实践和社会投资。

2. 可持续性

可持续性是道德经营的重要方面。组织应考虑其经济活动对环境的影响，采取可持续的商业实践。这包括减少资源浪费、降低碳排放、采用清洁能源、推动循环经济等。可持续性不仅有助于保护环境，还有助于降低成本。

3. 多样性和包容性

多样性和包容性是道德经营的重要方面。组织应创建包容和多元化的工作环境，尊重员工、客户和合作伙伴的多样性。这包括推动性别平等、种族多元化、包容性领导和多元文化教育等。

4. 双向沟通

双向沟通是道德经营的关键。组织应建立与各利益相关方的双向沟通机制，以倾听他们的需求和反馈。这有助于建立积极的关系并解决问题。

5. 诚信和道德培训

组织应提供诚信和道德培训，以确保员工理解和遵守道德原则。培训可以帮助员工面对道德难题时做出正确的决策，保持高度的道德标准。

6. 利益相关方参与

组织应积极与各种利益相关方互动和合作。这可以包括与客户、供应商、社区、政府机构和社会团体的合作。通过与各方合作，组织可以更好地了解他们的需求和期望，并满足他们的期望。

（四）挑战与应对

道德经营虽然具有众多益处，但也面临一些挑战。以下是一些常见的挑战以及应对策略：

1. 利润与道德的平衡

道德经营可能需要组织在一些情况下做出不符合短期经济利益的决策。组织需要权衡经济利益与道德原则，制定长期战略，以确保可持续的经济成功。

2. 公众舆论和社会压力

组织需要准备好应对负面的影响和批评，采取及时的沟通和行动，以回应社会关切。

3. 复杂的供应链

对于许多组织，供应链是复杂的，涵盖多个国家和地区。道德经营需要在整个供应链中推动可持续性和社会责任，这可能需要更多的资源和人力付出。

4. 法规和合规

组织需要了解并遵守适用的法规，同时积极进行经营模式的改进，以支持道德经营。

道德经营不仅是一种商业实践，也是一种道德和伦理的承诺。它强调了商业活动对社会的影响，组织应提倡诚信、社会责任、可持续性和尊重多样性。道德经营有助于建立信任、提高声誉、实现长期成功、吸引人才、创新、提高社会价值和遵守法规。

尽管道德经营面临一些挑战，但众多成功案例表明，它是可行的，而且对组织和社会都有积极的影响。道德经营应被视为一种长期战略，应纳入组织的核心价值观和决策中，以实现可持续性的成功。随着社会对道德经营的需求不断增加，越来越多的组织将寻求在道德和经济之间取得平衡，以实现更长期的成功和共同繁荣。

对于领导者和企业家来说，道德经营的实践需要坚定的领导，积极的决策，以及信守对长期价值的承诺。通过建立和实施道德经营的原则和战略，组织可以在商业竞争中脱颖而出，同时为社会和环境创造积极的影响。

最终，道德经营不仅是一种商业策略，更是一种社会责任。它为组织提供了机会，将商业活动与社会利益相结合，促进了共同繁荣和可持续性，为更美好的未来铺平了道路。在一个日益关注伦理和可持续性的社会中，道德经营将继续发挥重要作用，并成为商业成功的不可或缺的一部分。

二、道德决策与企业声誉

道德决策在企业环境中扮演着至关重要的角色，对企业声誉产生深远的影响。企业声誉是组织在公众心目中的形象，它可以对客户忠诚度、员工满意度、合作伙伴关系、股东投资和市场竞争力产生直接影响。道德决策与企业声誉之间存在密切联系，因为道德决策直接影响组织的行为和声誉，进而影响了组织在社会中的地位。下文将探讨道德决策与企业声誉之间的关系，以及道德决策对企业声誉的影响。

（一）道德决策的定义

道德决策是一种涉及道德和伦理原则的决策过程。在道德决策中，个人或组织必须考虑各种道德和伦理问题，包括诚实、公平、公正、诚信、责任和尊重。道德决策要求在取得经济利益的同时，充分考虑社会责任和道德原则。

道德决策的过程通常包括以下步骤：

道德问题的识别：首先，个人或组织需要确定潜在的道德问题，这可能涉及多方冲突的价值观或道德原则。

信息搜集：收集相关信息以更好地了解道德问题的性质和发生背景。这可能涉及利益相关方的意见、法律法规、行业标准等等。

利益相关方分析：评估各种利益相关方的需求和期望，以确定可能的解决方案。

道德原则应用：应用道德原则来评估各种解决方案，以确定哪种解决方案是最符合道德原则的。

决策和行动：选择最合适的解决方案，并采取行动。这可能包括采取措施来解决道德问题，改进组织的政策或实践，或者与利益相关方进行沟通。

（二）企业声誉的定义

企业声誉是组织在公众心目中的形象。它涵盖了各种因素，包括组织的价值观、行为、社会责任、产品和服务质量、员工关系、客户满意度等。企业声誉可以直接影响客户、员工、合作伙伴、股东和其他利益相关方对组织的看法，进而影响他们与组织的互动和决策。

企业声誉通常被视为一项宝贵的资产，因为它可以：

吸引客户：良好的声誉有助于吸引新客户，并提高现有客户的忠诚度。

吸引员工：有好的声誉可以吸引高素质的员工，并提高员工满意度。

支持合作伙伴关系：合作伙伴更愿意与声誉良好的组织合作，因为他们知道这将有助于维护他们的声誉。

提高股东价值：企业声誉可以影响股价和投资者信心，从而对股东价值产生影响。

降低风险：拥有良好声誉的组织在面临危机时更有能力应对。

（三）道德决策与企业声誉的关系

道德决策和企业声誉之间存在紧密关联，因为道德决策直接影响组织的行为和价值观，进而影响了组织在社会中的地位和声誉。以下是道德决策与企业声誉之间的关系：

1. 品德与信任

道德决策涉及品德和道德原则的应用。当组织以诚实、公平、诚信和责任为基础做出决策时，它在公众和利益相关方中建立信任。这种信任是声誉的重要组成部分。信任是人们对组织的可靠性和可信度的观点，而良好的道德决策有助于加强这种信任。信任是声誉的基础，对于吸引客户、员工和合作伙伴至关重要。

2. 社会责任和可持续性

道德决策通常与社会责任和可持续性紧密相关。当组织积极参与社会项目、环境保护、社区支持等活动时，它们倾向于获得更好的声誉。社会责任和可持续性实践对组织的声誉产生积极影响，因为它们传递了组织关心社会和环境的信息。

3. 利益相关方关系

道德决策需要考虑各种利益相关方的需求和期望。积极倾听和满足这些需求有助于建立积极的关系。与利益相关方建立积极关系有助于提高合作效率，因为这表明组织关心其利益相关方的利益和福祉。

4. 风险管理

道德决策有助于降低风险。当组织遵守道德原则和法律法规时，它们更有能力避免产生法律诉讼、声誉危机和负面媒体曝光的风险。因此，道德决策可以被视为一种风险管理工具，有助于保护声誉。

5. 决策的透明性

道德决策通常涉及公开和透明的过程。组织在做出道德决策时通常需要解释其决策的基础和原因，这有助于提高可信度。透明的决策过程有助于赢得公众和利益相关方的信任，从而提高声誉。

（四）道德决策和不道德的决策对企业声誉的影响

决策会对企业声誉产生深远的影响，这些影响可以是积极的也可以是负面的。以下是道德决策对企业声誉的积极影响：

增强信任：良好的道德决策有助于增强公众、员工和利益相关方的信任。这有助于建立声誉。

提高声誉：道德决策有助于提高企业声誉，因为它们传递了组织关心社会责任和发展可持续性的信息。

吸引客户和员工：具有良好声誉的组织更容易吸引客户和员工，因为他们倾向于与值得信赖和有道德原则的组织共事。

支持合作伙伴关系：合作伙伴更愿意与声誉良好的组织合作，因为他们知道这将有助于他们的声誉。

以下是不道德的决策对企业声誉的负面影响

损害声誉：不道德的决策和行为会直接损害声誉。负面的声誉可以影响客户忠诚度、员工满意度和合作伙伴关系。

风险管理问题：道德决策与风险管理紧密相关。不道德的决策可能导致产生法律诉讼、声誉危机和负面媒体曝光。

损害关系：不道德的决策和行为可能破坏与利益相关方的关系。这可能导致客户和员工的流失，以及合作伙伴的不信任。

（五）道德决策的挑战

道德决策在企业环境中可能面临一些挑战，这些挑战可能影响企业声誉。以下是一些常见的道德决策挑战：

1. 利润与道德的冲突：在某些情况下，道德决策可能与追求经济利润之间存在冲突。组织可能感到难以平衡道德原则和经济利益，这可能导致道德妥协。

2. 利益相关方的多样性：不同利益相关方可能拥有不同的需求和期望。组织需要在不同利益相关方之间取得平衡，这可能会带来挑战。

3. 道德风险：道德风险是指由于不道德决策而产生的风险。组织需要警惕道德风险，采取措施降低这些风险。

4. 道德困境：道德决策可能会引发道德困境，即在不同道德原则之间的冲突。组织和个人可能需要面对复杂的问题，需要仔细权衡各种道德因素。

5. 法规合规：道德决策通常需要与法规和合规一致。组织需要了解并遵守适用的法律法规，同时积极争取经营模式的改进，以支持道德决策。

短期与长期：道德决策有时需要在短期和长期之间权衡。一些道德决策可能在短期内产生经济成本，但在长期内带来积极影响和经济利益。

（六）道德决策的应对策略

面对道德决策的挑战，组织可以采取一些应对策略来保护企业声誉：

1. 制订明确的道德政策：组织应制订明确的道德政策和准则，以为员工提供清晰的道德指导。这有助于员工做出正确的道德决策。

2. 道德培训和教育：组织应提供道德培训和教育，以帮助员工更好地理解和应对道德挑战。

3. 制订道德风险管理策略：组织应制订道德风险管理策略，以识别和降低道德风险。这可以包括监督和报告机制，以及内部道德举报渠道。

4. 强化利益相关方参与：组织应积极倾听和与各种利益相关方互动，以更好地理解他们的需求和期望。这有助于制订更符合各方利益的道德决策。

5. 长期规划：组织应采取长期规划，以权衡短期和长期的道德和经济利益。这有助于避免道德妥协。

道德决策是企业管理中的重要组成部分，它与企业声誉有着密切的联系。道德决策可以积极地影响企业声誉，有助于增强信任、提高声誉、吸引客户和员工，支持合作伙伴关系，降低风险，以及提高社会责任和可持续性。

然而，道德决策也面临一些挑战，包括利润与道德的冲突、利益相关方的多样性、道德风险、道德困境、法规合规和短期与长期权衡。组织需要采取适当的应对策略，以保护企业声誉，维护道德原则，以及实现长期的成功和可持续性。

最终，道德决策是一项具有伦理和社会责任的重要实践，它有助于组织建立良好的声誉，同时为社会和环境创造积极影响。它将继续在企业管理中扮演重要角色，因为现代社会对企业的社会责任和道德行为提出了更高的期望。维护和加强企业声誉需要不断努力，这是值得的，因为一个良好的声誉可以成为企业成功的关键因素，影响着其与客户、员工、合作伙伴和利益相关方之间的关系。

在道德决策中，企业领导者和管理层扮演着关键的角色。他们需要树立榜样，积极倡导道德原则，并制订政策和流程，以确保道德决策的贯彻和实施。此外，道德决策也需要各级员工参与，因为每个人的行为和决策都可以影响企业的声誉。

在一个不断演变的商业环境中，道德决策和企业声誉将继续受到广泛的关注。企业需要积极应对道德挑战，不断提升道德标准，以保持其声誉的良好状态，同时为社会和环境做出积极贡献。通过坚守道德原则，企业可以不仅实现商业成功，还会在社会中拥有良好的声誉，需要企业不断为可持续发展做出贡献。

三、道德风险管理

道德风险管理是企业管理中的一个重要方面，它涉及预测、评估和管理与道德决策和行为相关的风险。这些风险可以对企业的声誉、法律合规性、员工和利益相关方关系产生负面影响。随着社会对企业社会责任和道德行为的不断关注，道德风险管理变得愈发重要。下文将探讨道德风险的定义、类型、影响以及道德风险管理的最佳实践。

（一）道德风险的定义

道德风险是指与不道德行为、不符合道德原则或违背伦理规范相关的潜在风险。这些风险可能包括声誉损害、法律诉讼、社会抵制、员工不满、利益相关方失望等。道德风险通常与企业的道德决策和行为有关，涉及如何平衡经济利益与道德原则的问题。

道德风险可以涵盖各个领域，包括但不限于：

1. 不当竞争：例如，虚假广告、欺诈行为等，可能导致法律诉讼和声誉风险。

2. 劳工权益：不遵守劳工权益和劳工法规，可能导致员工不满、罢工、法律诉讼等。

3. 环境问题：不合规的环境实践，如污染环境、资源浪费、不承担社会责任的行为，可能引发环境组织和公众的抵制。

4. 供应链风险：与供应商的不道德行为，如劳工剥削、不符合合同标准、腐败等，可能对企业声誉和合规性造成负面影响。

5. 社会责任：缺乏社会责任感，不履行对社会的义务，可能导致公众和利益相关方的不满和抵制。

6. 数据隐私和安全：不正确处理和保护客户和员工的隐私，可能引发数据泄露、隐私侵犯和法律诉讼。

道德风险管理旨在帮助企业预防、降低这些风险，以维护声誉和合规性。

（二）道德风险的类型

道德风险可以分为多种类型，每种类型都涉及不同的道德原则和伦理问题。以下是一些常见的道德风险类型：

1. 法律合规风险

法律合规风险涉及不遵守法律法规所规定的行为。这包括不正当竞争、欺诈、数据隐私侵犯、劳工法违规、环境法违规等。不遵守法律会导致法律诉讼、罚款、声誉受损以及其他法律后果。

2. 品德和诚信风险

品德和诚信风险涉及诚实、诚信和道德原则的侵犯。这包括虚假陈述、腐败、贿赂、不正当竞争、虚假广告等行为。这些行为可能导致声誉损害、法律诉讼、员工不满和公众失望。

3. 社会责任风险

社会责任风险涉及不履行社会责任的行为，如对环境不负责任、劳工剥削、社区忽视等。不履行社会责任可能导致社会抵制、声誉危机、社会组织和利益相关方的不满。

4. 利益相关方关系风险

利益相关方关系风险涉及不合理对待利益相关方，如员工、客户、供应商和投资者。这可能包括不公平对待、忽视他们的需求和期望、不负责任的供应链管理等。不合理对待利益相关方可能导致员工流失、客户丧失忠诚度、供应商抵制和投资者不信任。

5. 数据隐私和安全风险

数据隐私和安全风险涉及不正确处理客户和员工的数据。这包括数据泄露、隐私侵犯、未经授权的数据收集和使用等。不正确处理数据可能导致法律诉讼、声誉危机、数据泄露和隐私侵犯。

（三）道德风险的影响

道德风险可能对企业产生多方面的影响，这些影响涵盖了企业的声誉、法律合规性、与利益相关方关系和内部运营。以下是道德风险的一些主要影响：

1. 声誉风险

道德风险最显著的影响之一是声誉风险。不道德行为或不符合道德原则的行为可能导致企业声誉受损。企业声誉是企业在公众和利益相关方中的形象和信誉，它可以直接影响客户忠诚度、员工满意度、合作伙伴关系、股东投资和市场竞争力。当声誉受损时，企业可能失去客户、员工、合作伙伴和投资者的信任，进而影响企业的可持续发展和未来的成功。

2. 法律合规风险

不道德行为通常与法律法规的违反相关。企业不遵守法律法规会面临法律合规风险，这可能导致法律诉讼、罚款和其他法律后果。法律合规风险不仅会损害企业的声誉，还会对企业的财务状况产生负面影响。

3. 利益相关方关系风险

不合理对待利益相关方，如员工、客户、供应商和投资者，可能导致员工流失、客户丧失忠诚度、供应商抵制和投资者不信任。这些影响可能对企业的业务运营和盈利能力产生负面影响。

4. 社会责任风险

企业社会责任是现代企业的立身之本。不履行社会责任可能导致社会抵制、声誉危机和社会组织的不满。这不仅会影响企业的声誉，还可能对企业的社会地位和可持续性产生负面影响。

5. 数据隐私和安全风险

不正确处理客户和员工的数据可能导致数据泄露、隐私侵犯、法律诉讼和声誉风险。数据隐私和安全风险不仅会影响企业声誉，还会对客户信任和业务运营产生负面影响。

（四）道德风险管理的最佳实践

为了降低道德风险，企业需要采取一系列最佳实践措施。以下是一些道德风险管理的最佳实践：

1. 制订明确的道德政策和准则

企业应制订明确的道德政策和准则，为员工提供清晰的道德指导。这些政策和准则应涵盖各个方面，包括法律合规、道德和诚信、社会责任、利益相关方关系、数据隐私和安全等。明确的政策和准则有助于员工理解道德期望，并为他们提供在面临道德困境时的指导。

2. 道德培训和教育

企业应提供道德培训和教育，以帮助员工更好地理解和应对道德挑战。培训可以包括案例研究、道德讨论、伦理规范和道德决策的经验总结。培训不仅可以提高员工的道德意识，还可以帮助他们增强道德判断力和解决道德困境的能力。

3. 道德风险评估

企业应定期进行道德风险评估，以发现潜在的道德风险和问题。评估可以包括审查组织的业务实践、供应链、员工关系、社会责任、数据隐私和安全等方面。通过评估，企业可以确定哪些方面可能存在风险，然后采取措施来降低这些风险。

4. 道德风险管理流程

企业应建立道德风险管理流程，以确保道德风险得到妥善处理。这包括建立报告和投诉机制，以便员工和利益相关方可以报告道德问题。此外，应建立监督和审查机制，以确保道德政策和准则的执行。

5. 制订道德风险应对计划

企业应制订道德风险应对计划，以应对已经产生的道德问题。这包括制订危机管理计划、公关策略和法律合规措施。应对计划应该考虑各种可能的后果，包括声誉损害、法律诉讼和利益相关方反应。

6. 利益相关方沟通

企业应积极与利益相关方沟通，特别是在面临道德问题时。沟通应该是开放和透明的，向利益相关方解释问题的性质、原因和解决方案。与利益相关方的沟通有助于建立信任，减轻负面影响。

7. 持续改进

道德风险管理是一个不断改进的过程。企业应持续审查和改进其道德风险管理实践。这包括定期更新道德政策和准则，增加培训和教育计划，以及监督和报告机制的不断改进。通过不断改进，企业可以更好地适应不断变化的道德挑战和法律法规。

8. 道德领导

领导层在道德风险管理中扮演关键角色。他们应树立榜样，积极倡导道德原则，并积极支持道德决策和行为。领导层的道德领导将对组织内部文化和员工行为产生深远的影响。

9. 道德风险监测

企业可以利用技术和数据分析来监测道德风险。这可以包括监测社交媒体、员工举报、客户反馈和舆论等。通过监测，企业可以更早地发现和应对道德问题，避免其升级为更大的风险。

10. 道德风险回顾

企业应定期进行道德风险回顾，以评估道德风险管理实践的有效性。这可以包括内部审计、外部审计和独立的第三方审查。通过回顾，企业可以确定哪些方面需要改进和加强。

道德风险管理在现代企业管理中扮演着至关重要的角色。不道德行为和不道德问题可能对企业的声誉、法律合规性、利益相关方关系和内部运营产生负面影响。为了降低这些风险，企业需要制订明确的道德政策和准则，提供道德培训和教育，定期进行道德风险评估，建立道德风险管理流程，制订道德风险应对计划，与利益相关方沟通，持续改进道德风险管理实践，以及建立道德领导。

通过有效的道德风险管理，企业可以维护声誉，减少法律风险，吸引客户和员工，提高社会责任感，并实现可持续的成功。道德风险管理不仅符合伦理和道德原则，还是企业管理的一项关键实践，有助于建立长期的合作关系和可持续性发展。

第六节　可持续发展战略的规划与实施

一、可持续发展战略的构建

可持续发展是指满足当前需求而不损害子孙后代满足其需求能力的发展。在现代社会，企业越来越认识到可持续发展的重要性，不仅是对环境的保护，还包括经济、社会和治理方面的可持续性。构建一个有效的可持续发展战略对企业的成功至关重要。下文将讨论可持续发展战略的构建，包括其定义、重要性、要素以及最佳实践。

（一）可持续发展战略的定义

可持续发展战略是企业为实现可持续性目标而采取的计划和行动的组合。这些战略涵盖了多个方面，包括经济、社会和环境，以确保企业的运营不仅能够满足当今需求，还能够为未来世代创造价值。可持续发展战略旨在平衡企业的经济增长、社会责任和环境保护。

可持续发展战略通常包括以下元素：

1. 经济可持续性：确保企业在长期内保持盈利能力，提高竞争力，满足股东和利益相关方的经济期望。

2. 社会责任：履行企业对员工、客户、社区和社会的义务，提供社会价值，提高社会和员工福祉。

3. 环境可持续性：降低对环境的负面影响，减少资源浪费，采用可再生能源，降低碳排放等，以支持生态平衡。

可持续发展战略的目标是实现经济增长、社会责任和环境保护的协同效应，以创造长期的价值和可持续性。

（二）可持续发展战略的重要性

可持续发展战略的重要性体现在多个方面：

1. 长期竞争力：通过采取可持续发展战略，企业可以在长期内保持竞争力。这包括提高效率、降低成本、满足客户需求和满足法规要求。

2. 风险管理：可持续发展战略有助于降低风险，包括环境风险、法律合规风险、声誉风险等。通过减少这些风险，企业可以更好地应对不确定性。

3. 市场机会：越来越多的消费者和投资者关注可持续发展。采取可持续发展战略可以帮助企业开发新市场、吸引新客户和吸引可持续性投资。

4. 利益相关方满意度：满足利益相关方的期望和需求是可持续发展的关键。通过履行社会责任、提供高质量的产品和服务以及保护环境，企业可以提高利益相关方的满意度。

5. 社会和环境责任：企业在社会和环境方面的责任越来越受到利益相关方监管和公众的关注。可持续发展战略有助于企业实现社会和环境责任，提高声誉。

（三）可持续发展战略的要素

构建一个有效的可持续发展战略涉及多个要素，这些要素共同推动企业朝着可持续性目标迈进。以下是可持续发展战略的关键要素：

1. 愿景和目标

首先，企业需要明确可持续发展的愿景和目标。这些目标应该明确、具体和可衡量，涵盖经济、社会和环境方面。愿景和目标将引导企业的决策和行动，确保企业朝着可持续性的方向发展。

2. 综合规划

可持续发展战略需要综合规划，包括经济、社会和环境方面的计划。企业应考虑如何在这些领域中平衡利益，确保它们不会产生冲突。综合规划需要协调各部门和利益相关方。

3. 制订政策和准则

企业应制订可持续发展政策和准则，以为员工提供明确的指导。这些政策和准则应涵盖经济、社会和环境责任，以确保一致性和合规性。

4. 效率提升

提高效率是可持续发展战略的一个要素。通过减少资源浪费、提高生产效率、降低能源消耗等，企业可以降低成本，减少对环境的负面影响，还可以提高经济可持续性。

5. 创新和研发

创新和研发是实现可持续发展的关键要素。企业需要投资于新技术、新产品和新服务，以满足不断变化的市场需求，同时降低对资源的依赖。创新和研发还有助于企业找到新的方式来应对可持续性挑战，如采用清洁能源、循环经济和环保技术。

6. 利益相关方参与

企业应积极与利益相关方合作，包括员工、客户、供应商、社区和投资者。他们的参与有助于建立共识和合作，共同实现可持续发展目标。利益相关方的反馈和期望也应该被纳入到战略中。

7. 监测和报告

监测和报告是可持续发展战略的关键组成部分。企业应建立监测体系，关注关键绩效指标，以确保战略的有效执行。此外，企业还应定期向利益相关方报告其可持续性表现，以提高战略透明度和建立信任。

8. 持续改进

可持续发展战略需要不断改进。企业应定期审查和评估战略的有效性，发现问题并采取纠正措施。这包括根据新的挑战和机会来调整战略，以确保它与时俱进。

（四）可持续发展战略的最佳实践

为了构建一个成功的可持续发展战略，企业可以采用以下最佳实践：

1. 高层承诺

高层管理层的承诺是成功可持续发展战略的关键。领导层需要表现出对可持续性目标的支持，并将其融入组织文化中。他们的承诺还可以激励员工和利益相关方共同合作。

2. 制订明确的愿景和目标

企业应制订明确、具体和可衡量的可持续发展目标。这些目标应与企业的核心价值和使命相一致，反映出其对经济、社会和环境责任的承诺。

3. 制订策略和计划

企业应制订综合的可持续发展策略和计划，以实现其愿景和目标。这些策略和计划应考虑多个领域，包括经济、社会和环境，以确保平衡。

4. 效率提升

提高效率是实现可持续性的关键。企业可以通过减少资源浪费、提高能源效率、采用清洁技术等方式来提高效率。这不仅有助于降低成本，还有助于减少对环境的负面影响。

5. 创新和研发

创新和研发是实现可持续发展的驱动力。企业应投资于研发新技术、产品和服务，以应对可持续性挑战。创新有助于企业找到新的解决方案，提高市场竞争力。

6. 利益相关方参与

利益相关方的参与对可持续发展至关重要。企业应与员工、客户、供应商、社区和投资者合作，建立共识，共同实现可持续发展目标。这也有助于满足他们的需求和期望。

7. 监测和报告

企业应建立监测体系，追踪关键绩效指标，以确保战略的有效执行。同时，应向利益相关方报告其可持续性表现，提高透明度和建立信任。

8. 持续改进

可持续发展战略需要不断改进。企业应定期审查和评估战略的有效性，发现问题并采取纠正措施。这包括根据新的挑战和机会来调整战略，以确保它与时俱进。

构建一个成功的可持续发展战略是现代企业管理的关键任务。可持续发展战略旨在平衡经济、社会和环境责任，以实现长期的成功和可持续性。通过明确的愿景和目标、综合规划、政策和准则、效率提升、创新和研发、利益相关方参与、监测和报告，以及持续改进，企业可以构建一个长期的可持续发展战略。

可持续发展战略不仅有助于企业保持竞争力和降低风险，还有助于满足社会和环境的责任要求。越来越多的消费者、投资者和监管机构都在关注企业的可持续性表现，因此构建一个有效的可持续发展战略对企业的声誉和成功至关重要。

最终，企业应将可持续发展战略视为长期的战略目标，与其核心业务和价值观相一致。通过积极参与可持续发展，企业可以为社会、环境和自身创造价值，实现长期的成功和可持续性。

二、战略规划与执行

战略规划与执行是现代企业管理中至关重要的一环。它涉及制订长期愿景、目标和计划，并确保这些计划在组织内有效实施。战略规划和执行不仅关系到企业的长期成功，还对其竞争力、创新、成长和可持续性产生深远影响。下文将探讨战略规划与执行的定义、重要性、要素以及最佳实践。

（一）战略规划与执行的定义

战略规划与执行是指企业为实现长期愿景和目标而采取的计划和行动的整个过程。它涵盖了制订战略、设定目标、分析内外部环境、制订行动计划、资源配置、监控和评估，以及确保计划得以有效实施的一系列步骤。战略规划和执行不仅关注“做正确的事情”，还强调“正确地做事情”。

战略规划通常包括以下关键元素：

1. 愿景和使命：企业的长期愿景和核心使命，即为什么企业存在以及它希望在未来实现的目标。

2. 战略目标：明确、具体和可衡量的目标，指出了企业希望在战略规划期间实现的成就。

3. 环境分析：评估内外部环境，包括竞争环境、市场趋势、政治法律因素、技术变革等，以发现机会和威胁。

4. 资源分配：分配必要的资源，包括人力、资金、技术和物质资源，以支持战略目标的实现。

5. 行动计划：制订详细的行动计划，包括时间表、责任人、关键绩效指标等，以确保战略计划的有效实施。

6. 监控和评估：建立监控机制，以追踪战略计划的进展，并进行定期评估，以发现问题并及时调整计划。

7. 沟通和参与：确保组织内部广泛沟通和鼓励员工的积极参与，以推动战略目标的实现。

（二）战略规划与执行的重要性

战略规划与执行在企业管理中具有重要性，因为它涵盖了多个方面，对企业的长期成功具有深远影响。

1. 指导组织方向

战略规划明确了企业的目标和愿景。它为组织提供了一个明确的方向，让员工知道他们的工作如何与组织的长期目标相一致。这有助于提高员工的工作积极性和忠诚度。

2. 提高竞争力

通过分析内外部环境，战略规划有助于企业了解竞争环境，识别机会和威胁，并制订相应的战略来提高竞争力。它帮助企业适应市场变化，满足客户需求，并保持领先地位。

3. 有效资源管理

战略规划涉及资源分配，包括资金、人力、技术和物质资源。通过合理地分配资源，企业可以降低浪费，提高效率，并确保资源用于支持战略目标的实现。

4. 创新和增长

战略规划鼓励企业寻求创新和增长的机会。它可以帮助企业发现新的产品、市场、技术和业务模式，以实现可持续的增长。

5. 风险管理

战略规划不仅有助于发现机会，还有助于识别潜在的风险和威胁。它帮助企业预测可能的挑战，并制订措施来降低风险，保护组织的长期利益。

6. 绩效改进

通过建立监控和评估机制，战略规划有助于企业不断改进绩效。它让企业能够识别问题、发现机会，并及时调整战略以实现更好的结果。

7. 可持续性

战略规划有助于确保企业的长期可持续性。它强调平衡经济、社会和环境责任，以满足当前需求而不损害未来世代的需求。

（三）战略规划与执行的要素

成功的战略规划与执行涉及多个要素，这些要素共同推动组织朝着实现战略目标的方向前进。以下是战略规划与执行的关键要素：

1. 领导力

战略规划与执行需要强大的领导力。领导层需要明确愿景、目标和方向，并积极推动整个组织朝着这个方向前进。领导者的使命包括激励员工、提供方向、建立文化和价值观，并确保组织内的一致性和合作。

2. 参与利益相关方

利益相关方包括内部员工、外部客户、供应商、投资者、政府、社区等。他们的参与对于战略规划的执行至关重要。企业需要与利益相关方建立互信，倾听他们的需求和期望，并将这些需求纳入到战略规划中。

3. 环境分析

环境分析是战略规划的起点。企业需要深入了解内外部环境，包括市场趋势、竞争环境、法律因素、经济状况等。这有助于识别机会和威胁，制订相应的战略计划。

4. 目标设定

明确、具体和可衡量的目标是战略规划的基础。目标应与愿景相一致，反映出组织希望在战略规划期间实现的成就。这些目标应根据SMART（具体、可衡量、可达到、相关和时限性）原则来设定。

5. 战略制订

战略规划涉及制订明确的战略。战略应反映出组织如何实现目标，包括资源分配、市场定位、竞争策略、增长策略等。战略还应考虑内外部环境的因素。

6. 行动计划

战略规划需要制订具体的行动计划，包括时间表、责任人、关键绩效指标等。这些计划有助于确保战略得以有效实施，同时使员工明确了他们的任务和职责。

7. 资源分配

资源分配是确保战略执行的关键步骤。企业需要分配必要的资源，包括资金、人力、技术和物质资源，以支持战略目标的实现。资源分配需要根据战略的重要性和紧急性进行优先考虑。

8. 监控和评估

建立监控和评估机制是确保战略规划与执行成功的关键。企业需要设定关键绩效指标，并建立监测系统，以追踪战略计划的进展。同时，企业还应定期进行评估，发现问题并及时调整计划。

9. 沟通和参与

沟通和参与是战略规划与执行的关键要素。企业需要确保战略计划向内外部利益相关方进行传达，并鼓励员工的积极参与。沟通和参与有助于建立共识和合作，推动战略目标的实现。

10. 持续改进

战略规划与执行是一个不断演进的过程。企业需要定期审查和评估战略的有效性，发现问题并采取纠正措施。这包括根据新的挑战和机会来调整战略，以确保它与时俱进。

（四）战略规划与执行的最佳实践

为了构建一个成功的战略规划与执行过程，企业可以采取以下最佳实践：

1. 高层承诺

高层管理层的承诺是成功战略规划与执行的关键。领导层需要明确表达对战略的支持。领导者的承诺可以激励员工，确保整个组织朝着相同的目标前进。

2. 综合规划

战略规划需要综合规划，涵盖多个方面，包括经济、社会和环境。企业应考虑如何在这些领域中平衡利益，以确保它们不会相互冲突。综合规划需要协调各部门和利益相关方。

3. 制订明确的愿景和目标

企业应制订明确、具体和可衡量的战略目标。这些目标应与企业的核心价值和使命相一致，反映出其对经济、社会和环境责任的承诺。愿景和目标将指导企业的决策和行动，确保它们朝着可持续性的方向前进。

4. 效率提升

提高效率是实现战略目标的关键。企业可以通过减少资源浪费、提高生产效率、降低能源消耗等方式来提高效率。这不仅有助于降低成本，还有助于减少对环境的负面影响。

5. 创新和研发

创新和研发是实现战略目标的驱动力。企业应投资于研发新技术、产品和服务，以应对挑战。

6. 利益相关方参与

积极与利益相关方合作，包括员工、客户、供应商、社区和投资者。他们的参与有助于建立共识和合作，共同实现战略目标。利益相关方的反馈和期望也应该被纳入到战略中。

7. 监测和报告

建立监测体系，关注关键绩效指标，以确保战略的有效执行。同时，应向利益相关方报告战略计划的进展，提高透明度和加强信任。监测和报告有助于识别问题，采取及时的纠正措施。

8. 教育和培训

为员工提供必要的教育和培训，以确保他们具备执行战略的能力和知识。员工的理解和支持是战略成功的关键。教育和培训可以提高员工的技能，使其更好地履行其职责。

9. 灵活性和适应性

战略规划与执行需要灵活性和适应性，因为市场和环境都在不断变化。企业应准备好根据新的情况和机会来调整战略，而不墨守陈规坚守原规划。灵活性和适应性有助于企业适应变化，保持竞争力。

10. 持续改进

战略规划与执行是一个持续改进的过程。企业应定期审查和评估战略的有效性，发现问题并采取纠正措施。这包括根据新的挑战和机会来调整战略，以确保它与时俱进。

战略规划与执行是现代企业管理的关键环节，它涵盖了制定长期愿景、目标和计划，并确保这些计划在组织内有效实施。战略规划和执行对企业的长期成功、竞争力、创新、成长和可持续性产生深远影响。

为了成功实施战略规划，企业需要强大的领导力、吸引利益相关方、环境分析、明确的目标设定、综合规划、资源分配、监测和评估、沟通和参与、持续改进以及灵活性和适应性。采取最佳实践，如高层承诺、创新和研发、教育和培训，有助于确保战略规划与执行的成功。

最终，战略规划与执行不仅关系到企业的长期成功，还有助于提高竞争力、创新、资源管理、风险管理、绩效改进和可持续性。这使其成为现代企业管理的不可或缺的一部分，对于实现长期成功至关重要。

三、可持续性绩效评估与改进

可持续性绩效评估与改进是现代企业管理的核心要素之一。在全球范围内，越来越多的企业和组织认识到，仅仅关注短期经济利益是不够的，必须将可持续性纳入战略规划和业务决策中。可持续性绩效评估与改进的目标是平衡经济、社会和环境责任，以确保组织在长期内实现成功和可持续性。下文将探讨可持续绩效评估的定义、重要性、要素以及最佳实践。

（一）可持续性绩效评估的定义

可持续性绩效评估是指企业或组织定期测量、监控和评估其经济、社会和环境绩效的过程。这包括了解组织的财务健康、社会责任履行和环境影响，以便更好地理解其长期可持续性。可持续绩效评估不仅关注经济绩效，还强调社会和环境维度，以确保组织在多个领域取得平衡。

可持续性绩效评估通常包括以下关键元素：

1. 经济绩效：包括财务健康、盈利能力、资产和负债情况等方面的测量和分析。

2. 社会绩效：包括员工满意度、员工培训和发展、社区参与、客户满意度等方面的测量和分析。

3. 环境绩效：包括能源效率、碳足迹、废物管理、资源利用效率等方面的测量和分析。

4. 利益相关方参与：包括与内部员工、客户、供应商、投资者、政府和社会组织等利益相关方的积极互动和反馈。

5. 报告和透明度：向内部和外部利益相关方提供可持续绩效数据和信息，以增强透明度和信任。

6. 持续改进：根据绩效评估结果，制定计划和策略，不断改进经济、社会和环境绩效。

可持续性绩效评估的目标是帮助组织更好地了解其在不同领域的表现，发现改进的机会，平衡多方利益，确保长期的成功和可持续性。

（二）可持续性绩效评估的重要性

可持续性绩效评估在现代企业管理中具有关键重要性，因为它涉及多个方面，对组织的长期成功和可持续性产生深远影响。

1. 综合性的绩效评估

可持续性绩效评估考虑了多个维度，包括经济、社会和环境。这有助于企业获得更全面的洞察，了解其在多个领域的表现，而不仅仅是关注经济利益。综合性的评估有助于平衡多方利益，实现可持续性。

2. 适应变化的环境

全球经济、社会和环境条件不断变化，带来了新的挑战和机会。可持续绩效评估有助于组织适应这些变化，发现新的趋势，并调整战略规划以满足新的需求。这使组织能够保持竞争力和创新。

3. 创造共同价值

可持续绩效评估有助于组织认识到，与利益相关方共同创造价值是长期成功的关键。通过利益相关方参与，满足其需求和期望，组织可以建立更稳固的关系，提高客户忠诚度，吸引投资，降低风险，并提高员工满意度。

4. 风险管理

可持续性绩效评估有助于组织识别潜在的风险和威胁，包括社会和环境风险。它帮助组织预知可能的挑战，并制定措施来降低风险，保护组织的长期利益。

5. 增强声誉

增强可持续性绩效评估和透明度有助于提高组织的声誉。越来越多的消费者、投资者和监管机构都在关注组织的可持续性表现。通过积极参与可持续绩效评估和报告，组织可以增强声誉，建立信任，吸引更多的客户和投资者。

6. 可持续发展

可持续性绩效评估有助于确保组织的长期可持续发展。它强调平衡经济、社会和环境责任，以满足当前需求而不损害未来世代的需求。可持续发展是一种长期战略，可以帮助组织在不同环境下取得成功，并在竞争激烈的市场中脱颖而出。

7. 法律合规性

在许多国家和地区，法规要求企业和组织必须履行一定的社会和环境责任。可持续绩效评估有助于确保组织遵守相关法律法规，减少潜在的法律风险，避免罚款和诉讼，提高法律合规性。

8. 提高绩效

通过不断评估和改进经济、社会和环境方案，组织可以提高绩效。这包括提高生产效率、减少成本、提高员工满意度、提高客户满意度，以及降低环境污染。通过提高绩效，组织可以实现更好的业务结果。

（三）可持续性绩效评估的要素

成功的可持续性绩效评估需要考虑多个要素，这些要素共同推动组织向可持续性的方向前进。以下是可持续绩效评估的关键要素：

1. 目标设定

可持续性绩效评估需要明确的目标设定。组织应明确经济、社会和环境绩效目标，并将其纳入战略规划和业务决策中。这些目标应与组织的愿景和使命相一致，以确保所有活动都朝着共同的目标前进。

2. 数据收集和测量

为了评估绩效，组织需要定期收集和测量相关数据。这包括财务数据、社会数据（如员工满意度、客户满意度等）和环境数据（如碳排放、废物产生等）。数据的准确性和可靠性对于评估结果的有效性至关重要。

3. 绩效评估方法

组织需要选择合适的绩效评估方法，以量化经济、社会和环境绩效。这可以包括各种指标、标准，以便进行比较和分析。选择适当的方法有助于确保评估的客观性和可靠性。

4. 利益相关方参与

积极与内部和外部利益相关方合作，了解他们的需求和期望，收集反馈，以确保绩效评估充分考虑到多方利益。利益相关方的参与可以提供宝贵的意见与建议，有助于达成共识和合作。

5. 报告和透明度

组织需要向内部和外部利益相关方报告可持续绩效数据和信息。这可以通过年度可持续性报告、社会责任报告和其他渠道来实现。透明度和报告有助于建立信任，增强声誉，吸引客户和投资者。

6. 持续改进

根据绩效评估的结果，组织需要制定计划和策略，不断改进经济、社会和环境绩效。这包括识别改进的机会，制定具体的行动计划，并监测进展。持续改进是实现可持续性的关键。

7. 教育和培训

为员工提供必要的教育和培训，以确保他们具备评估和改进绩效的能力和知识。员工的理解和支持是可持续绩效评估成功的关键。教育和培训可以提高员工的技能，使他们更好地履行其职责。

8. 战略整合

可持续绩效评估需要与战略规划和业务决策相互整合。绩效评估结果应影响战略的制定和调整，以确保组织在多个领域取得平衡。这需要协调各部门和利益相关方的合作。

9. 法律合规性

组织需要确保其可持续绩效评估符合相关法律法规。这包括环境法规、社会责任法规等。法律合规性是不可或缺的，可以降低法律风险，并确保组织在法律框架内运作。

10. 创新和技术应用

使用创新和技术应用来帮助组织更好地收集和分析绩效数据。现代技术，如大数据分析、人工智能和区块链，可以帮助组织更好地了解其绩效，发现新的机会，并提高效率。

（四）可持续绩效评估的最佳实践

为了构建一个成功的可持续绩效评估过程，组织可以采取以下最佳实践：

1. 高层承诺

高层管理层的承诺是成功可持续绩效评估的关键。领导层需要明确表示对可持续性的支持，并将其融入组织文化和价值观中。

2. 目标明确

确保明确的经济、社会和环境绩效目标，并将其纳入组织的愿景和战略规划中。这些目标应具体、可衡量、可达到、有明确的时间限制，以便量化和追踪绩效。

3. 利益相关方参与

积极与内部和外部利益相关方合作，听取他们的反馈和期望，以确保绩效评估充分考虑到多方利益。建立双向沟通渠道，鼓励利益相关方的积极参与，以便共同制订目标和策略。

4. 数据质量和透明度

确保数据的质量和可靠性，以便评估的结果是准确的。同时，提供透明的报告和信息，向内部和外部利益相关方传达绩效数据，并解释数据的含义和未来发展趋势。

5. 持续改进

根据绩效评估的结果，制订具体的改进计划，不断提高经济、社会和环境绩效。这包括识别改进的机会，设定优先级，制订具体的行动计划，并监测进展。持续改进是实现可持续性的关键。

6. 教育和培训

为员工提供必要的教育和培训，以确保他们具备评估和改进绩效的能力和知识。员工的理解和支持是可持续绩效评估成功的关键。教育和培训可以提高员工的技能，使他们更好地履行其职责。

7. 创新和技术应用

利用创新和现代技术，如大数据分析、人工智能和区块链，来帮助更好地收集和分析绩效数据。这些技术可以提高数据的精确性和效率，发现新的趋势和机会。

8. 法律合规性

确保可持续绩效评估符合相关法律法规，包括环境法规、社会责任法规等。遵守法律要求，降低法律风险，确保组织在法律框架内运作。

9. 长期战略

将可持续绩效评估视为长期战略的一部分，而不是短期目标的追求。组织应注重长期成功和可持续性，确保经济、社会和环境责任在长期内得到平衡。

10. 制订绩效奖励

将可持续绩效纳入绩效奖励体系中，鼓励员工和管理层积极参与可持续性努力。奖励制度应与实现可持续绩效目标相关，以激励持续改进。

可持续绩效评估与改进是现代企业管理中至关重要的一部分。它涵盖了经济、社会和环境维度，有助于组织了解其在多个领域的表现，平衡多方利益，确保长期成功和可持续性。可持续绩效评估的重要性体现在综合性的绩效评估、适应变化的环境、共同价值创造、风险管理、声誉增强、可持续发展、法律合规性、绩效提高等方面。

成功的可持续绩效评估需要明确的目标设定、数据收集和测量、绩效评估方法、利益相关方参与、报告和透明度、持续改进、教育和培训、战略整合、法律合规性、创新和技术应用、以及制订绩效奖励。这些最佳实践有助于确保绩效评估的成功和可持续性。

最终，可持续绩效评估和改进不仅有助于组织在多个领域取得平衡，还有助于实现可持续发展、提高绩效、降低风险、增强声誉、吸引客户和投资，以及履行社会和环境责任。这使其成为现代企业管理的不可或缺的一部分，对于实现长期成功和可持续性至关重要。

参考文献

［1］麦文桢，陈高峰，高文成．现代企业经济管理及信息化发展路径研究［M］．北京：中国财富出版社，2020.

［2］刘丽，苏锦坤，赵玉侨．现代企业经济发展与管理研究［M］．北京：中国商务出版社，2020.

［3］孙贵丽．现代企业发展与经济管理创新策略［M］．长春：吉林科学技术出版社，2022.

［4］康芳，马婧，易善秋．现代管理创新与企业经济发展［M］．吉林出版集团股份有限公司，2020.

［5］郭玉芬．现代经济管理基础研究［M］．北京：线装书局，2022.

［6］黄顺春．现代企业管理教程［M］．上海：上海财经大学出版社，2019.

［7］胡娜．现代企业财务管理与金融创新研究［M］．长春：吉林人民出版社，2020.

［8］郭艳蕊，李果．现代财务会计与企业管理［M］．天津：天津科学技术出版社，2020.

［9］王关义．经济管理理论与中国经济发展研究［M］．北京：中央编译出版社，2018.

［10］陈莉，张纪平，孟山．现代经济管理与商业模式［M］．哈尔滨：哈尔滨出版社，2020.

［11］刘晓莉．企业经济发展与管理创新研究［M］．北京：中央民族大学出版社，2018.

［12］刘欢．现代市场经济与管理研究［M］．吉林出版集团股份有限公司，2022.

［13］吴拓．现代企业管理 第 3 版［M］．北京：机械工业出版社，2017.

［14］牛天勇．北方工业大学经济管理学院文库 建筑业企业高质量发展问题研究［M］．北京：北京交通大学出版社，2022.

［15］高军．经济管理前沿理论与创新发展研究［M］．北京：北京工业大学出版社，2019.

［16］司倩蔚，蔡回辽，孙美玲．财务管理与经济发展研究［M］．长春：吉林科学技术出版社，2021.

［17］肖海林．企业管理范式转型研究［M］．北京：中央编译出版社，2019.

［18］王道平，李春梅，房德山．企业经济管理与会计实践创新［M］．长春：吉林人民出版社，2020.

［19］李荣，顾晓良．现代企业预算管理［M］．沈阳：东北财经大学出版社，2019.

［20］连波，杜林慧．现代企业管理基础与实务的创新研究［M］．中国原子能出版传媒有限公司，2021.